PAIX
ET DÉMOCRATIE

DU MÊME AUTEUR

A Theory of Justice, Oxford University Press, 1971 (*Théorie de la justice*, Seuil, 1987).

Justice et Démocratie, recueil d'articles, Seuil, 1993.

Political Liberalism, Columbia University Press, 1993 (*Libéralisme politique*, PUF, 1997).

Collected papers, Harvard University Press, 1999.

Lectures on the History of Moral Philosophy, Harvard University Press, 2000 (*Leçons sur l'histoire de la philosophie morale*, La Découverte, 2002).

Justice as Fairness A Restatement, Harvard University Press, 2001 (*La Justice comme équité. Une reformulation de Théorie de la justice*, Boréal/La Découverte, 2004).

A Brief Inquiry into the Meaning of Sin and Faith, Harvard University Press, 2010 (*Le Péché et la Foi. Écrits sur la religion*, Hermann, 2010).

John Rawls

PAIX
ET DÉMOCRATIE

Le droit des peuples et la raison publique

traduit de l'anglais (États-Unis)
par Bertrand Guillarme

Boréal

Couverture: Michel Bérubé, *Marine et cobalt*, 2002.

© President and Fellows of Harvard College 1999
© Les Éditions du Boréal 2006 pour la traduction française au Canada
© Les Éditions La Découverte 2006 pour la traduction française dans le reste du monde
Dépôt légal: 2ᵉ trimestre 2006
Bibliothèque et Archives nationales du Québec

Diffusion au Canada: Dimedia

L'édition originale de cet ouvrage a été publiée en 1999 par Harvard University Press
sous le titre *The Law of Peoples With the Idea of Public Reason Revisited*

Catalogage avant publication de Bibliothèque et Archives Canada
Rawls, John, 1921-2002
    Paix et démocratie: le droit des peuples et la raison publique
    Traduction de: The Law of Peoples; with, The Idea of Public Reason Revisited.
    Publ. en collab. avec La Découverte.
    Comprend des réf. bibliogr.
    ISBN 978-2-7646-0278-2
    1. Relations internationales – Philosophie. 2. Justice sociale. 3. Contrat social.
4. Libéralisme. 5. Tolérance. I. Titre.
JZ1242.R3814   2006   327.101   C2006-940552-2

Avant-propos

Le Droit des Peuples est une ébauche de théorie de la justice globale[1]. Rawls y propose d'étendre la fameuse procédure de la position originelle, qui permettait dans ses ouvrages précédents de figurer les relations entre citoyens égaux, aux rapports entre communautés politiques. Les partenaires de la position originelle y représentent désormais des peuples et non plus les citoyens des sociétés démocratiques, et c'est la reconnaissance mutuelle des peuples en tant qu'égaux que la procédure est censée figurer. Les principes de justice globale qui seraient sélectionnés à partir de cette nouvelle position originelle sont des principes de théorie idéale (qui décrit une société des peuples bien ordonnée), aussi bien que de théorie non idéale (qui retrace les stratégies de transition vers la justice globale à partir des injustices existantes). La théorie idéale recommande la non-intervention et rejette l'idée de justice distributive au niveau mondial. La société mondiale bien ordonnée ne comprend en effet ni États hors-la-loi, ni sociétés défavorisées et la pauvreté n'en fait plus partie : ce monde idéal est composé d'une multiplicité de peuples bien ordonnés, certains organisés en démo-

---

1. On ne reprendra pas ici la traduction de l'expression anglaise *Law of Peoples* par *Droit des Gens* proposée dans un ouvrage paru sous ce titre (*Le Droit des Gens*, Esprit, Paris, 1996 ; éd. 10/18, Paris, 1998). Ce texte est la version française de la conférence de Rawls publiée dans l'ouvrage coordonné par Stephen SHUTE et Susan HURLEY, *On Human Rights : The Oxford Amnesty Lectures 1993* (Basic Books, New York, 1993). L'expression « Droit des Gens » est ambiguë, puisqu'elle renvoie parfois au droit positif. De plus, la multiplication des expressions où le terme *peoples* figure dans le texte anglais exigeait une mise en cohérence de l'ensemble.

craties libérales et d'autres en diverses formes de sociétés, dites décentes. Une certaine inégalité matérielle entre les peuples peut alors persister, sans qu'aucun principe de redistribution des richesses ne soit nécessaire entre eux puisque ces différences ne menacent pas leur égalité fondamentale. La théorie non idéale décrit les moyens d'amener les sociétés défavorisées et les États hors-la-loi à participer à la Société des Peuples bien ordonnés. Les États hors-la-loi doivent être combattus, au besoin par l'intervention. Quant à la lutte contre la pauvreté, elle repose sur une thèse essentielle : la cause majeure des carences matérielles d'une société tient aux déficiences de sa culture et de son organisation politiques, et il n'existe aucune société dont les ressources seraient si rares qu'elle ne pourrait pas devenir bien ordonnée. Les conditions défavorables dont souffrent certains peuples sont d'abord immatérielles. Le devoir d'aide que les sociétés libérales et décentes ont à l'égard des peuples défavorisés ne s'exprime donc pas par un principe de justice distributive ; son objectif est de permettre à ces peuples de développer une culture politique qui soutient des institutions politiques et sociales convenables.

Le Droit des Peuples est ainsi clairement présenté comme une dimension du libéralisme politique, ce qui explique que Rawls ait souhaité le publier aux côtés de son texte programmatique sur la raison publique. Il est explicitement élaboré pour constituer la base morale de la *politique étrangère* d'une société démocratique. On sait que cette société adhère à un idéal spécifique de la légitimité politique : le pouvoir politique qui appartient aux citoyens égaux doit être exercé d'une manière acceptable pour eux, quelle que soit la doctrine morale raisonnable qui oriente le plan de vie de chacun. Le pouvoir politique démocratique est donc justifié en raison publique, c'est-à-dire sur la base de valeurs qui sont acceptables par tous les citoyens raisonnables et qui sont détachables de toutes les doctrines morales englobantes organisant leur vie : ces valeurs strictement politiques sont puisées au sein de la culture politique publique acceptée par tous. Selon Rawls, c'est son propre critère de la légitimité politique qui doit guider la politique étrangère d'une démocratie libérale. Celle-ci doit accepter et tolérer les autres sociétés qui, tout en n'étant pas libérales, respectent la raison publique de la société démocratique des peuples. Il ne serait pas cohérent pour un peuple démocratique d'affirmer le libéralisme politique en son sein, et de refuser de l'appliquer à sa politique étrangère, lorsque les relations avec les autres sociétés sont en jeu. Comme Rawls le remarque dans sa préface, les deux textes publiés ici expriment ensemble la vision politique d'une coopération paisible entre partenaires, qu'ils soient des citoyens ou des sociétés politiques, qui se reconnaissent mutuellement comme égaux malgré leurs différences. D'où le titre *Paix et Démocratie* que porte la version française de ce volume.

Cette réaffirmation du libéralisme politique au niveau global s'accompagne ainsi de la reconnaissance explicite du statut moral des peuples. Ce sont eux qui constituent les personnes morales pertinentes dans ce nouveau pan de la théorie rawlsienne. Cette double caractéristique – l'affirmation de la relation politique démocratique comme idéal premier et la reconnaissance du bien intrinsèque des communautés politiques – explique les divergences persistantes entre Rawls et les tenants d'une position cosmopolitique plus classique, dans laquelle les individus sont les seules entités moralement valides. Pour les disciples de Rawls qui ont tenté de développer une théorie de la justice globale dès avant la publication du *Droit des Peuples*[2], il s'agit de réaliser l'égale autonomie des individus et les frontières font partie des « facteurs arbitraires du point de vue moral » qu'il convient d'effacer, au même titre que l'origine sociale ou les talents innés, dans la recherche de la justice entre tous les individus du monde.

La position cosmopolitique en matière de justice globale est indissociable de l'interprétation kantienne, largement dominante, de l'approche générale de Rawls en matière de justice. Cette lecture, initiée par Robert Nozick, reprise par Michael Sandel pour la critiquer et par Ronald Dworkin pour la systématiser, repose sur l'idée que, dans une société juste, les individus sont autonomes, au sens où leurs plans de vie ne sont plus sujets à des

---

2. L'ouvrage de Charles BEITZ, *Political Theory and International Relations* (Princeton University Press, Princeton, 1979) est un travail pionnier. Voir également Thomas POGGE, *Realizing Rawls*, Cornell University Press, Ithaca, N.Y., 1990 ; David RICHARDS, « International Distributive Justice », *Nomos*, vol. 24 (1982) ; Brian BARRY, *Theories of Justice*, University of California Press, Berkeley, 1989.

causes externes[3]. Les principes de justice permettent à une personne d'être autonome au sens où « les principes d'après lesquels elle agit ne sont pas adoptés en raison de sa position sociale ou de ses dons naturels, ni en fonction de la société particulière dans laquelle elle vit, ou des objectifs précis qu'il lui arrive de vouloir[4] ». Cette lecture est également légitimée par une interprétation particulière de la référence de Rawls à la notion d'arbitraire. Dans *Théorie de la justice*, lorsqu'il compare différentes interprétations du second principe de justice, Rawls rejette ainsi toutes les solutions autres que la version démocratique de ce principe, au motif que, dans tous ces autres cas, les distributions dépendraient d'une manière inacceptable de facteurs tels que les talents innés et les circonstances familiales qui sont « arbitraires d'un point de vue moral ». Selon l'interprétation kantienne, la notion d'arbitraire doit être comprise comme le corollaire de la causation. Dans les systèmes rejetés par Rawls, le fait que les individus aient la volonté d'exercer leurs talents et de prendre des risques, alors que d'autres ne développent pas ce désir, ne peut pas justifier une différence de rémunération parce que ces différences de motivation seraient le résultat de *causes externes*, qui échappent au contrôle des agents. On voit bien comment la classification des frontières des peuples dans la catégorie de l'arbitraire participe de cette interprétation individualiste du rôle de la justice comme préalable à la liberté de l'individu, où celle-ci est comprise de manière principalement négative[5].

De ce point de vue, *Le Droit des Peuples* est un texte central, car il met clairement en lumière la possibilité d'une lecture très différente de toute l'œuvre de Rawls, qui ne serait plus essentiellement libérale-kantienne, mais plutôt républicaine, au sens

---

3. Voir Robert NOZICK, *Anarchie, État et Utopie* (1974), PUF, Paris, 1991 ; Michael SANDEL, *Le Libéralisme et les limites de la justice* (1982), Seuil, Paris, 1999 ; Ronald DWORKIN, *Sovereign Virtue : the Theory and Practice of Equality*, Harvard University Press, Cambridge, Mass., 2000. Voir également Will KYMLICKA, *Les Théories de la justice : une introduction* (1990), La Découverte, Paris, 2003, chapitre 3, pour une interprétation de Rawls en ce sens.
4. John RAWLS, *Théorie de la justice* (1971), Le Seuil, Paris, 1987, p. 288.
5. Sur la conception négative de la liberté, voir Isaiah BERLIN, « Deux concepts de liberté » dans *Éloge de la liberté*, Calmann-Lévy, Paris, 1988.

du républicanisme classique décrit par Quentin Skinner[6]. Dans une telle conception, la liberté des individus et des collectivités est toujours envisagée dans le cadre d'un idéal de la coopération politique et sociale. La liberté n'est plus conçue de manière métaphysique comme la libération des causes externes, mais comme l'absence d'interférence arbitraire, où l'arbitraire est défini politiquement comme ce qui contrevient aux relations de reconnaissance mutuelle entre partenaires égaux, qui peuvent aussi bien être des individus que des collectivités. Dans cette approche, l'idéal social de coopération équitable confère à la société politique qui l'incarne la valeur d'un bien commun à tous les partenaires de la coopération. Cette société politique est l'utopie réaliste d'une paix juste et stable entre citoyens et peuples qui incarnent des visions du bien irréductibles et parfois antagonistes, mais qui reconnaissent leur égalité fondamentale lorsqu'il s'agit de régir ensemble leur monde commun.

Bertrand Guillarme
Professeur de philosophie politique
à l'université Paris-VIII,
membre de l'Institut universitaire de France

---

6. Voir par exemple Quentin SKINNER, *La Liberté avant le libéralisme* (1998), Paris, Le Seuil, 2000. Pour les principes d'une interprétation républicaine de Rawls, je me permets de renvoyer à mon texte, « Le républicanisme libéral de John Rawls », *in* Catherine AUDARD (éd.), *Rawls : politique et métaphysique*, PUF, Paris, 2004.

Préface

Depuis la fin des années 1980, j'ai régulièrement songé à développer ce que j'ai appelé le « Droit des Peuples ». J'ai choisi le terme de « peuples » plutôt que celui de « nations » ou d'« États » parce que je souhaitais concevoir les peuples comme des entités dont les caractéristiques étaient différentes de celles des États, l'idée d'État, telle qu'elle est traditionnellement conçue avec les deux pouvoirs de souveraineté (voir section 2.2), étant inappropriée. J'ai consacré davantage de temps à ce sujet dans les années qui suivirent, et le 12 février 1993 – le jour de l'anniversaire de Lincoln — j'ai prononcé une conférence *Oxford Amnesty* intitulée « Le Droit des Peuples ». La conférence fut une occasion de rappeler à l'auditoire la grandeur de Lincoln (je le fis dans ma conclusion), mais je ne fus jamais satisfait de ce que j'ai dit alors ou de ce que j'ai écrit dans le texte publié (cette première version fut publiée dans le volume édité par Stephen Shute et Susan Hurley, *On Human Rights : The Oxford Amnesty Lectures 1993*, Basic Books, New York, 1993)*. Il était impossible de couvrir un sujet si large en une seule conférence, et ce que j'ai produit était, de fait, partiellement élaboré et susceptible d'interprétations erronées. La présente version, que j'ai terminée en 1997-1998 – une réécriture de trois séminaires que j'ai donnés à l'université Princeton –, est plus complète et plus satisfaisante.

---

* La version française de ce texte est parue sous le titre *Le Droit des Gens*, Esprit, Paris, 1996 ; 10/18, Paris, 1998.

Avant de terminer le manuscrit définitif, j'ai achevé « L'idée de raison publique reconsidérée », qui parut à l'origine dans *University of Chicago Law Review*, 64 (été 1997), et a été inclus dans mes *Collected Papers* publiés par Harvard University Press en 1999. Cet essai est mon exposé le plus détaillé des raisons pour lesquelles les contraintes de la raison publique, telles qu'elles se manifestent dans une démocratie constitutionnelle moderne fondée sur une conception politique libérale (idée présentée pour la première fois dans *Libéralisme politique*), peuvent être raisonnablement adoptées par les tenants de positions englobantes religieuses et non religieuses. L'idée de raison publique est aussi partie intégrante du Droit des Peuples, qui étend l'idée du contrat social à la Société des Peuples, et présente les principes généraux qui peuvent et doivent être acceptés par les sociétés libérales et les sociétés non libérales (mais décentes) comme la norme qui régit leur conduite dans leurs rapports mutuels. Pour cette raison, je souhaitais que ces deux textes soient publiés dans le même volume. Ensemble, ils constituent le point culminant de mes réflexions sur la manière dont les citoyens et les peuples raisonnables pourraient vivre paisiblement ensemble dans un monde juste.

Ceux qui m'ont aidé au cours des années à élaborer ces idées sont trop nombreux pour que je puisse tous les mentionner, mais je souhaite en particulier remercier Erin Kelly, T.M. Scanlon, Percy Lehning, Thomas Pogge et Charles Beitz. Je voudrais qu'ils sachent tous à quel point j'apprécie le temps qu'ils ont consacré à lire les nombreuses ébauches de ce travail, et combien j'ai bénéficié de leurs commentaires avisés.

J'exprime enfin ma dette immense à l'égard de mon ami et mon collègue très cher Burton Dreben, qui est mort au mois de juillet dernier. Burt m'a toujours été d'une aide précieuse lorsque j'élaborais mes idées, en organisant et en clarifiant mes pensées, en écartant celles qui paraissaient mener à la confusion. Dans les trois dernières années, depuis le début de ma maladie, et avec mon épouse Mary, il m'a inlassablement poussé à terminer mes travaux et offert des suggestions élaborées à mesure que les versions successives étaient produites. Je suis, comme toujours, infiniment redevable à Burt.

John Rawls

I

Le Droit des Peuples

Introduction

1. Par « Droit des Peuples[1] », j'entends une conception politique particulière de la rectitude morale et de la justice qui s'applique aux principes et aux normes du droit et des usages internationaux. J'utiliserai l'expression « Société des Peuples » pour désigner tous les peuples qui respectent les idéaux et les principes du Droit des Peuples dans leurs relations mutuelles. Ces peuples disposent chacun de leur propre gouvernement, qui peut être constitutionnel libéral et démocratique, ou non libéral, mais décent[2]. Dans le présent ouvrage, j'examine la manière dont le contenu du Droit des Peuples peut être développé à partir d'une idée libérale de la justice similaire, bien que plus générale, à celle que j'ai appelée la conception de *la justice comme équité* [3] dans

1. L'expression « Droit des Peuples » vient du traditionnel *ius gentium*, et l'expression *ius gentium intra se* se réfère à ce que les lois de tous les peuples ont en commun. Voir R.J. VINCENT, *Human Rights and International Relations*, Cambridge University Press, Cambridge et New York, 1986, p. 27. Je n'utilise pas le terme « Droit des Peuples » dans ce sens, mais plutôt pour désigner les principes politiques particuliers établis pour régir les relations politiques mutuelles entre les peuples, tels que je les définis dans la première partie, section 2.

2. J'utilise le terme « décent » pour décrire des sociétés non libérales dont les institutions de base remplissent certaines conditions spécifiques en matière de rectitude morale et de justice (y compris le droit des citoyens de jouer un rôle substantiel, à travers des associations ou des groupes, dans la prise de décision politique) et conduisent leurs citoyens à honorer un droit raisonnablement juste pour la Société des Peuples. Cette idée est longuement développée dans la deuxième partie. Mon usage diffère de celui introduit par Avishai MARGALIT, qui insiste sur les considérations de bien-être social dans *La Société décente* (Climats, Castelnau, 1999).

3. Les italiques indiquent que je souhaite insister sur le fait que « la justice comme équité » est le nom d'une conception particulière de la justice. Je n'utiliserai plus les italiques par la suite.

mon livre *Théorie de la justice* (1971). Cette idée de la justice est fondée sur l'idée familière du contrat social, et la procédure suivie avant que les principes de rectitude morale et de la justice soient sélectionnés et fassent l'objet d'un accord est la même dans le cas intérieur et dans le cas international. J'examinerai comment ce Droit des Peuples[4] remplit certaines conditions qui justifient que la Société des Peuples soit qualifiée d'*utopie réaliste* (voir section 1), et j'expliquerai pourquoi j'ai préféré le terme de « peuples » à celui d'« États »[5].

Dans la section 58 de *Théorie de la justice*, j'ai indiqué comment la conception de la justice comme équité pouvait être étendue à ce que j'ai appelé dans cet ouvrage le droit international, avec l'objectif limité de juger les buts et les limites de la guerre juste. Mon présent projet est plus ambitieux. Je propose d'envisager cinq types de sociétés intérieures. Le premier est celui des *peuples libéraux raisonnables*; le second, celui des *peuples décents* (voir note 2, *supra*). Il y a un genre de peuple décent dont la structure de base inclut ce que je nomme une « hiérarchie consultative décente », et j'appelle ces peuples les « peuples hiérarchiques décents ». Je ne tente pas de décrire d'autres genres de peuples décents, et je les mets de côté, en admettant qu'il puisse y avoir d'autres peuples décents dont la structure de base ne correspond pas à ma description d'une hiérarchie consultative, mais qui sont dignes de figurer parmi les membres de la Société des Peuples. (Les peuples libéraux et les peuples décents forment ensemble ce que je nomme les « peuples bien ordonnés[6] ».) On trouve, troisièmement, les *États hors-la-loi*, et quatrièmement, les *sociétés entravées par des conditions défavorables*. Le cinquième type de sociétés est celui des *absolutismes bienveillants* : elles respectent les droits de l'homme, mais parce que leurs membres se voient refuser un rôle significatif dans les prises de décisions politiques, elles ne sont pas bien ordonnées.

autres peuples décents

---

4. Tout au long de cet ouvrage, je parlerai quelquefois d'*un* Droit des Peuples, et parfois *du* Droit des Peuples. Il deviendra clair par la suite qu'il n'y a pas un seul Droit des Peuples possible, mais plutôt une famille de Droits raisonnables qui remplissent tous les critères et conditions que je présente, et qui satisfont les représentants des peuples qui établissent les spécificités du Droit en question.

5. J'explicite plus longuement la signification de « peuples » dans la section 2.

6. L'expression « bien ordonné » vient de Jean BODIN, qui au début de ses *Six Livres de la République* (1576) se réfère à la « République bien ordonnée ».

La présentation de l'extension d'une idée générale du contrat social à une Société des Peuples se déroulera en trois parties, et comprendra les deux dimensions que j'ai nommées la théorie idéale et la théorie non idéale. Le premier temps de la théorie idéale, dans la première partie, concerne l'extension de l'idée générale du contrat social à la société des peuples libéraux et démocratiques. Le second temps de la théorie idéale, dans la deuxième partie, envisage l'extension de la même idée à la société des peuples décents qui, tout en n'étant pas des sociétés démocratiques libérales, possèdent certaines caractéristiques qui les rendent acceptables comme membres en règle d'une Société raisonnable des Peuples. La dimension théorique idéale de l'extension de l'idée du contrat social est complétée par la démonstration de ce que les deux types de sociétés, les libérales et les décentes, s'accorderaient sur le même Droit des Peuples. Une Société des Peuples est raisonnablement juste en ce que ses membres respectent le Droit des Peuples raisonnablement juste dans leurs relations mutuelles.

Un des objectifs de la deuxième partie est de montrer qu'il peut exister des peuples non libéraux décents qui acceptent et respectent le Droit des Peuples. Dans cette perspective, j'imagine l'exemple d'un peuple musulman non libéral que j'appelle le « Kazanistan ». Ce peuple remplit les critères des peuples hiérarchiques décents : le Kazanistan n'est pas agressif envers les autres peuples, il accepte et applique le Droit des Peuples ; il reconnaît et respecte les droits de l'homme ; sa structure de base contient une hiérarchie consultative décente, dont je décris les caractéristiques.

La troisième partie se consacre aux deux genres de théorie non idéale. Le premier s'intéresse aux conditions de non-obéissance, c'est-à-dire à celles dans lesquelles certains régimes refusent de se conformer à un Droit des Peuples raisonnable. On peut les nommer États hors-la-loi, et j'examine les mesures que les autres sociétés (les peuples libéraux ou les peuples décents) peuvent légitimement prendre pour s'en défendre. L'autre genre de théorie non idéale s'intéresse aux conditions défavorables, c'est-à-dire aux conditions des sociétés dont les circonstances historiques, sociales et économiques rendent difficile, sinon impossible, la réalisation d'un régime bien ordonné, qu'il soit libéral ou décent. Il nous faut demander jusqu'où les peuples libéraux et décents ont un devoir d'assistance à l'égard de ces sociétés entravées pour leur permettre d'établir leurs propres institutions raisonnablement justes ou décentes. Le but du Droit des Peuples sera atteint, quelque improbable que soit cet état, lorsque toutes les sociétés auront été en mesure d'établir un régime libéral ou décent.

2. Cette monographie sur le Droit des Peuples n'est ni un traité ni un manuel de droit international. Il s'agit plutôt d'un ouvrage qui s'intéresse exclusivement à certains sujets liés à la possibilité d'une utopie réaliste et aux conditions dans lesquelles elle peut advenir. Je commence et termine mon propos avec cette idée d'utopie réaliste. La philosophie politique est utopiste de façon réaliste lorsqu'elle fait reculer ce que la réflexion ordinaire conçoit comme les limites des possibilités politiques pratiques. Notre espoir pour le futur de notre société repose sur la croyance que la nature de notre monde social permet aux sociétés démocratiques constitutionnelles raisonnablement justes d'être membres de la Société des Peuples. Dans un tel monde social, la paix et la justice seraient réalisées chez les peuples libéraux et décents, à l'intérieur comme à l'extérieur de leurs frontières. L'idée de cette société est utopiste de façon réaliste en ce qu'elle décrit un monde social réalisable qui combine la rectitude morale et la justice pour tous les peuples libéraux et décents au sein d'une Société des Peuples. *Théorie de la justice* comme *Libéralisme politique* tentent d'expliquer comment une société libérale serait possible[7]. *Le Droit des Peuples* espère décrire la manière dont une Société mondiale des Peuples libéraux et décents serait possible. Beaucoup objecteront bien sûr qu'une telle Société n'est pas possible, et que les éléments utopistes constituent un défaut grave de la culture de base d'une société[8].

---

7. Voir *Libéralisme politique* (Paris, Presses universitaires de France, 1995) et la seconde édition en anglais de 1996, avec une nouvelle introduction et la « Réponse à Habermas », publiée en français dans John RAWLS et Jürgen HABERMAS, *Débat sur la justice politique* (Cerf, Paris, 1994). Mes remarquent empruntent ici aux paragraphes finaux de la seconde introduction.

8. Je pense ici à l'ouvrage de E.H. CARR, *The Twenty Year Crisis, 1919-1939 : An Introduction to the Study of International Relations* (Macmillan, Londres, 1951) et sa critique bien connue de la pensée utopiste (mes citations se réfèrent à l'édition de Harper Torchbook de 1964). Il est possible que Carr ait raison de penser que la pensée utopiste, dans le sens qu'il lui donne, a joué un rôle négatif dans les politiques de la France et de l'Angleterre de l'entre-deux-guerres et qu'elle a contribué à amener la Seconde Guerre

J'estime au contraire, même si je ne nierais pas que de tels éléments puissent être conçus de façon inadéquate, que l'idée d'utopie réaliste est essentielle. Deux idées majeures motivent le Droit des Peuples. L'une est que les grands fléaux de l'histoire humaine – la guerre injuste et l'oppression, la persécution religieuse et le déni de la liberté de conscience, la famine et la pauvreté, pour ne rien dire du génocide et du meurtre de masse – proviennent de l'injustice politique, de ses cruautés et brutalités. (Ici l'idée de justice politique est la même que celle envisagée par le libéralisme politique[9], à partir duquel le Droit des Peuples est développé.) L'autre idée majeure, évidemment liée à la première, est qu'une fois les formes les plus graves d'injustice politique éliminées par l'adoption de politiques sociales justes (ou au moins décentes) et par l'établissement d'institutions de base justes (ou au moins décentes), ces grands fléaux finiront par disparaître. J'établis un lien entre ces idées et celle d'utopie réaliste. Je suis la réflexion par laquelle Rousseau ouvre *Du contrat social* (citée plus bas dans la première partie, section 1.2), et je suppose que sa formule « les hommes tels qu'ils sont » se réfère à la nature morale et psychologique des personnes et à la manière dont elle est active dans un cadre d'institutions politiques et sociales[10], tandis que son expression « les lois telles qu'elles peuvent être » renvoie à ce que les lois doivent être. Je supposerai également que si nous grandissons dans le cadre d'institutions sociales et politiques raisonnables et justes, nous

---

mondiale. Voir ses chapitres 4 et 5, qui critiquent l'idée d'une « harmonie des intérêts ». La vision que donne Carr de l'harmonie des intérêts ne se réfère cependant pas à la philosophie, mais plutôt à celle des politiciens qui prennent leurs désirs pour des réalités. Ainsi, Winston Churchill a affirmé que « la fortune et la gloire de l'Empire britannique sont entremêlées de manière inséparable avec la fortune du monde » (p. 82). Même s'il critique l'utopisme, Carr ne met jamais en question le rôle du jugement moral dans la formation de nos opinions politiques ; il présente les opinions politiques raisonnables comme un *compromis* entre le réalisme (le pouvoir) et l'utopisme (le jugement moral et les valeurs). À l'opposé, mon idée d'une utopie réaliste n'établit pas un compromis entre le pouvoir d'un côté, et le droit et la justice politiques de l'autre, mais pose des limites de l'exercice raisonnable du pouvoir. Sans cette idée, c'est le pouvoir seul qui détermine ce que le compromis doit être, comme Carr le reconnaît (p. 222).

9. Voir « L'idée de la raison publique reconsidérée », dans le présent volume, particulièrement p. 159-178.

10. Rousseau écrit également : « Les bornes du possible dans les choses morales sont moins étroites que nous ne pensons. Ce sont nos faiblesses, nos vices, nos préjugés qui les rétrécissent. Les âmes basses ne croient pas aux grands hommes : de vils esclaves sourient d'un air moqueur à ce mot de liberté. » (*Du contrat social*, livre II, chapitre 12, 2e paragraphe.)

en venons à soutenir ces institutions lorsque nous sommes en âge de le faire, ce qui explique qu'elles perdurent. Dans ce contexte, dire que la nature humaine est bonne revient à dire que les citoyens qui grandissent sous l'empire d'institutions justes et raisonnables – des institutions qui satisfont une conception issue d'une famille de conceptions politiques libérales et raisonnables de la justice – soutiendront ces institutions et agiront de façon à s'assurer que leur monde social s'installe dans la durée. (Un caractère distinctif de tous les membres de cette famille de conceptions est qu'ils satisfont au critère de *réciprocité*[11].) Ces institutions peuvent ne pas être nombreuses, mais si elles existent, elles doivent être telles que l'on puisse les comprendre, s'y conformer, les approuver et les soutenir. J'affirme que ce scénario est réaliste, que sa réalisation est possible et probable. J'affirme aussi qu'il est utopiste et hautement désirable parce qu'il établit un lien entre des institutions justes et raisonnables et les conditions qui permettent aux citoyens de réaliser leurs intérêts fondamentaux.

3. Une conséquence de l'attention particulière que nous portons à l'idée d'utopie réaliste est que de nombreux problèmes de la politique étrangère contemporaine qui préoccupent citoyens et responsables politiques seront mis de côté ou évoqués brièvement. Je prends en compte trois exemples importants : la guerre injuste, l'immigration, les armes nucléaires et autres moyens de destruction massive.

Le fait décisif est que les sociétés constitutionnelles démocratiques ne se font pas la guerre (section 5). Ce n'est pas que les citoyens de ces sociétés soient particulièrement justes et bons, mais plus simplement qu'elles n'ont pas de raison d'entrer en guerre les unes contre les autres. Comparons les sociétés démocratiques et les États-nations européens du début de l'époque moderne : l'Angleterre, la France, l'Espagne, l'Autriche des Habsbourg, la Suède et d'autres combattaient dans des guerres dynastiques dont les enjeux étaient le territoire, la religion vraie, le pouvoir et la gloire – une place au soleil. C'étaient les guerres des monarques et des maisons royales : la structure institutionnelle interne de ces sociétés les rendait agressives et hostiles à

---

11. Voir « L'idée de raison publique reconsidérée », p. 159, 164-167.

l'égard des autres États. Le fait décisif de la paix entre démocraties repose sur la structure *interne* des sociétés démocratiques, qui ne sont pas tentées d'entrer en guerre sauf en cas d'autodéfense ou dans les circonstances graves où l'intervention dans les sociétés injustes sert à protéger les droits de l'homme. Comme les sociétés démocratiques constitutionnelles ne se menacent pas mutuellement, la paix règne entre elles.

Au sujet du second problème, l'immigration, je propose dans la section 4.3 qu'un rôle important du gouvernement, aussi arbitraires que puissent apparaître les frontières d'une société du point de vue historique, est d'être un agent efficace d'un peuple qui prend la responsabilité de son territoire et de la taille de sa population, ainsi que du maintien de l'intégrité de son environnement. À moins que l'on assigne à un agent défini la responsabilité de préserver un bien et de supporter le coût d'un manquement éventuel à cette tâche, le bien en question tend à se détériorer. Dans ma présentation, le rôle de l'institution de la propriété est de prévenir l'occurrence de cette détérioration. Dans ce cas, le bien est le territoire d'un peuple et sa capacité à s'entretenir *à perpétuité*, et l'agent est le peuple politiquement organisé. La condition de perpétuité est essentielle. Le peuple doit reconnaître qu'il ne peut pas compenser son incapacité à contrôler sa population ou à entretenir son territoire par la conquête guerrière, ou par la migration à l'intérieur du territoire d'un autre peuple sans le consentement de celui-ci.

L'immigration a de nombreuses causes. J'en indique plusieurs, et je suggère qu'elles disparaîtraient dans la Société des Peuples libéraux et décents. L'une est la persécution des minorités ethniques et religieuses, le déni de leurs droits de l'homme. Une autre est l'oppression politique sous ses formes variées, comme lorsque les classes paysannes sont soumises à la conscription et sont enrôlées par les monarques dans leurs guerres dynastiques de conquête de pouvoir et de territoire[12]. Souvent, les gens fuient simplement la famine, comme celle qui toucha l'Irlande dans les années 1840. Mais les famines sont souvent elles-mêmes causées en grande partie par les échecs

---

12. Pensons aux soldats d'Hesse qui ont déserté l'armée britannique pour devenir citoyens américains après la révolution américaine.

politiques et l'absence de gouvernement décent[13]. La dernière cause que je mentionne est la pression démographique à l'intérieur d'un territoire national : parmi son faisceau de causes, on trouve l'inégalité et l'assujettissement des femmes. Lorsque cette inégalité et cet assujettissement sont éliminés, qu'on accorde aux femmes une participation politique égale à celle des hommes et qu'on leur garantit une éducation, ces problèmes peuvent être résolus. La liberté religieuse et la liberté de conscience, la liberté politique et les libertés constitutionnelles ainsi que l'égale justice pour les femmes sont ainsi des aspects fondamentaux d'une politique sociale appropriée à une utopie réaliste (voir section 15.3-4). Le problème de l'immigration n'est donc pas simplement mis de côté : en tant que problème grave, il est éliminé dans une utopie réaliste.

Je ne ferai que mentionner brièvement la question du contrôle des armes nucléaires et autres moyens de destruction massive. Entre peuples libéraux et décents raisonnablement justes, le contrôle de ces armes serait relativement facile, puisqu'elles pourraient être efficacement interdites. Ces peuples n'ont aucune raison de se faire la guerre. Cependant, aussi longtemps qu'il existe des États hors-la-loi – comme nous le supposerons –, quelques armes nucléaires doivent être conservées pour s'en protéger et s'assurer qu'ils n'obtiennent pas ces armes et ne les utilisent pas contre les peuples libéraux ou décents. La meilleure manière d'atteindre ce résultat relève du savoir de l'expert, que la philosophie ne possède pas. Reste, bien entendu, à répondre à la question morale majeure de savoir si, et dans quelles circonstances, l'usage des armes nucléaires lui-même peut être justifié (voir l'analyse de la section 14).

4. Enfin, il est important de comprendre que le Droit des Peuples est développé au sein du libéralisme politique, et qu'il constitue une extension à une Société des Peuples d'une conception libérale de la justice conçue pour un régime intérieur. J'insiste sur le fait qu'en développant le Droit des Peuples au sein d'une conception libérale de la justice, nous élaborons les idéaux et les principes de la *politique étrangère* d'un peuple *libéral* raisonnablement juste. Ce souci de la politique étrangère

---

13. Voir la note 35 sur Amartya Sen, dans la troisième partie, section 15.3.

d'un peuple libéral est implicite tout au long de cet ouvrage. La raison pour laquelle nous poursuivons l'analyse en envisageant le point de vue des peuples décents ne vise pas à prescrire des principes de justice pour *eux*, mais à nous assurer que les idéaux et les principes de politique étrangère d'un peuple libéral sont également raisonnables à partir d'un point de vue non libéral décent. Le besoin d'une telle assurance est un trait inhérent à la conception libérale. Le Droit des Peuples affirme que des points de vue non libéraux décents existent, et qu'une question essentielle de la politique étrangère libérale est de savoir jusqu'où les peuples non libéraux doivent être tolérés.

L'idée de base consiste à suivre la voie ouverte par Kant avec son idée de *foedus pacificum*, et de l'esquisse qu'il en donne dans *La Paix perpétuelle* (1795). Mon interprétation de cette idée est que nous commençons par l'idée du contrat social dans la conception politique libérale d'un régime démocratique constitutionnel et que nous l'étendons en introduisant une seconde position originelle, au second niveau pour ainsi dire, au sein de laquelle les représentants des peuples libéraux s'accordent avec les autres peuples libéraux. Je l'explique dans les sections 3-4, et de nouveau dans les sections 8-9, lorsque l'accord concerne les peuples non libéraux mais décents. Chacun de ces accords est compris comme hypothétique et non historique, conclu par des peuples égaux, situés de façon symétrique dans la position originelle, derrière un voile d'ignorance approprié. Les rapports entre les peuples sont donc équitables. Tout ceci correspond également à l'idée de Kant selon laquelle un régime constitutionnel doit établir un Droit des Peuples effectif pour que soit pleinement réalisée la liberté de ses citoyens[14]. Je ne peux pas être certain à l'avance que cette approche du Droit des Peuples aboutira, pas plus que je n'affirme que d'autres manières de parvenir au Droit des Peuples sont incorrectes. Ce serait pour le mieux s'il y avait d'autres moyens de toucher au même but.

---

14. Voir E. KANT, *Sur le lieu commun : il se peut que ce soit juste en théorie mais en pratique cela ne vaut point*, partie III (Ak, VIII, p. 308-310) traduction française par L. FERRY dans *Œuvres complètes*, volume III (Gallimard, coll. « Pléiade », Paris, 1986), p. 293-296, où Kant examine la théorie du droit international en relation avec sa pratique, ou comme il le dit, d'un point de vue cosmopolitique. ainsi que *l'Idée d'une Histoire universelle au point de vue cosmopolitique*, septième proposition (Ak, VIII, p. 24), traduction française par L. FERRY dans *Œuvres complètes*, volume II (Gallimard, coll. « Pléiade », Paris, 1986), p. 196-197.

Première partie

Le premier temps de la théorie idéale

Section 1. Le Droit des Peuples comme utopie réaliste

1.1 La signification d'une utopie réaliste

Comme je l'ai indiqué dans l'introduction, la philosophie politique est utopiste de manière réaliste lorsqu'elle fait reculer ce que la réflexion ordinaire conçoit comme les limites des possibilités politiques pratiques et que, ce faisant, elle nous réconcilie avec notre condition politique et sociale. Notre espoir pour l'avenir de notre société repose sur notre croyance que le monde social permet qu'une démocratie constitutionnelle raisonnablement juste existe en tant que membre d'une Société des Peuples raisonnablement juste. À quoi ressemblerait cette démocratie dans des conditions historiques raisonnablement favorables, qui sont possibles compte tenu des lois et des tendances de la société? Et comment ces conditions sont-elles liées aux lois et tendances qui affectent les relations entre les peuples?

Dans une société intérieure raisonnablement juste, ces conditions historiques incluent le fait du pluralisme raisonnable[1]. Dans la Société des Peuples, l'équivalent du pluralisme raisonnable est la diversité parmi les peuples raisonnables, dont les cultures et traditions de pensée, religieuses ou non religieuses, sont différentes.

---

1. Voir la définition p. 62 de *Libéralisme politique* (PUF, Paris, 1995). Voir aussi « L'idée de raison publique reconsidérée » dans le présent volume.

Même lorsque deux peuples, ou davantage, vivent sous des régimes constitutionnels, leur conception du constitutionnalisme peut diverger et exprimer différentes variantes du libéralisme. Un Droit des Peuples (raisonnable) doit être acceptable pour ces peuples raisonnables divers, il doit être équitable entre eux et efficace pour tracer les voies plus larges de leur coopération.

Ce fait du pluralisme raisonnable limite ce qui est pratiquement possible ici et maintenant, indépendamment de ce qui a pu advenir à d'autres époques historiques lorsque, comme on le prétend souvent, les gens d'une société intérieure étaient unis par l'affirmation d'une doctrine englobante, même s'il est possible que cette unité n'ait jamais été réalisée. Je reconnais que des questions subsistent sur la manière dont sont déterminées les limites de ce qui est pratiquement possible, et sur la nature effective des conditions de notre monde social. La difficulté ici tient à ce que les limites du possible ne sont pas données par le réel, puisque nous pouvons modifier dans une mesure plus ou moins importante les institutions sociales et politiques, ainsi que beaucoup d'autres éléments. Il nous faut donc nous fonder sur la conjecture et la spéculation, et défendre de notre mieux l'idée que le monde social que nous appelons de nos vœux est réalisable et pourrait effectivement exister, sinon maintenant, du moins à une époque future dans des circonstances plus favorables.

En définitive, la question est de savoir si le pluralisme raisonnable entre les peuples ou en leur sein constitue une condition historique avec laquelle nous devons nous réconcilier. Nous pouvons imaginer ce qu'il nous arrive de concevoir comme un monde meilleur – un monde dans lequel tous les individus, ou tous les peuples, embrassent la même foi que la nôtre –, mais ce n'est pas la question, puisque cette vision est exclue par la nature et la culture des institutions libres. Pour montrer qu'on ne doit pas regretter le pluralisme raisonnable, il nous faut montrer qu'il permet, compte tenu des solutions possibles, une société de plus grande justice politique et de plus grande liberté. Produire une argumentation solide en ce sens reviendrait à nous réconcilier avec notre condition politique et sociale contemporaine.

1.2 Les conditions du cas intérieur

Je commence par l'esquisse d'une société démocratique constitutionnelle (par la suite qualifiée parfois simplement de société libérale) comme utopie réaliste, et j'examine six conditions nécessaires pour que cette utopie réaliste puisse advenir. Je vérifie ensuite que des conditions parallèles seraient valides pour une société de peuples raisonnablement justes et décents qui respectent un Droit des Peuples. Si c'est le cas, la Société des Peuples constitue également un cas d'utopie réaliste.

(i) Il y a deux conditions nécessaires pour qu'une conception libérale de la justice soit *réaliste*. La première est qu'elle doit tenir compte des lois de la nature effectives et atteindre le genre de stabilité que ces lois permettent, c'est-à-dire la stabilité pour les bonnes raisons[2]. Elle envisage les gens tels qu'ils sont (d'après les lois de la nature), et les lois constitutionnelles et civiles telles qu'elles pourraient être, c'est-à-dire telles qu'elles seraient dans une société démocratique raisonnablement juste et bien ordonnée. Je suis ici la pensée par laquelle Rousseau ouvre *Du contrat social* :

« Je veux chercher si dans l'ordre civil il peut y avoir quelque règle d'administration légitime et sûre, en prenant les hommes tels qu'ils sont, et les lois telles qu'elles peuvent être. Je tâcherai d'allier toujours dans cette recherche ce que le droit permet avec ce que l'intérêt prescrit, afin que la justice et l'utilité ne se trouvent point divisées. »

La deuxième condition pour qu'une conception politique libérale de la justice soit réaliste est que ses principes premiers et ses préceptes soient exploitables et applicables aux dispositifs politiques et sociaux en vigueur. Un exemple peut ici s'avérer utile : considérons les biens primaires (les droits et libertés de base, les possibilités, le revenu, la richesse et les bases sociales du respect de soi-même) tels qu'ils sont utilisés dans la conception de la justice comme équité. L'une de leurs caractéristiques principales est qu'ils sont exploitables. La part de ces biens que reçoit un citoyen est facilement observable, et permet les comparaisons requises entre citoyens (ce qu'on nomme les comparaisons

---

2. La stabilité pour les bonnes raisons renvoie à la stabilité produite par les citoyens qui agissent selon les principes adéquats de leur sens de la justice, qu'ils ont acquis en grandissant dans le cadre d'institutions justes et en participant à ces institutions.

interpersonnelles). Ceci peut être accompli sans recours à des idées aussi peu exploitables que sont l'utilité totale d'un peuple, ou ce que Sen appelle les capabilités de base pour des fonctionnements variés[3].

(ii) Une condition nécessaire pour qu'une conception politique de la justice soit *utopiste* est qu'elle utilise des idéaux, principes et concepts politiques (moraux) pour caractériser une société raisonnable et juste. Il y a une famille de conceptions libérales de la justice raisonnables, chacune possédant les trois principes caractéristiques suivants :

– le premier énumère les droits et libertés de base du genre de ceux qui sont familiers dans un régime constitutionnel ;

– le deuxième donne à ces droits, libertés et possibilités une priorité spéciale, en particulier par rapport aux revendications de bien général et des valeurs perfectionnistes ;

– le troisième assure à tous les citoyens les biens primaires nécessaires pour leur permettre de faire un usage intelligent et effectif de leurs libertés.

Les principes de ces conceptions de la justice doivent aussi remplir le critère de réciprocité. Ce critère exige que, lorsque des termes sont proposés comme les plus raisonnables d'une coopération équitable, ceux qui en font la proposition doivent estimer au moins raisonnable que les autres les acceptent en tant que citoyens libres et égaux et non en tant qu'agents dominés ou manipulés du fait de leur position politique ou sociale inférieure[4].

---

3. Il ne s'ensuit pas, cependant, que l'idée avancée par Sen des capabilités de base n'est pas importante ici, et c'est même l'inverse qui est vrai. Sa position est que la société doit s'intéresser à la distribution des libertés de base effectives des citoyens, puisque celles-ci sont plus fondamentales pour leur vie que leur possession de biens primaires, dans la mesure où les citoyens ont des capabilités et compétences différentes d'utiliser ces biens pour atteindre des modes désirables d'existence. La réponse à partir de la perspective des biens primaires consiste à admettre cela – tout usage des biens primaires doit émettre des hypothèses simplificatrices sur les capabilités des citoyens – mais également à répondre qu'appliquer l'idée de capabilités de base effectives sans émettre ces hypothèses ou d'autres hypothèses similaires demande davantage d'information que ce que la société politique peut décemment acquérir et correctement appliquer. À l'inverse, en intégrant les biens primaires dans la spécification des principes de justice et en organisant la structure de base de la société en conséquence, il se peut qu'on parvienne aussi près qu'il est pratiquement possible de le faire de la juste distribution des libertés effectives de Sen. Son idée est essentielle parce qu'elle est nécessaire à expliquer la propriété de l'usage des biens primaires. Pour la position d'Amartya SEN, voir *Inequality Reexamined* (Harvard University Press, Cambridge, Mass., 1992), particulièrement les chapitres 1 à 5.

4. Voir *Libéralisme politique, op. cit.*, leçon II, section 1, p. 76-83, et « L'idée de raison publique reconsidérée », dans ce volume, p. 164 et suivantes.

Les citoyens divergeront sur la question de savoir quelle conception ils estiment la plus raisonnable, mais ils devraient pouvoir s'accorder sur le fait que toutes sont raisonnables, ne serait-ce que tout juste. Chacun de ces libéralismes adopte les idées implicites des citoyens conçus comme des personnes libres et égales, et de la société vue comme un système de coopération équitable à travers le temps. Mais comme ces idées peuvent être interprétées de façons variées, nous obtenons des formulations différentes des principes de justice et des contenus différents de la raison publique[5]. Les conceptions politiques se distinguent également par la manière dont elles ordonnent les principes et valeurs politiques ou dont elles leur affectent une importance différente, alors même qu'elles considèrent comme importants les mêmes principes et les mêmes valeurs. Ces libéralismes contiennent des principes de justice substantiels, et vont donc au-delà de la justice procédurale. Les principes doivent spécifier les libertés religieuses et les libertés artistiques des citoyens libres et égaux, de même que les idées substantielles d'équité qui garantissent l'égalité des chances et des ressources polyvalentes appropriées, et bien d'autres choses encore[6].

(iii) La troisième condition d'une utopie réaliste exige que la catégorie du politique contienne en elle-même tous les éléments essentiels à une conception politique de la justice. Par exemple, les personnes sont considérées comme des citoyens dans le libéralisme politique, et une conception politique de la justice est élaborée à partir des idées politiques (morales) disponibles dans la culture politique publique d'un régime constitutionnel libéral. L'idée d'un citoyen libre est déterminée par une conception politique libérale et non pas par une doctrine englobante, qui s'étend toujours au-delà de la catégorie du politique.

(iv) À cause du fait du pluralisme raisonnable, la démocratie constitutionnelle doit avoir des institutions politiques et sociales

---

5. La justice comme équité est le plus égalitaire de ces libéralismes. Voir *Libéralisme politique*, *op. cit.*, p. 96 et suivantes.

6. Certains peuvent estimer que le fait du pluralisme raisonnable signifie que les formes d'adjudication équitable entre doctrines englobantes ne doivent être que procédurales et pas substantielles. Cette position est défendue avec force par Stuart HAMPSHIRE dans *Innocence and Experience* (Harvard University Press, Cambridge, Mass., 1989). Dans le texte ci-dessus, je suppose cependant que les différentes formes de libéralisme sont des conceptions substantielles. Pour une analyse complète de ces questions, voir Joshua COHEN, « Pluralism and Proceduralism », *Chicago-Kent Law Review*, vol. 69, n° 3 (1994).

qui conduisent effectivement ses citoyens à acquérir un sens approprié de la justice à mesure qu'ils grandissent et prennent part à la société. Ils seront alors capables de comprendre les principes et idéaux de la conception politique, de les interpréter et de les appliquer aux cas qui se présentent. Ils seront aussi normalement poussés à agir d'après ces principes et idéaux lorsque les circonstances l'exigeront. Ceci conduit à la stabilité pour les bonnes raisons.

Dans la mesure où les conceptions libérales exigent une conduite vertueuse de la part des citoyens, les vertus (politiques) nécessaires sont celles de la coopération sociale, comme le sens de l'équité, la tolérance et la disposition à faire la moitié du chemin pour s'accorder avec les autres. En outre, les principes et les idéaux politiques libéraux peuvent être satisfaits par la structure de base de la société même si de nombreux citoyens se relâchent occasionnellement, à condition que leur comportement soit contrebalancé par la conduite appropriée d'un nombre suffisant d'autres citoyens[7]. La structure des institutions politiques reste juste et stable (pour les bonnes raisons) au cours du temps.

Cette idée d'utopie réaliste est pour une grande part institutionnelle. Elle est liée, dans le cas intérieur, à la façon dont les citoyens se conduisent dans le cadre des institutions et des pratiques au sein desquelles ils ont grandi, et dans le cas international, à la manière dont le caractère d'un peuple s'est développé historiquement. Nous nous fondons sur les faits de la conduite sociale tels que la connaissance et la réflexion historiques les ont établis : par exemple, le fait que, historiquement, l'unité politique et sociale ne dépend pas de l'unité religieuse, et que les peuples démocratiques bien ordonnés ne se font pas la guerre. Ces observations, avec d'autres, se révéleront essentielles au cours de notre analyse.

(v) Parce que l'unité religieuse, philosophique ou morale n'est ni possible ni nécessaire pour réaliser l'unité sociale, elle doit être enracinée dans une conception politique raisonnable de la

---

7. Les conceptions libérales sont aussi ce que nous pouvons nommer des « libéralismes de la liberté ». Leurs trois principes garantissent les droits et libertés de base, leur accordent une priorité particulière, et garantissent à tous les citoyens des moyens polyvalents suffisants pour que leurs libertés ne soient pas purement formelles. Elles se rangent en cela aux côtés de Kant, Hegel et, de façon moins évidente, de J.S. Mill. Voir plus bas, section 7.3.

rectitude morale et de la justice affirmée par un consensus par recoupement des doctrines englobantes pour que la stabilité sociale ne soit pas un simple *modus vivendi*.

(vi) La conception politique doit comprendre une idée raisonnable de la tolérance dérivée entièrement d'idées puisées dans la catégorie du politique[8]. Certes, les cas dans lesquels toutes les doctrines englobantes défendues dans la société procurent elles-mêmes cette idée suggèrent que cette condition pourrait ne pas toujours être nécessaire. Mais la conception politique sera renforcée si elle contient une idée raisonnable de la tolérance en son sein, puisque ceci montrera le caractère raisonnable de la tolérance par la raison publique.

1.3 Les conditions parallèles de la Société des Peuples

Si nous supposons que la précédente section retrace de façon appropriée les conditions requises pour que se réalise une démocratie constitutionnelle raisonnablement juste, que j'ai qualifiée d'« utopie réaliste », quelles sont les conditions parallèles nécessaires pour qu'advienne une Société des Peuples raisonnablement juste ? Il s'agit d'une question trop ambitieuse pour qu'on puisse y répondre en détail pour le moment. Il pourrait être néanmoins fructueux de faire quelques remarques sur certains des parallèles en question avant de commencer l'analyse, puisqu'elles préfigurent l'argumentation qui suivra.

---

8. Voir *Libéralisme politique*, *op. cit.*, p. 90 et suivantes. Les points principaux de cette conception de la tolérance peuvent être présentés de manière résumée comme suit : (1) Les personnes raisonnables n'affirment pas tous la même doctrine englobante. Ceci est réputé être une conséquence des « difficultés du jugement ». (2) De nombreuses doctrines raisonnables sont affirmées, toutes ne pouvant être vraies ou correctes du point de vue d'une doctrine englobante quelconque. (3) Il n'est pas déraisonnable d'affirmer l'une des doctrines englobantes raisonnables. (4) Ceux qui affirment des doctrines raisonnables différentes de la nôtre sont également raisonnables. (5) En affirmant notre croyance dans une doctrine que nous reconnaissons comme raisonnable, nous ne sommes pas déraisonnables. (6) Les personnes raisonnables estiment qu'il est déraisonnable d'utiliser le pouvoir politique qu'elles pourraient détenir pour réprimer les autres doctrines raisonnables mais différentes de la leur. Ces points peuvent apparaître trop limités, et je reconnais que toute société contient aussi de nombreuses doctrines déraisonnables. À ce sujet, l'important est de réaliser que la mesure dans laquelle les doctrines déraisonnables peuvent être actives et tolérées n'est pas déterminée par ce qui est énoncé plus haut, mais par les principes de justice et les types d'actions qu'ils permettent. Je suis redevable à Erin Kelly d'avoir discuté de cette question avec moi.

Je pense que les trois premières conditions sont aussi fortes dans un cas que dans l'autre :

(i*) La Société raisonnablement juste des Peuples bien ordonnés est *réaliste* de la même façon qu'une société intérieure libérale ou décente. Ici encore, nous envisageons les peuples tels qu'ils sont (c'est-à-dire organisés au sein d'une société intérieure raisonnablement juste) et le Droit des Peuples tel qu'il pourrait être, c'est-à-dire tel qu'il serait dans une Société raisonnablement juste des Peuples justes et décents. Le contenu d'un Droit des Peuples raisonnable est déterminé en utilisant l'idée de la position originelle une seconde fois, les partenaires étant maintenant conçus comme les représentants des peuples (section 3). L'idée de peuples plutôt que celle d'États est décisive à ce stade : elle nous permet d'attribuer une motivation morale – une obéissance aux principes du Droit des Peuples qui par exemple n'autorise les guerres qu'en cas d'autodéfense – aux peuples (en tant qu'acteurs), ce qu'il nous est impossible de faire avec les États (section 2)[9].

Le Droit des Peuples est aussi réaliste d'une deuxième manière : il peut être mis en œuvre et appliqué aux dispositifs de coopération et aux relations politiques en cours entre les peuples. On ne peut pas le montrer avant que le contenu du Droit des Peuples soit esquissé (section 4). Pour l'instant, il suffit d'indiquer que le Droit est exprimé dans les termes familiers de la liberté et de l'égalité des peuples, et qu'il implique de nombreuses idées jurisprudentielles et politiques (morales).

(ii*) Un Droit des Peuples raisonnablement juste est *utopiste* en ce qu'il utilise des idéaux, principes et concepts politiques (moraux) pour définir les dispositions politiques et sociales raisonnablement conformes à la rectitude morale et à la justice qui s'appliquent à la Société des Peuples. Dans le cas d'une société intérieure, les conceptions libérales de la justice établissent une distinction entre le rationnel et le raisonnable, et elles se situent entre l'altruisme d'un côté et l'égoïsme de l'autre. Le Droit des

---

9. Une question qu'il faut certainement poser est : pourquoi le Droit des Peuples fait-il usage d'une position originelle du second niveau qui est équitable vis-à-vis des peuples et non des personnes individuelles ? Qu'est-ce qui donne aux peuples le statut d'acteurs (moraux) dans le Droit des Peuples ? Une partie de la réponse est donnée dans la section 2, dans laquelle l'idée de peuple est définie, mais l'explication la plus complète se trouve dans la section 11. Ceux qui sont troublés par cette question doivent s'y référer maintenant.

intérêts
des
peuples

Peuples reproduit ces caractéristiques. Ainsi, nous avons indiqué (section 2) que les intérêts d'un peuple sont définis par son territoire, ses institutions politiques et sociales raisonnablement justes, et sa culture civique libre avec ses nombreuses associations. Ces divers intérêts constituent la base des distinctions entre le raisonnable et le rationnel, et ils nous montrent comment les relations entre peuples peuvent demeurer justes et stables (pour les bonnes raisons) au cours du temps.

(iii*) Une troisième condition exige que tous les éléments essentiels d'une conception politique de la justice soient contenus au sein de la catégorie du politique. Cette condition sera satisfaite pour le Droit des Peuples dès lors que nous étendons une conception politique libérale conçue pour une démocratie constitutionnelle aux relations entre peuples. Encore faut-il montrer que cette extension peut être menée à bien avec succès, mais en toute hypothèse, les extensions du politique restent toujours dans le domaine du politique, alors que les doctrines englobantes, religieuses, philosophiques et morales s'étendent toujours au-delà.

(iv*) Le degré auquel un processus institutionnel raisonnablement juste et efficace permet aux membres de différentes sociétés bien ordonnées de développer un sens de la justice et de soutenir leur gouvernement en respectant le Droit des Peuples peut varier d'une société à l'autre dans le cadre plus vaste de la Société des Peuples. Le fait du pluralisme raisonnable est plus évident au sein de la société des peuples bien ordonnés qu'au sein d'une seule société. L'allégeance au Droit des Peuples n'a pas besoin d'avoir la même force dans tous les peuples, mais elle doit être, idéalement parlant, suffisante. J'examine cette question plus bas dans la section 15.5 sur l'affinité, et je suggère alors que le processus institutionnel peut être bien plus fragile quand l'allégeance au Droit des Peuples est également plus fragile.

Ceci m'amène aux deux conditions restantes :

(v*) L'unité d'une Société raisonnable des Peuples n'exige pas l'unité religieuse. Le Droit des Peuples procure, pour la Société des Peuples, un contenu de la raison publique parallèle aux principes de justice dans une société démocratique.

(vi*) L'argumentation en faveur de la tolérance qui dérive de l'idée du raisonnable s'applique également dans le cadre plus vaste de la Société des Peuples : le même raisonnement vaut dans l'un et l'autre cas. L'effet de l'extension d'une conception libérale de la justice à la Société des Peuples, qui renferme beaucoup plus de doctrines religieuses et d'autres doctrines englobantes que n'importe quel peuple, rend l'avènement de la tolérance inévitable si les peuples emploient la raison publique dans leurs relations mutuelles.

Ces conditions seront analysées plus en détail à mesure que nous progresserons. L'évaluation de la probabilité d'existence de cette Société des Peuples est une question cruciale. Le libéralisme politique affirme néanmoins que sa possibilité est compatible avec l'ordre naturel et avec les constitutions et les lois telles qu'elles peuvent être. L'idée de raison publique[10] pour la Société des Peuples est analogue à l'idée de raison publique dans le cas d'une société intérieure lorsqu'une base partagée de justification existe et peut être découverte par une réflexion appropriée. Le libéralisme politique, avec ses idées d'utopie réaliste et de raison publique, nie ce qu'une si grande part de la vie politique suggère : que la stabilité parmi les peuples ne peut être rien de plus qu'un *modus vivendi*.

L'idée d'une société raisonnablement juste des peuples bien ordonnés n'occupera pas une place majeure dans une théorie de la politique internationale avant que ces peuples existent et qu'ils aient appris à coordonner les actions de leurs gouvernements par des formes élargies de coopération politique, économique et sociale. Lorsque ceci se produira, comme je crois, après Kant, que cela arrivera, la société de ces peuples constituera un groupe de peuples satisfaits. Je défendrai l'idée (section 2) qu'ils n'ont aucune raison de se faire la guerre puisque leurs intérêts fondamentaux sont satisfaits. Les motifs habituels de la guerre sont absents : ces peuples ne cherchent pas à convertir les autres à leur religion, pas plus qu'à conquérir un territoire plus vaste, ou à exercer le pouvoir politique sur un autre peuple. À travers la négociation et le commerce, ils peuvent satisfaire leurs besoins et intérêts économiques. Tenter de savoir en détail pourquoi et comment tout ceci prend forme avec le temps représentera une part essentielle de la théorie de la politique internationale.

---

10. L'idée est évoquée dans la section 7 de la deuxième partie. Pour l'idée de raison publique, voir « L'idée de raison publique reconsidérée » dans ce volume.

1.4 L'Utopie réaliste est-elle une illusion ?

Certains semblent penser que cette idée est une illusion, en particulier depuis Auschwitz. Mais pourquoi ? Je ne nierais ni la singularité historique de l'Holocauste, ni qu'il puisse se reproduire d'une façon quelconque. Mais ce n'est que dans l'Europe occupée par l'Allemagne entre 1941 et 1945 qu'un dirigeant charismatique a pris le contrôle de la machine d'un État puissant pour la focaliser sur la réalisation de l'extermination définitive et complète d'un peuple particulier dont les individus étaient jusqu'alors considérés comme des membres de la société. L'extermination des juifs a été menée à bien à un très haut coût humain et matériel (usage des voies ferrées, construction des camps de concentration et bien davantage), au détriment de l'effort de guerre désespéré de l'Allemagne, surtout durant les dernières années. Des individus de tous âges, vieillards, enfants et nourrissons, étaient traités de la même façon. Les nazis ont donc cherché à réaliser leur objectif de rendre *judenrein* l'Europe occupée par l'Allemagne en le considérant comme un but en soi[11].

Il ne faut pas négliger le fait que la conception monstrueuse qu'Hitler avait du monde était, en un sens pervers, religieuse. Ceci est évident dans son origine comme dans les idées et les haines qui la guident. Son « antisémitisme de rédemption » comme l'appelle Saul Friedländer, n'inclut pas seulement des éléments raciaux. « L'antisémitisme de rédemption, écrit Friedländer, est né de la crainte de la dégénérescence et de la croyance religieuse dans la rédemption[12]. » Dans l'esprit

---

11. Je m'inspire ici de Raul HILBERG, *La Destruction des Juifs d'Europe* (Fayard, Paris, 1988), et Hannah ARENDT, *Eichmann à Jérusalem : rapport sur la banalité du mal* (Gallimard, Paris, 1966). Sur la source du pouvoir d'Hitler, voir Ian KERSHAW, *The Hitler Myth : Image and Reality in the Third Reich*, Oxford University Press, New York, 1987, et Peter FRITZSCHE, *Germans into Nazis*, Harvard University Press, Cambridge, Mass., 1988. Voir également Charles MAIER, *The Unmasterable Past* (Harvard University Press, Cambridge, Mass., 1988, en particulier p. 80 et suivantes) ; le chapitre 3 est consacré à la question de la singularité de l'Holocauste. Voir aussi Philippe BURRIN, *Hitler et les Juifs* (Paris, Seuil, 1989). Burrin estime que l'Holocauste et son objectif d'élimination complète et finale des juifs européens débutent en septembre 1941 avec les difficultés croissantes de la campagne de Russie.

12. Saul FRIEDLÄNDER, *L'Allemagne nazie et les Juifs*, Seuil, Paris, 1997, vol. 1.

d'Hitler, une source de dégénérescence était le mariage avec les juifs, qui salit le sang allemand. Il pensait que l'Allemagne, en le permettant, courait à sa perte. La rédemption ne pourrait venir qu'à condition de se libérer des juifs, de les expulser hors d'Europe, ou, si c'était impossible, de les exterminer. À la fin du deuxième chapitre de *Mein Kampf*, Hitler écrit : « Aujourd'hui j'estime agir en accord avec la volonté du Créateur Tout-Puissant ; en me défendant contre le juif, je combats pour sauvegarder l'œuvre de notre Seigneur[13]. »

Le fait de l'Holocauste et notre connaissance de ce que la société humaine admet cette possibilité monstrueuse ne doivent cependant pas affecter notre espoir qui s'exprime par l'idée d'une utopie réaliste et celle de *foedus pacificum*. Les crimes abominables existent depuis longtemps. Depuis l'époque de l'empereur Constantin au IVe siècle, le christianisme a puni l'hérésie et tenté d'éradiquer par la persécution et les guerres de religion ce qu'il considérait comme une doctrine fausse. Cette entreprise exigeait les pouvoirs coercitifs de l'État. L'Inquisition instituée par le pape Grégoire IX a duré tout au long des guerres de religion des XVIe et XVIIe siècles. En septembre 1572, le pape Pie V se rend à l'église française Saint-Louis à Rome où, accompagné de trente-trois cardinaux, il assiste à une messe d'action de grâces qui célèbre le massacre, religieusement motivé, de quinze mille huguenots par des factions catholiques le jour de la Saint-Barthélemy, au cours du même été[14]. Ce zèle répressif a été l'un des grands crimes de la religion chrétienne. Il fut partagé par Luther, Calvin, ainsi que les autres réformateurs protestants, et

---

13. Un rapport de police rapporte qu'en 1926 Hitler déclare dans un discours à Munich : « Noël est important pour le National Socialisme, puisque le Christ a été le plus grand précurseur de la lutte contre l'ennemi juif mondial. Le Christ n'a pas été l'apôtre de la Paix que l'Église a fabriqué après coup, mais la plus grande personnalité combattante qui ait jamais vécu. Pendant des millénaires, l'enseignement du Christ a été fondamental dans la lutte contre le Juif comme ennemi de l'humanité. J'achèverai la tâche que le Christ a commencée. Le National Socialisme n'est rien d'autre que la réalisation pratique de l'enseignement du Christ. » Voir *ibid.*, p. 102.

14. Lord ACTON, « The Massacre of St. Bartholomew », *North British Review* (octobre 1869). Cette description provient du volume II des *Collected Works* d'ACTON, Library Classics, Indianapolis, 1985, p. 227. Il est remarquable que lors d'une cérémonie à Paris en août 1997, le pape Jean-Paul II se soit excusé au nom de l'Église à l'occasion de l'anniversaire du massacre. Voir le *New York Times* du 24 août 1997, p. A3.

l'Église catholique n'y a pas radicalement fait face avant Vatican II[15].

Ces crimes étaient-ils plus ou moins considérables que l'Holocauste ? Nous n'avons pas besoin de nous engager dans de tels jugements comparatifs. Les grands fléaux se suffisent à eux-mêmes. Les maux de l'Inquisition et de l'Holocauste ne sont cependant pas sans lien. Il paraît même clair que sans le développement, au long de plusieurs siècles, de l'antisémitisme chrétien – tout spécialement virulent en Russie et en Europe de l'Est – l'Holocauste ne se serait pas produit[16]. Le fait que l'« antisémitisme de rédemption » d'Hitler nous apparaisse comme une folie monstrueuse – qui pourrait croire à ces délires ? – n'y change rien.

Nous ne devons cependant pas laisser ces crimes passés et présents affaiblir notre espoir que notre société future fasse partie d'une Société des Peuples libéraux et décents du monde. Autrement, la conduite injuste, malfaisante et monstrueuse des

---

15. Dans le texte issu du concile intitulé *Déclaration de liberté religieuse – Dignitatis humanae* (1965), l'Église catholique s'engage en faveur du principe de liberté religieuse tel qu'on le trouve dans la démocratie constitutionnelle. Elle proclame une doctrine éthique de la liberté religieuse reposant sur la dignité de la personne humaine, une doctrine politique qui établit les limites de l'action gouvernementale en matière religieuse, une doctrine théologique de la liberté de l'Église dans ses relations avec le monde politique et social. D'après cette déclaration, toutes les personnes, quelle que soit leur foi, ont un droit à la liberté religieuse qui leur est reconnu dans les mêmes termes. Comme l'a déclaré John Courtney Murray, S. J., « une ancienne ambiguïté a enfin été levée. L'Église n'applique pas au monde séculier un double standard d'évaluation : liberté pour l'Église lorsque les catholiques sont minoritaires, privilège pour l'Église et intolérance des autres lorsque les catholiques forment une majorité ». Voir Walter ABBOTT S.J. (dir.), *Documents of Vatican II* (New York American Press, New York, 1966), p. 673.

16. Dans un discours radiodiffusé aux États-Unis le 4 avril 1933, le célèbre évêque protestant Otto Dibelius défendit le boycott des juifs décidé le 1ᵉʳ avril par le nouveau régime allemand (qui devait initialement durer cinq jours). Dans un message de Pâques confidentiel adressé aux pasteurs de sa province, il déclara : « Mes chers frères ! Non seulement nous comprenons, mais nous sommes en pleine sympathie avec les motivations récentes d'où a émergé le mouvement du *völkisch*. En dépit de la tonalité désagréable qu'a souvent acquise le terme, je me suis toujours considéré moi-même comme un anti-sémite. On ne peut pas ignorer que la juiverie a joué un rôle dirigeant dans toutes les manifestations destructrices de la civilisation moderne. » Dieter Bonhoeffer, qui joua plus tard un rôle héroïque dans la Résistance et qui devint un dirigeant de l'Église confessionnelle, déclara à propos du boycott d'avril : « Dans l'Église du Christ, nous n'avons jamais perdu de vue l'idée que le "Peuple Élu", qui a crucifié le Sauveur, doit supporter le fardeau attaché à cet acte par une longue histoire de souffrance. » Pour les deux citations, voir S. FRIEDLÄNDER, *Nazi Germany and the Jews*, respectivement p. 42 et 45. Il devrait paraître évident que, dans une société décente, ce genre de boycott organisé par l'État doit être considéré comme une grave violation de la liberté religieuse et de la liberté de conscience. Pourquoi ces hommes d'Église ne l'ont-ils pas compris ?

autres nous détruit nous aussi et conforte leur victoire. Il nous faut plutôt soutenir et renforcer notre espoir en développant une conception politique raisonnable et applicable de la rectitude morale et de la justice pour régir les relations entre les peuples. Pour y parvenir, nous pouvons suivre la voie tracée par Kant et débuter l'analyse par la conception politique d'une démocratie constitutionnelle raisonnablement juste que nous avons déjà formulée. Nous poursuivons alors notre tâche en étendant cette conception vers l'extérieur et la Société des Peuples libéraux et décents (section 4). En procédant de cette façon, nous supposons que le libéralisme politique est raisonnable, et le développement d'un Droit des Peuples raisonnable à partir du libéralisme politique le confirme. Ce Droit est soutenu par les intérêts fondamentaux des démocraties constitutionnelles et des autres sociétés décentes. Notre espoir n'est plus seulement un désir ardent, il devient un espoir raisonnable.

Section 2. Pourquoi des Peuples et non pas des États?

2.1 Caractéristiques fondamentales des Peuples

La présente théorie du Droit des Peuples conçoit les peuples démocratiques libéraux (et les peuples décents) comme les acteurs de la Société des Peuples, de la même manière que les citoyens sont les acteurs de la société intérieure. En partant d'une conception politique de la société, le libéralisme politique décrit les citoyens comme les peuples grâce à des conceptions politiques qui définissent leur nature, de citoyens dans un cas, de peuples agissant par l'intermédiaire de leur gouvernement dans l'autre. Les peuples libéraux possèdent trois caractéristiques: un gouvernement démocratique constitutionnel raisonnablement juste qui défend leurs intérêts fondamentaux, des citoyens unis par ce que Mill nomme les « sympathies communes[17] » et, enfin,

---

17. À ce stade initial, j'utilise les premières phrases du chapitre XVI des *Considérations sur le gouvernement représentatif* (1862) de John Stuart MILL, dans lequel celui-ci fait usage d'une idée de nationalité pour décrire la culture d'un peuple. Il écrit: « On peut dire qu'une portion de l'humanité constitue une nationalité si ses membres sont unis entre eux par des sympathies communes qui n'existent pas entre eux et les autres – qui les amène à coopérer entre eux plus volontiers qu'avec d'autres, à souhaiter être placés sous l'autorité du même gouvernement, et à désirer qu'il s'agisse exclusivement d'un gouvernement

3 une nature morale. La première est institutionnelle, la deuxième culturelle, et la troisième exige un attachement solide à une conception politique (morale) de la rectitude morale et de la justice[18].

En indiquant qu'un peuple possède un gouvernement démocratique constitutionnel raisonnablement juste (même s'il n'est pas parfaitement juste), je veux dire que le gouvernement est sous le contrôle politique et électoral effectif du peuple, qu'il sert et protège ses intérêts fondamentaux tels qu'ils sont définis par une Constitution, écrite ou non écrite, et son interprétation. Le régime n'est pas une agence autonome qui cherche à réaliser ses propres objectifs bureaucratiques. En outre, il n'est pas guidé par les intérêts d'un pouvoir économique fortement concentré, dissimulé à la connaissance publique et presque complètement dispensé de rendre des comptes. La question de savoir quelles institutions et pratiques seraient nécessaires pour maintenir dans les limites d'une justice raisonnable un gouvernement démocratique constitutionnel et pour l'empêcher d'être corrompu est d'une importance considérable. Je ne peux pas l'approfondir ici, sauf pour noter la nécessité évidente de concevoir les institutions de façon à ce que les gens, citoyens comme responsables politiques, soient suffisamment motivés pour les respecter et que soient écartées les tentations les plus manifestes de corruption[19].

Quant à la caractéristique d'un peuple libéral, qui est d'être uni par des sympathies communes et par un désir de vivre sous le même gouvernement démocratique, elle ne pourrait que rarement, voire jamais, être satisfaite si ces sympathies dépendaient

---

par eux-mêmes, ou une portion d'eux-mêmes. Ce sentiment de nationalité peut avoir été produit par des facteurs variés. Il est parfois l'effet de l'identité de race ou de descendance. Une communauté de langage ou de religion y contribue largement. Les limites géographiques sont aussi l'une de ses causes. La plus puissante est néanmoins l'identité des antécédents politiques, la possession d'une histoire nationale, et la communauté de souvenirs qui en résulte, la fierté et l'humiliation collective, le plaisir et le regret liés aux mêmes événements du passé. Aucune de ces circonstances n'est cependant suffisante en elle-même. » Voir *Collected Works*, vol. XIX, chap. XVI, p. 546.

18. Je suis très redevable à John Cooper d'une discussion instructive sur ces caractéristiques.

19. Un exemple qui mérite d'être mentionné est le financement public des élections et des forums de discussion politique publique, sans lesquels il est improbable que s'épanouisse une vie politique publique satisfaisante. Lorsque les politiciens sont redevables à leurs électeurs et que le contexte culturel est marqué par une distribution très inégale du revenu et de la fortune, avec la richesse massivement aux mains du pouvoir économique d'entreprise, doit-on s'étonner que la législation parlementaire soit, de fait, écrite par des lobbyistes, et que le Congrès devienne une chambre de négociation où les lois sont achetées et vendues ?

entièrement d'une langue, d'une histoire et d'une culture politique communes, avec une conscience historique partagée. Les conquêtes historiques et l'immigration ont produit un mélange de groupes aux cultures et souvenirs historiques variés qui résident aujourd'hui sur le territoire de la plupart des États démocratiques contemporains. Le Droit des Peuples commence malgré tout par affirmer le besoin de sympathies communes, quelle que soit leur source. Mon espoir est que, en engageant l'analyse de cette manière simplifiée, nous pouvons élaborer des principes politiques qui nous permettront, le moment venu, de traiter les cas plus difficiles dans lesquels les citoyens ne sont pas unis par une langue commune et des souvenirs historiques partagés. Une idée qui encourage cette façon de procéder est que, au sein d'une société politique libérale raisonnablement juste, ou décente, il est possible de satisfaire les besoins et intérêts culturels raisonnables de groupes aux origines ethniques et nationales variées. Notre hypothèse est que les principes politiques appropriés à un régime constitutionnel raisonnablement juste nous permettent de traiter une large variété de cas, sinon tous[20].

Enfin, les peuples libéraux ont un certain caractère moral. Comme les citoyens d'une société intérieure, les peuples libéraux sont à la fois raisonnables et rationnels, et leur conduite rationnelle, telle qu'elle s'agence et s'exprime à travers leurs élections et leurs votes, ainsi qu'à travers les lois et les politiques de leur gouvernement, est simplement contrainte par leur perception de ce qui est raisonnable. Tout comme les citoyens raisonnables d'une société intérieure proposent de coopérer avec les autres citoyens selon des termes équitables, les peuples libéraux (raisonnables) (ou les peuples décents) proposent aux autres peuples des termes équitables de coopération. Un peuple honorera ces termes lorsqu'il sera assuré que les autres peuples le feront également. Ceci nous conduit, dans le premier cas, aux principes de justice politique et, dans le second, au Droit des Peuples. Il sera essentiel de décrire la manière dont cette nature morale survient et la façon dont elle peut être maintenue d'une génération à la suivante.

---

20. Je conçois ici l'idée de nation comme distincte de celle de gouvernement ou d'État, et je l'interprète comme se référant à un modèle de valeurs culturelles du genre de celles décrites par Mill dans la note 17 ci-dessus. En pensant l'idée de nation de cette façon, je suis l'ouvrage très instructif de Yael TAMIR, *Liberal Nationalism* (Princeton University Press, Princeton, 1993).

2.2 Les Peuples ne disposent pas de la souveraineté traditionnelle

Une autre raison pour laquelle j'utilise le terme de « peuples » est de distinguer ma réflexion de celle sur les États traditionnellement conçus comme dotés des pouvoirs de souveraineté prévue par le droit international (positif) pendant les trois siècles qui ont suivi la guerre de Trente Ans (1618-1648). Ces pouvoirs comprennent le droit d'entrer en guerre pour réaliser la politique de l'État – l'idée de Clausewitz de la poursuite de la politique par d'autres moyens –, les objectifs de la politique étant donnés par les intérêts rationnels prudentiels d'un État[21]. Les pouvoirs de souveraineté accordent également à un État une certaine autonomie (analysée plus bas) dans les rapports avec son propre peuple. Dans ma perspective, cette autonomie n'est pas moralement acceptable.

Dans le développement du Droit des Peuples, la première étape consiste à élaborer les principes de justice d'une société intérieure. Ici, la position originelle prend seulement en compte les personnes comprises au sein de cette société, puisque nous n'envisageons pas les relations avec les autres sociétés. Cette position considère la société comme fermée : les personnes y pénètrent en naissant et n'en sortent qu'en mourant. Les forces armées n'y sont pas nécessaires : la question du droit du gouvernement à être militairement prêt à agir ne se pose pas, et ce droit serait refusé si elle était soulevée, car une armée ne peut pas être utilisée contre son propre peuple. Les principes de justice intérieure permettent qu'une force de police maintienne l'ordre et qu'une institution judiciaire, avec d'autres, garantisse le fonctionnement régulier de l'État de droit[22]. Tout ceci est très différent

---

21. Il serait injuste envers Clausewitz de ne pas ajouter que les intérêts d'un État peuvent inclure, selon lui, des objectifs moraux régulateurs de tous types, et donc que les buts de la guerre peuvent être de défendre les sociétés démocratiques contre les régimes tyranniques, en quelque sorte comme lors de la Seconde Guerre mondiale. Pour lui, les buts de la politique ne font pas partie de la théorie de la guerre, même s'ils sont toujours présents et s'ils peuvent affecter à juste titre sa conduite. Sur ce point, voir les remarques instructives de Peter Paret, « Clausewitz », *in* Peter PARET (dir.), *The Makers of Modern Strategy* (Princeton University Press, Princeton, 1986), p. 209-213. La conception décrite dans mon texte caractérise une raison d'État similaire à celle que Frédéric le Grand cherchait à mettre en pratique. Voir Gerhard RITTER, *Frederick the Great*, traduction de Peter PARET, California University Press, Berkeley, 1968, chapitre 10 et la remarque p. 197.

22. J'insiste ici sur le fait que le Droit des Peuples ne met pas en question la légitimité de l'autorité du gouvernement à appliquer la règle de droit démocratique. La prétendue solution de substitution par rapport au monopole du pouvoir étatique autorise la violence privée à ceux qui ont la volonté et les moyens de l'exercer.

d'une armée nécessaire pour se défendre contre les États hors-la-loi. Bien que les principes intérieurs de la justice soient compatibles avec un droit qualifié à la guerre, ils n'établissent pas eux-mêmes ce droit. La base de ce droit dépend du Droit des Peuples, qui reste encore à élaborer. Ce Droit, comme nous le verrons, restreindra la souveraineté interne d'un État, ou son autonomie (politique), son prétendu droit de disposer comme il l'entend du peuple qui se trouve à l'intérieur de ses frontières.

Ainsi, dans l'élaboration du Droit des Peuples, un gouvernement en tant qu'organisation politique de son peuple n'est pas, pour ainsi dire, l'auteur de tous ses pouvoirs. Les pouvoirs de guerre des gouvernements, quels qu'ils puissent être, se bornent à ceux qui se révèlent acceptables dans le cadre d'un Droit des Peuples raisonnable. Supposer l'existence d'un gouvernement lorsqu'un peuple est organisé par des institutions de justice sociale ne préjuge pas de ces questions. Il nous faut reformuler les pouvoirs de souveraineté à la lumière d'un Droit des Peuples raisonnable et refuser aux États les droits de guerre traditionnels ainsi que le droit à une autonomie interne illimitée.

En outre, cette reformulation s'accorde avec une récente modification spectaculaire dans la façon dont beaucoup souhaiteraient que le droit international soit compris. Depuis la Seconde Guerre mondiale, le droit international est devenu plus strict. Il tend à limiter le droit d'un État à déclarer la guerre aux cas d'autodéfense (également dans l'intérêt de la sécurité collective) et il tend aussi à restreindre le droit d'un État à la souveraineté interne. Le rôle des droits de l'homme est évidemment lié à cette dernière modification, en tant que dimension de l'effort nécessaire pour produire une définition adéquate de la souveraineté interne d'un gouvernement et de ses limites. Je laisse pour l'instant de côté les nombreuses difficultés qui pèsent sur l'interprétation de ces droits et de ces limites, et je tiens leur signification et leur orientation générales pour suffisamment claires. L'important est que notre élaboration du Droit des Peuples s'accorde avec ces deux modifications fondamentales, et qu'elle leur donne une justification appropriée[23].

---

23. Daniel PHILPOTT, dans sa thèse de PhD intitulée « Revolutions in Sovereignty » (Harvard University, 1995), propose que les transformations des pouvoirs de souveraineté d'une période à l'autre proviennent des mutations des idées que les gens se font d'un gouvernement intérieur conforme à la rectitude morale et à la justice. Si l'on accepte cette

Le terme de « peuples » sert donc à insister sur ces traits singuliers qui distinguent les peuples des États tels qu'ils sont traditionnellement conçus, et à éclairer leur caractère moral ainsi que la nature raisonnablement juste, ou décente, de leur régime. Il est important que les droits et devoirs des peuples vis-à-vis de leur prétendue souveraineté dérivent du Droit des Peuples lui-même, sur lequel ils s'accorderaient avec les autres peuples dans des circonstances appropriées. Comme ils sont des peuples justes ou décents, les raisons de leur conduite s'accordent avec les principes correspondants. Ils ne sont pas poussés uniquement par leurs intérêts prudents ou rationnels, les prétendues raisons d'État.

2.3 Caractéristiques fondamentales des États

Les remarques qui suivent montrent que le caractère d'un peuple dans le Droit des Peuples diffère de celui des entités que j'appelle les États. Ceux-ci sont les acteurs de nombreuses théories de la politique internationale qui portent sur les causes de la guerre et la préservation de la paix[24]. Ils sont souvent considérés comme rationnels, obnubilés par leur pouvoir – leur capacité (militaire, économique, diplomatique) d'influencer les autres États – et toujours guidés par leurs intérêts fondamentaux[25]. La vision typique des relations internationales est fondamentalement la même que ce qu'elle était à l'époque de Thucydide, et elle n'a pas été dépassée durant les temps modernes, quand la politique mondiale restait marquée par les luttes des États pour le pouvoir, le prestige et la richesse, dans une condition d'anarchie globale[26].

---

position comme globalement correcte, l'explication du changement semble résider dans le progrès et l'acceptation des régimes démocratiques constitutionnels, leur succès durant les deux guerres mondiales, et la perte de foi progressive dans le communisme soviétique.

24. Voir Robert GILPIN, *War and Change in World Politics*, Cambridge University Press, Cambridge, 1981, chapitre 1, p. 9-25. Voir aussi, dans le livre de Robert AXELROD, *The Complexity of Cooperation* (Princeton University Press, Princeton, 1997), le chapitre 4, « Choosing Sides », et sa présentation de l'alignement des pays pendant la Seconde Guerre mondiale.

25. Lord Palmerston disait: « L'Angleterre n'a pas d'amis éternels, et pas d'ennemis éternels; elle n'a que des intérêts éternels. » Voir Donald KAGAN, *Origins of War and the Preservation of Peac*, Doubleday, New York, 1995, p. 144.

26. La principale thèse de Gilpin est que « la nature fondamentale des relations internationales n'a pas changé depuis des millénaires. Les relations internationales continuent d'être une lutte récurrente pour la richesse et le pouvoir entre des acteurs indépendants dans un état d'anarchie. Le récit de Thucydide est un guide aussi pertinent de la conduite des États aujourd'hui que lorsqu'il fut écrit au Ve siècle avant Jésus Christ. » Voir Robert GILPIN, *War and Change in World Politics, op. cit.*, p. 7. Il présente les raisons à l'appui de cette thèse dans le chapitre 6.

La mesure de la différence entre les États et les peuples réside dans la manière dont sont définis la rationalité, la préoccupation pour le pouvoir et les intérêts fondamentaux d'un État. Si la rationalité exclut le raisonnable (c'est-à-dire si un État est poussé par ses intérêts et ignore le critère de réciprocité dans ses relations avec les autres sociétés), si la préoccupation de l'État pour le pouvoir est prédominante, et si ses intérêts comprennent des éléments tels que la conversion des autres sociétés à la religion de l'État, l'agrandissement de son empire et la conquête de territoire, l'accroissement de la gloire et du prestige dynastique, impérial ou national, et le développement de sa puissance économique relative, alors la différence entre États et peuples est considérable[27]. Des intérêts comme ceux-ci tendent à opposer un État aux autres États et aux autres peuples, à menacer leur sûreté et leur sécurité, qu'ils

---

27. Dans sa magistrale *Histoire de la guerre du Péloponnèse* (trad. Jean VOILQUIN, Garnier, Paris, 1966), THUCYDIDE raconte l'histoire de l'autodestruction inévitable des cités-États grecques pendant la guerre entre Athènes et Sparte. L'histoire s'arrête en plein milieu de l'action, comme si elle était interrompue. Thucydide s'est-il arrêté ou a-t-il été incapable de terminer ? C'est comme s'il avait écrit « et ainsi de suite... » L'histoire de la déraison a duré assez longtemps. Ce qui pousse les cités-États à agir est ce qui rend inévitable l'autodestruction croissante. Écoutons le premier discours des Athéniens aux Spartiates : « Nous n'avons rien fait d'extraordinaire ni de contraire à l'humanité en acceptant le pouvoir qu'on nous donnait et en ne le relâchant pas, dominés que nous sommes par les plus impérieuses nécessités, l'honneur, la crainte et l'utilité. Nous ne sommes pas les premiers non plus à nous être comportés de la sorte, il est courant que de tout temps le plus faible se trouve sous la domination du plus fort. Cette situation, nous en sommes dignes et vous l'avez reconnu vous-mêmes, jusqu'au moment où, par égard pour vos intérêts, vous vous êtes mis à vous parer de ces principes de justice ; pourtant nul ne le met en avant et n'y voit un empêchement d'augmenter sa puissance par la force, quand l'occasion s'en présente. On doit louer ceux qui, tout en obéissant à la nature humaine, qui veut qu'on impose sa domination aux autres, n'usent pas néanmoins de tous les droits que leur confère leur puissance du moment. Supposons que d'autres disposent de nos moyens, ils feraient éclater la modération dont nous avons fait preuve. »

La manière dont fonctionne le cycle d'autodestruction est assez claire. Thucydide estime que si les Athéniens avaient suivi le conseil de Périclès de ne pas s'étendre tant que la guerre avec Sparte et ses alliés n'était pas terminée, il auraient bien pu l'emporter. Mais avec l'invasion de Melos et la folie de l'aventure sicilienne à laquelle ont poussé les conseils et la persuasion d'Alcibiade, ils étaient voués à l'autodestruction. Napoléon est connu pour avoir dit : « Les Empires meurent d'indigestion. » Mais il n'était pas sincère. Les Empires meurent de gloutonnerie, du désir insatiable de pouvoir. Ce qui rend possible la paix entre les peuples démocratiques libéraux est la nature interne des peuples comme démocraties constitutionnelles et le changement qui en résulte dans la motivation des citoyens. Pour les besoins de notre démonstration de la possibilité d'une utopie réaliste, il est important de reconnaître qu'Athènes n'était pas une démocratie libérale, même si elle a pu se concevoir comme telle. Il s'agissait d'une autocratie exercée par les 35 000 membres masculins de l'Assemblée sur une population totale d'environ 3 000 000 personnes.

soient ou non expansionnistes. Les conditions du contexte social font également planer la menace d'une guerre hégémonique[28].

Une différence entre les États et les peuples libéraux est que ces derniers limitent leurs intérêts fondamentaux selon les exigences du raisonnable. À l'opposé, le contenu des intérêts des États ne leur permet pas d'être stables pour les bonnes raisons, c'est-à-dire du fait qu'ils acceptent fermement un Droit des Peuples juste et qu'ils agissent selon ce Droit. Les peuples libéraux possèdent néanmoins des intérêts fondamentaux permis par leur conception de la rectitude morale et de la justice. Ils cherchent à protéger leur territoire, à garantir leur sécurité et la sûreté de leurs citoyens, ainsi qu'à préserver leurs institutions politiques libres avec les libertés et la culture libre de leur société civile[29]. Au-delà de ces intérêts, un peuple libéral tente d'assurer une justice raisonnable à tous ses citoyens et à tous les peuples : un peuple libéral peut exister avec les autres peuples de même caractère en respectant la justice et en préservant la paix. Tout notre espoir de parvenir à une utopie réaliste repose sur l'existence de régimes libéraux constitutionnels (et de régimes décents) suffisamment établis et effectifs pour produire une Société des Peuples viable.

Section 3. Deux positions originelles

3.1 La position originelle comme modèle de représentation

Cette partie décrit la première étape de la théorie idéale. Avant d'engager l'extension au Droit des Peuples de l'idée libérale du contrat social, notons que la position originelle avec voile d'ignorance est un modèle de représentation pour les sociétés libérales[30]. Dans ce que je nomme à présent le premier usage de la position originelle, celle-ci modélise ce que nous considérons – vous et moi, ici et maintenant[31] – comme des conditions équitables

---

28. Robert GILPIN, *War and Change in World Politics*, *op. cit.*, en particulier le chapitre 5, analyse les caractéristiques de la guerre hégémonique.

29. Voir le raisonnement de la section 14, où j'envisage le droit d'un peuple libéral à faire la guerre pour son autodéfense.

30. Voir l'analyse de la position originelle et du voile d'ignorance dans *Libéralisme politique*, *op. cit.*, leçon I, section 4.

31. Notez que « vous et moi » sommes « ici et maintenant » citoyens de la même démocratie libérale et que nous élaborons la conception libérale de la justice en question.

et raisonnables pour que les partenaires, qui sont des représentants rationnels de citoyens libres et égaux, raisonnables et rationnels, spécifient les termes équitables de coopération qui régiront la structure de base de cette société. Comme la position originelle comprend le voile d'ignorance, elle modélise également ce que nous considérons comme des restrictions appropriées sur les raisons d'adopter une conception politique de la justice destinée à cette structure. Étant donné ces caractéristiques, nous supposons que la conception de la justice politique que les partenaires sélectionneraient est la conception que vous et moi, ici et maintenant, tiendrions pour raisonnable et rationnelle et fondée sur les meilleures raisons. La confirmation de notre conjecture dépendra de si vous et moi, ici et maintenant, pouvons accepter, après mûre réflexion, les principes qui ont été adoptés. Même si la conjecture est intuitivement plausible, il y a des façons diverses d'interpréter le raisonnable et le rationnel, de spécifier les restrictions sur les raisons et d'expliciter les biens primaires. Il n'y a pas de garantie *a priori* que nous ayons établi tous les éléments de façon correcte.

Cinq caractéristiques sont ici essentielles : (1) la position originelle modélise[32] les partenaires comme des agents qui représentent équitablement les citoyens ; (2) elle les modélise comme des agents rationnels ; (3) elle les modélise comme des agents qui sélectionnent, à partir des principes de justice disponibles, ceux qui s'appliquent à l'objet approprié, dans ce cas la structure de base. En outre, (4) les partenaires sont modélisés comme des agents qui opèrent ces sélections pour des raisons appropriées et (5) dont les sélections reposent sur des raisons liées aux intérêts fondamentaux des citoyens, considérés comme raisonnables et rationnels. Nous contrôlons que ces cinq conditions sont satisfaites en remarquant que les citoyens sont en effet représentés équitablement (raisonnablement), au vu de la symétrie (ou l'égalité) de la situation de leurs représentants dans la position originelle[33]. Les partenaires sont ensuite modélisés comme des agents rationnels en ce que leur objectif est de faire du mieux qu'ils peuvent

---

32. Ce qui est modélisé est une *relation*, dans ce cas la relation des partenaires qui représentent les citoyens. Dans la seconde position originelle du second niveau, ce qui est modélisé est la relation des partenaires qui représentent les peuples.

33. L'idée consiste ici à suivre le précepte des cas similaires : les personnes égales suivant les dimensions pertinentes doivent être représentées de manière égale.

pour défendre les citoyens dont ils représentent les intérêts fondamentaux, tels qu'ils sont caractérisés par les biens primaires qui
satisfont leurs besoins essentiels de citoyens. Enfin, les partenaires
décident pour des raisons appropriées, puisque le voile d'ignorance les empêche d'invoquer des raisons inadéquates, étant
donné l'objectif de représentation des citoyens comme des personnes libres et égales.

Je répète ici ce que j'ai dit dans *Libéralisme politique* puisque
c'est pertinent pour la suite[34]. Interdire aux partenaires de
connaître les doctrines englobantes des gens rend le voile
d'ignorance épais plutôt que fin. Beaucoup ont estimé qu'un
voile d'ignorance épais n'était pas justifié et ont mis en doute ses
fondements, compte tenu en particulier de l'importance considérable des doctrines englobantes, qu'elles soient religieuses ou
non. Comme il nous faut justifier les caractéristiques de la position originelle lorsque c'est possible, considérons le raisonnement suivant. Rappelons que nous recherchons une conception
politique de la justice pour une société démocratique, conçue
comme un système de coopération équitable entre citoyens libres
et égaux qui, en tant que personnes politiquement autonomes,
acceptent volontairement les principes de justice publiquement
reconnus qui définissent les termes équitables de cette coopération. La société en question est néanmoins marquée par une
diversité de doctrines englobantes, toutes parfaitement raisonnables. Il s'agit du fait du pluralisme raisonnable, par opposition
au fait du pluralisme proprement dit. Si tous les citoyens doivent
à présent librement accepter la conception politique de la justice,
celle-ci doit pouvoir gagner le soutien de citoyens qui affirment
des doctrines englobantes diverses et opposées, mais raisonnables : nous obtenons alors un consensus par recoupement de
doctrines raisonnables. Je suggère que nous laissions de côté la
manière dont les doctrines englobantes des gens sont reliées à la
conception politique de la justice, et que nous envisagions plutôt
ce contenu comme l'émanation des idées fondamentales variées
tirées de la culture politique publique d'une société démocratique. Le fait de placer les doctrines englobantes des gens derrière le voile d'ignorance nous permet de trouver une conception

---

34. Ce paragraphe reprend une longue note de *Libéralisme politique*, *op. cit.*, p. 50.
Cette note s'inspire d'un essai présenté à Bad Homburg en juillet 1992 par Wilfried
Hinsch, à qui je suis très redevable.

politique de la justice qui peut être le site d'un consensus par recoupement et servir ainsi de base publique de justification dans une société marquée par le fait du pluralisme raisonnable. Rien de ce que j'avance ici ne met en question la description d'une conception politique comme position autonome. En revanche, ceci signifie que, pour comprendre la justification du voile d'ignorance épais, il nous faut envisager le fait du pluralisme raisonnable et l'idée d'un consensus par recoupement de doctrines englobantes raisonnables.

3.2 La seconde position originelle comme modèle

Au niveau suivant, l'idée de la position originelle est utilisée à nouveau, mais cette fois pour étendre une conception libérale au Droit des Peuples. Comme dans le premier cas, il s'agit d'un modèle de représentation, puisqu'elle modélise ce que nous considérerions – vous et moi, ici et maintenant[35] – comme des conditions équitables dans lesquelles les partenaires, cette fois représentants des peuples libéraux, doivent caractériser le Droit des Peuples en étant guidés par des raisons appropriées. Les partenaires en tant que représentants, tout comme les peuples qu'ils représentent, sont situés symétriquement, et donc équitablement. De surcroît, les peuples sont modélisés comme des agents rationnels, puisque les partenaires opèrent leur sélection à partir des principes disponibles pour le Droit des Peuples, guidés par les intérêts fondamentaux des sociétés démocratiques, ces intérêts étant exprimés par les principes libéraux de justice destinés à une société démocratique. Enfin, on impose aux partenaires un voile d'ignorance adapté au cas en question : ils ne connaissent pas, par exemple, la taille du territoire, ou la population, ou la force relative du peuple dont ils représentent les intérêts fondamentaux. Bien qu'ils sachent que les conditions favorables qui rendent une démocratie constitutionnelle possible sont réalisées – puisqu'ils savent qu'ils représentent des sociétés libérales –, ils ne connaissent pas l'étendue de leurs ressources naturelles, ou le niveau de leur développement économique, ou toute autre information de ce genre.

---

35. Dans ce cas, « vous et moi » sommes citoyens de sociétés démocratiques libérales, mais pas de la même.

cond.

recherche

En tant que membres de sociétés bien ordonnées par des conceptions libérales de la justice, nous supposons que ces caractéristiques modélisent ce que nous accepterions comme équitable – vous et moi, ici et maintenant – pour spécifier les termes fondamentaux de la coopération entre peuples qui, en tant que peuples libéraux, se considèrent comme libres et égaux. Ceci fait de l'usage de la position originelle au second niveau un modèle de représentation, absolument de la même manière qu'au premier niveau. Les différences ne résident pas dans la façon dont on utilise le modèle de représentation, mais dans la façon dont il doit être ajusté aux agents modélisés et à l'objet considéré.

Nous pouvons maintenant contrôler que les cinq caractéristiques sont réunies dans la seconde position originelle. Ainsi les représentants des peuples sont (1) situés raisonnablement et équitablement en tant qu'agents libres et égaux, et les peuples sont (2) modélisés comme rationnels. Leurs représentants (3) délibèrent également d'un objet correct, dans ce cas le contenu du Droit des Peuples. Nous pouvons ici considérer ce droit comme celui qui régit la structure de base des relations entre peuples. De plus, (4) leurs délibérations sont conduites en termes de bonnes raisons (telles qu'elles sont restreintes par le voile d'ignorance). Enfin, la sélection de principes pour le Droit des Peuples est fondée sur (5) les intérêts fondamentaux d'un peuple, donnés dans ce cas par une conception libérale de la justice (déjà sélectionnée dans la première position originelle). Ainsi la conjecture apparaîtrait comme valide aussi bien dans le cas présent que dans le premier. Mais, une fois encore, il ne peut pas exister de garantie que ce soit le cas.

Deux questions peuvent toutefois se poser. L'une est qu'il peut apparaître qu'en décrivant les peuples comme libres et égaux, et donc raisonnablement et équitablement représentés, nous ayons procédé d'une manière différente que dans le cas intérieur. Nous avons alors tenu les citoyens pour libres et égaux parce que c'est la manière dont ils se conçoivent eux-mêmes en tant que citoyens dans une société démocratique. Ils se pensent en possession de la capacité morale d'avoir une conception du bien, et d'affirmer ou de réviser cette conception s'ils le décident. Ils se voient également comme des sources autovalidantes de revendications et s'estiment capables de prendre la responsabilité de leurs fins[36]. Dans le Droit des Peuples, nous procédons à peu près de la même façon : nous considérons que les *peuples* se tiennent eux-mêmes pour des *peuples* libres et égaux dans la Société des Peuples (d'après la conception politique de cette société). Ceci est parallèle, mais pas identique, à la façon dont la conception politique détermine, dans le cas intérieur, la manière dont les citoyens doivent se considérer en fonction de leurs capacités morales et de leurs intérêts fondamentaux.

La seconde question contient un autre parallèle avec le cas intérieur. La position originelle refuse aux représentants des citoyens toute information portant sur les conceptions englobantes du bien des citoyens. Cette restriction a dû être soigneusement justifiée[37]. Une question sérieuse se pose également dans le cas présent. Pourquoi supposons-nous que les représentants des libéraux ignorent toute information sur la conception englobante du bien d'un peuple ? La réponse est qu'une société libérale, *en tant que société libérale*, ne dispose pas de conception *englobante* du bien. Dans le cas intérieur, seuls les citoyens et les associations de la société civile possèdent ces conceptions.

3.3 Les intérêts fondamentaux des peuples

En se pensant comme libres et égaux, comment les peuples, par opposition aux États, se voient-ils eux-mêmes avec leurs intérêts fondamentaux ? Ces intérêts des peuples libéraux sont caractérisés, comme je l'ai indiqué (section 2.3), par leur conception raisonnable de la justice politique. Ils cherchent donc à protéger leur indépendance politique et leur culture libre avec ses libertés civiles, à garantir leur sécurité, leur territoire et le bien-être de leurs citoyens. Un autre intérêt revêt également une importance : appliqué aux peuples, il peut être classé sous la rubrique que Rousseau nomme l'*amour-propre*[38]. Cet intérêt est

---

36. Voir *Libéralisme politique*, *op. cit.*, p. 54-61.

37. Voir la longue note de *Libéralisme politique*, *op. cit.*, p. 50, citée plus haut.

38. Ma présentation suit ici le *Rousseau* de N.J.H. DENT (Basil Blackwell, Oxford, 1988) et l'essai de Frederick NEUHOUSER, « Freedom and the General Will », *Philosophical Review*, juillet 1993. Dans *Origins of War and the Preservation of Peace*, Donald KAGAN remarque qu'il existe deux sens de l'honneur. Tels que je les décris dans le texte (ci-dessus et dans la section suivante), l'un est compatible avec les peuples satisfaits et leur paix stable, tandis que l'autre ne l'est pas, puisqu'il prépare le terrain du conflit. Je pense que Kagan sous-estime la différence considérable entre les deux sens de l'honneur.

le respect de soi d'un peuple en tant que peuple, qui repose sur la conscience commune de ses membres des épreuves traversées au cours de leur histoire ainsi que de leur culture et de ses réalisations. Tout à la fois distinct de sa préoccupation pour la sécurité et la sûreté de son territoire, cet intérêt se manifeste dans l'insistance qu'un peuple met à recevoir un respect approprié et une reconnaissance de son égalité de la part des autres peuples. Cette égalité ne signifie cependant pas que des inégalités d'un certain type ne font pas l'objet d'un accord au sein d'institutions de coopération entre les différents peuples, comme les Nations unies idéalement conçues. Cette reconnaissance d'inégalités est parallèle à l'acceptation par les citoyens d'inégalités économiques et sociales fonctionnelles dans leur société libérale.

Il s'agit ainsi d'une dimension du caractère rationnel et raisonnable d'un peuple d'être prêt à offrir aux autres peuples des termes équitables de coopération politique et sociale. Ces termes équitables sont ceux qu'un peuple tient sincèrement pour acceptables par les autres peuples égaux. Si ceux-ci les acceptaient, le peuple en question honorerait les termes qu'il a proposés, même dans les cas où il pourrait tirer profit de leur violation[39]. Le critère de réciprocité s'applique donc au Droit des Peuples de la même manière qu'aux principes de justice d'un régime constitutionnel. Ce sens raisonnable d'un respect approprié accordé volontairement aux autres peuples raisonnables est un élément essentiel de l'idée de peuples satisfaits du *statu quo* pour les bonnes raisons. Il est compatible avec une coopération entre eux à travers le temps, l'acceptation mutuelle du Droit des Peuples, et l'attachement à ses principes. Une partie de la réponse au réalisme politique est que ce sens raisonnable d'un respect approprié n'est pas irréaliste, car il est lui-même le résultat d'institutions intérieures démocratiques. Je reviendrai plus loin sur cette argumentation.

Section 4. Les principes du Droit des Peuples

4.1 Énoncé des principes

Nous pouvons admettre pour commencer que l'élaboration du Droit des Peuples limité aux sociétés démocratiques libérales

---

39. Cette présentation est parallèle à l'idée du raisonnable utilisée dans une société libérale. Voir *Libéralisme politique*, *op. cit.*, leçon II, section 1.

conduira à l'adoption de certains principes familiers d'égalité entre peuples. Je suppose que ces principes donneront une place aux formes variées d'associations et de fédérations entre les peuples, mais qu'ils n'affirmeront pas un État mondial. Je suis ici la voie tracée par Kant qui, dans son *Projet de paix perpétuelle* (1795), estime qu'un État mondial – j'entends un régime politique unifié, doté des pouvoirs légaux normalement exercés par les États centraux – serait soit un despotisme global, soit un empire fragile déchiré par une guerre civile permanente, dans la mesure où les régions et les peuples divers essaieraient de conquérir leur autonomie et leur liberté politique[40]. Il se peut par ailleurs, comme je l'évoque plus bas, qu'adviennent de nombreux types différents d'organisations sujettes au jugement du Droit des Peuples, dont le rôle serait de régir la coopération entre peuples et d'honorer les devoirs reconnus. Certaines de ces organisations (comme les Nations unies idéalement conçues) peuvent avoir l'autorité d'exprimer, au nom de la société des peuples bien ordonnés, la condamnation des institutions internes injustes d'autres pays et des violations flagrantes des droits de l'homme. Dans certains cas graves, elles peuvent tenter de les corriger en imposant des sanctions économiques ou même en intervenant militairement. Leurs pouvoirs s'étendent à tous les peuples et concernent leurs affaires intérieures.

Ces conclusions ambitieuses exigent un commentaire. Suivant une procédure analogue à celle de *Théorie de la justice*[41],

---

40. KANT écrit dans le *Projet de paix perpétuelle* (VIII, 367): « L'idée du Droit des Peuples suppose l'indépendance réciproque de plusieurs États voisins et séparés; et quoique cette situation soit par elle-même un état de guerre, si une union fédérative n'empêche pas les hostilités, la raison préfère pourtant cette coexistence des États à leur réunion sous une puissance supérieure aux autres et qui parvienne enfin à la monarchie universelle. Car les lois perdent toujours en énergie autant que le gouvernement gagne en étendue; et un despotisme, qui, tuant les âmes, y étouffe les germes du bien, dégénère tôt ou tard en anarchie » (traduction de 1796, dans *Œuvres philosophiques,* vol. III, Gallimard, coll. « Pléiade », Paris, 1986). D'autres auteurs du XVIIIᵉ siècle ont partagé cette attitude envers la monarchie universelle; voir par exemple l'essai de HUME « Of the Balance of Power » (1752). F.H. HINSLEY, dans *Power and the Pursuit of Peace* (Cambridge University Press, Cambridge, 1966), p. 62, mentionne également Montesquieu, Voltaire et Gibbon. Hinsley fait des remarques instructives sur les idées de Kant dans son chapitre IV. Voir aussi Patrick RILEY, *Kant's Political Philosophy*, Roman and Littlefield, Towanda, 1983, chapitres V et VI.

41. Voir *Théorie de la justice*, *op. cit.*, dont le chapitre 2 traite des principes de justice et le chapitre 3 présente le raisonnement à partir de la position originelle en vue de la sélection des principes.

considérons les principes de justice familiers et traditionnels entre peuples libres et démocratiques[42] :

1. Les peuples sont libres et indépendants, et leurs liberté et indépendance doivent être respectées par les autres peuples.
2. Les peuples doivent respecter les traités et les engagements.
3. Les peuples sont égaux et sont les partenaires des accords qui les lient.
4. Les peuples doivent observer un devoir de non-intervention.
5. Les peuples ont un droit d'autodéfense mais pas le droit d'engager une guerre pour d'autres raisons que l'autodéfense.
6. Les peuples doivent respecter les droits de l'homme.
7. Les peuples doivent observer certaines restrictions particulières dans la conduite de la guerre.
8. Les peuples ont un devoir d'aider les autres peuples vivant dans des conditions défavorables qui les empêchent d'avoir un régime politique et social juste ou décent[43].

4.2 Commentaires et qualifications

Il faut admettre que l'énoncé de ces principes est incomplet. D'autres doivent leur être ajoutés, et ceux qui figurent sur la liste exigent explication et interprétation. Certains sont superflus dans une société de peuples bien ordonnés, par exemple le septième sur la conduite de la guerre, ou le sixième sur les droits de l'homme. Le point essentiel reste que les peuples bien ordonnés indépendants et libres sont prêts à reconnaître certains principes fondamentaux de justice politique pour régir leur conduite. Ces principes constituent la charte fondamentale du Droit des Peuples. Un principe tel que le quatrième – celui de non-intervention – devra évidemment être qualifié dans le cas général des États hors-la-loi et dans celui des graves violations des droits de l'homme. Même s'il est adapté à une société de peuples bien ordonnés, il est mis en échec dans le cas d'une société de peuples qui ne le sont pas, où les guerres et les graves violations des droits de l'homme sont endémiques.

---

42. Voir J.L. BRIERLY, *The Law of Nations: An Introduction to the Law of Peace*, 6ᵉ édition (Clarendon Press, Oxford, 1963), et Terry NARDIN, *Law, Morality, and the Relations of States*, Princeton University Press, Princeton, 1983. Brierly comme Nardin fournissent des listes similaires de principes du droit international.

43. Ce principe est particulièrement sujet à controverse. Je l'aborde dans les sections 15 et 16.

Le droit à l'indépendance comme le droit à l'autodétermination ne s'appliquent que dans certaines limites qui doivent être tracées par le Droit des Peuples dans le cas général[44]. Ainsi, aucun peuple ne possède le droit à l'autodétermination ou à la sécession au prix de la soumission d'un autre peuple[45], pas plus qu'un peuple ne peut rejeter sa condamnation par la société mondiale lorsque ses institutions intérieures violent les droits de l'homme ou limitent les droits de ses minorités. Son droit à l'indépendance ne constitue pas un bouclier contre cette condamnation, ni même contre l'intervention coercitive des autres peuples dans les cas graves.

Il existera aussi certains principes de formation et de réglementation des fédérations (associations) de peuples, ainsi que des normes d'équité du commerce et des autres institutions de coopération[46]. On devra également prévoir des mesures d'entraide entre les peuples durant les époques de famine ou de sécheresse et, dans la mesure du possible, des dispositions propres à assurer que les besoins fondamentaux[47] de chacun sont satisfaits dans toutes les sociétés libérales raisonnables (et les sociétés décentes) (voir section 15). Ces mesures précisent la nature des devoirs d'aide dans certaines situations, et elles varient dans leur rigueur suivant la sévérité des circonstances.

4.3 Le rôle des frontières

Un rôle important du gouvernement d'un peuple, quelque arbitraires que puissent apparaître d'un point de vue historique

---

44. Charles BEITZ, dans *Political Theory and International Relations* (Princeton University Press, Princeton, 1979), chapitre 2, présente une analyse intéressante de la question de l'autonomie des États, dont il résume les principaux points p. 121-123. Je dois beaucoup à sa présentation.

45. Un exemple clair est constitué par la question de savoir si le Sud avait le droit de faire sécession entre 1860 et 1861. Dans la perspective que je présente, il ne possédait pas ce droit, dans la mesure où il fit sécession pour perpétuer son institution interne d'esclavage. Ceci représente une violation très grave des droits de l'homme, qui concerna près de la moitié de la population.

46. Sur ces principes, voir Robert KEOHANE, *After Hegemony*, Princeton University Press, Princeton, 1984.

47. Par besoins fondamentaux, j'entends à peu près ceux qui doivent être satisfaits pour que les citoyens soient en mesure de tirer profit des droits, libertés et possibilités de leur société. Ces besoins comprennent des moyens économiques comme des droits et libertés institutionnels.

les frontières d'une société, est d'être le représentant et l'agent effectif d'un peuple qui prend la responsabilité de son territoire, de l'intégrité de son environnement, ainsi que de la taille de sa population. Je considère que l'intérêt de l'institution de la propriété tient à ceci : à moins d'assigner à un agent défini la responsabilité de préserver un bien et de supporter le coût d'un manquement éventuel à cette tâche, le bien tend à se détériorer. Dans ce cas, le bien est le territoire d'un peuple et sa capacité à s'entretenir *à perpétuité*, et l'agent est le peuple lui-même politiquement organisé. Comme je l'ai indiqué dans l'introduction, il doit reconnaître qu'il ne peut pas compenser son irresponsabilité dans l'entretien de sa terre et de ses ressources naturelles par la conquête guerrière, ou par la migration sur le territoire d'un autre peuple sans le consentement de celui-ci[48].

Du fait que les frontières sont historiquement arbitraires, il ne résulte pas que leur rôle dans le Droit des Peuples ne peut pas être justifié. Au contraire, concentrer son attention sur leur caractère arbitraire c'est la fixer sur un aspect non pertinent. En l'absence d'État mondial, il *doit* exister des frontières d'une sorte quelconque qui, considérées isolément, paraîtront arbitraires et dépendantes à un certain degré des circonstances historiques. Dans une Société des Peuples raisonnablement juste (ou au moins décente), les inégalités de pouvoir et de richesse doivent être décidées par tous les peuples pour eux-mêmes. Le fonctionnement de tout ceci dans mon approche – un trait essentiel d'une utopie réaliste – sera traité dans les sections 15 et 16, où je présente le devoir d'aide que les peuples libéraux raisonnablement justes et les peuples décents doivent aux sociétés entravées par des conditions défavorables.

---

48. Cette remarque implique qu'un peuple possède au moins un droit qualifié à limiter l'immigration. Je laisse ici de côté la question de la nature de ces qualifications. Je fais également ici d'importantes hypothèses, que je ne présente pas avant la troisième partie, section 15, où j'examine les devoirs des sociétés bien ordonnées à l'égard de ces sociétés entravées par des conditions défavorables. Une autre raison de limiter l'immigration est la protection de la culture politique d'un peuple et de ses principes constitutionnels. Voir Michael WALZER, *Sphères de justice,* Seuil, Paris, 1998, page 70 et suivantes, pour une bonne présentation. Il écrit page 71 : « Abattre les murs de l'État n'est pas, comme Sidgwick le suggérait avec inquiétude, créer un monde sans murs, mais c'est plutôt créer un millier de petites forteresses. Les forteresses aussi pourraient être abattues : tout ce dont on a besoin, c'est d'un État suffisamment puissant pour dominer les communautés locales. Le résultat serait alors le monde des économistes politiques [ou, pourrais-je ajouter, du capitalisme global] tel que Sidgwick le décrivait – un monde d'hommes et de femmes radicalement déracinés. »

4.4 L'argumentation dans la seconde position originelle

Une grande part de l'argumentation dans la position originelle pour le cas d'une société intérieure concerne la sélection parmi les diverses formulations des deux principes de justice (lorsque la conception adoptée est libérale), et entre les principes libéraux et d'autres solutions telles que le principe de l'utilitarisme classique, ou celui d'utilité moyenne, et différentes formes d'intuitionnisme rationnel et de perfectionnisme moral[49]. À l'opposé, les seules solutions que les partenaires peuvent adopter dans la seconde position originelle sont des formulations du Droit des Peuples. Trois différences majeures entre le premier et le second usage de la position originelle sont les suivantes :

(1) Le peuple d'une démocratie constitutionnelle n'a, en tant que peuple *libéral*, pas de doctrine *englobante* du bien (section 3.2 plus haut) alors que les citoyens individuels au sein d'une société intérieure libérale possèdent de telles conceptions ; pour décrire leurs besoins en tant que citoyens, on utilise l'idée de biens primaires.

(2) Les intérêts fondamentaux d'un peuple en tant que peuple sont caractérisés par sa conception politique de la justice et les principes à la lumière desquels il adhère au Droit des Peuples, alors que les intérêts fondamentaux des citoyens sont donnés par leur conception du bien et leur réalisation à un degré adéquat de leurs deux capacités morales.

(3) Les partenaires de la position originelle opèrent leur sélection parmi différentes formulations ou interprétations des huit principes du Droit des Peuples, comme l'illustrent les raisons mentionnées pour restreindre les deux pouvoirs de souveraineté (section 2.2).

Une part de la polyvalence de la position originelle est illustrée par la manière dont elle est utilisée dans les deux cas. Les différences entre ces cas tiennent largement à la façon dont, dans chacun d'eux, les partenaires sont compris.

La première tâche des partenaires dans la seconde position originelle est de spécifier le Droit des Peuples – ses idéaux, ses principes, ses critères – et la manière dont ces normes s'appliquent

---

49. Voir *Théorie de la justice*, *op. cit.*, chapitres 2 et 3.

aux relations politiques entre les peuples. Si un pluralisme raisonnable de doctrines englobantes est une caractéristique de base de la démocratie constitutionnelle et de ses institutions libres, nous pouvons supposer que la diversité de doctrines englobantes est encore plus grande parmi les membres de la Société des Peuples avec ses nombreuses cultures et traditions différentes. Un principe de l'utilitarisme classique, ou celui d'utilité moyenne, ne serait donc pas accepté par les peuples, puisque aucun peuple organisé par son gouvernement n'est prêt à reconnaître, *en tant que principe premier*, que les bénéfices reçus par un autre peuple l'emportent sur les privations qui lui sont imposées. Les peuples insistent sur l'égalité qui doit exister entre eux en tant que peuples, et cette insistance exclut toute forme du principe d'utilité.

Je soutiens que les huit principes du Droit des Peuples (voir 4.1) sont supérieurs à toute autre combinaison. Comme pour l'examen des principes de distribution dans la théorie de la justice comme équité, nous commençons par déterminer le point de départ d'égalité – dans la théorie de la justice comme équité, l'égalité des biens primaires économiques et sociaux, dans le cas présent, l'égalité de tous les peuples et de leurs droits. Dans le premier cas, nous nous demandions si un écart par rapport au point de départ serait accepté s'il profitait à tous les citoyens de la société et, en particulier, aux plus défavorisés. (Je ne fais ici qu'allusion au raisonnement.) Dans le Droit des Peuples cependant, les personnes ne vivent pas sous l'autorité d'un seul, mais de nombreux gouvernements et les représentants des peuples veulent préserver l'égalité et l'indépendance de leur société. Dans les activités des organisations et confédérations souples[50] de peuples, les inégalités sont conçues de façon à contribuer aux nombreux objectifs partagés par les peuples. Dans ce cas, les peuples, selon leur taille plus ou moins importante, seront prêts à apporter des contributions plus ou moins conséquentes et à accepter des retours proportionnellement plus ou moins substantiels.

Dans l'argumentation à partir de la position originelle de second niveau, je n'envisage ainsi les mérites que des huit principes du Droit des Peuples énumérés dans la section 4.1. Je tire

---

50. J'utilise cet adjectif pour insister sur le fait que les confédérations sont bien moins contraignantes que les fédérations et n'engagent pas les pouvoirs de gouvernements fédéraux.

ces principes familiers et largement traditionnels de l'histoire des normes juridiques et des pratiques internationales. On ne fournit pas aux partenaires un menu de principes et d'idéaux optionnels à partir desquels ils doivent opérer leur sélection, comme c'est le cas dans *Libéralisme politique* et dans *Théorie de la justice*. Les représentants des peuples bien ordonnés réfléchissent simplement aux avantages de ces principes d'égalité entre les peuples, et ils ne trouvent aucune raison de s'en éloigner ou de proposer des solutions de remplacement. Ces principes doivent, bien entendu, remplir le critère de réciprocité qui s'applique aux deux niveaux, à la fois entre citoyens en tant que citoyens et entre peuples en tant que peuples.

Nous pourrions certainement imaginer d'autres possibilités. Par exemple, le principe (5) peut être remplacé par un autre, longtemps appuyé par la pratique des États européens de l'époque moderne, selon lequel un État peut entrer en guerre pour réaliser rationnellement ses intérêts. Ceux-ci peuvent être d'ordre religieux, dynastique, territorial, ou résider dans la gloire de la conquête et de l'empire. Au vu de la théorie de la paix démocratique développée plus loin (section 5), cette solution serait cependant rejetée par les peuples démocratiques. Comme on le montrera, elle serait également rejetée par les peuples décents (section 8.4).

L'analyse des deux pouvoirs traditionnels de souveraineté développée dans la section 2 révèle que les huit principes sont sujets à différentes interprétations. Ce sont ces *interprétations*, qui sont nombreuses, qui doivent être débattues dans la position originelle du second niveau. Au sujet des deux pouvoirs de souveraineté, nous posons les questions suivantes : quel genre de normes politiques les peuples libéraux, étant donné leurs intérêts fondamentaux, espèrent-ils établir pour régir les relations entre eux et avec les peuples non libéraux ? Ou quel climat moral et quelle atmosphère politique souhaitent-ils trouver dans une Société raisonnablement juste des Peuples bien ordonnés ? Au vu de ces intérêts fondamentaux, les peuples libéraux limitent aux guerres d'autodéfense le droit d'un État d'entrer en guerre (ce qui permet la sécurité collective), et leur préoccupation pour les droits de l'homme les conduit à limiter le droit d'un État à sa souveraineté interne. Dans le Droit des Peuples, les nombreuses difficultés d'interprétation des huit principes que j'ai énoncés prennent la place des argumentations en faveur des principes premiers du cas intérieur. Le problème de l'interprétation de ces principes peut toujours être soulevé et il doit être envisagé à partir du point de vue défini par la position originelle du second niveau.

4.5 Les organisations de coopération

En plus de s'accorder sur les principes qui définissent l'égalité fondamentale de tous les peuples, les partenaires vont formuler des orientations pour établir des organisations de coopération et s'accorder sur des critères d'équité en matière de commerce ainsi que sur certaines dispositions qui organisent l'aide mutuelle. Supposons qu'il existe trois organisations de ce type : l'une conçue pour favoriser le commerce équitable entre peuples, une autre qui permet à un peuple d'emprunter auprès d'un système bancaire coopératif, et une troisième organisation dont le rôle serait similaire à celui des Nations unies, à laquelle je me référerai dorénavant sous le nom de Confédération des Peuples (et non des États) [51].

Considérons le commerce équitable : supposons que les peuples libéraux estiment qu'un système d'échange marchand compétitif et libre fonctionne à l'avantage de tous, au moins à long terme, lorsqu'il est organisé dans un cadre garantissant un contexte équitable [52]. Une hypothèse supplémentaire ici est que les nations les plus importantes, dotées des économies les plus riches, ne tenteront pas de monopoliser le marché, ou de s'entendre pour former un cartel, ou d'agir comme un oligopole. Ces hypothèses posées, et en supposant comme auparavant que le voile d'ignorance s'applique de façon à ce qu'aucun peuple ne connaisse la taille de son économie, tous s'accorderont sur des critères équitables du commerce pour conserver le caractère libre et compétitif du marché (lorsque de tels critères peuvent être

---

51. Il faut concevoir les deux premières organisations comme des analogues du GATT et de la Banque mondiale.

52. Je suppose ici que, comme dans le cas intérieur, les transactions marchandes ne resteront pas équitables et des inégalités injustifiées entre les peuples se développeront progressivement, à moins que les conditions équitables du contexte soient préservées au cours du temps, d'une génération à la suivante. Ces conditions du contexte ont un rôle similaire à celui de la structure de base dans une société intérieure.

définis, suivis et appliqués). Si ces organisations coopératives avaient des effets injustifiés de distribution entre les peuples, ceux-ci devraient être corrigés et pris en compte par le devoir d'aide que j'analyse plus loin, dans les sections 15-16.

Les deux autres cas qui concernent l'accord fondant une banque centrale et une Confédération des Peuples peuvent être traités de la même manière. Le voile d'ignorance s'applique toujours et les organisations, qui bénéficient à tous, sont ouvertes aux peuples démocratiques libéraux qui peuvent librement les utiliser de leur propre initiative. Comme dans le cas intérieur, les peuples estiment raisonnable d'accepter des inégalités fonctionnelles variées une fois que le point de départ d'égalité est fermement établi. Ainsi, en fonction de leur taille, certains apporteront des contributions plus importantes que les autres à la banque coopérative (avec un intérêt approprié dû sur les prêts effectués) et ils verseront des redevances plus conséquentes à l'organisation de la Confédération des Peuples[53].

Section 5. La paix démocratique et sa stabilité

5.1 Deux types de stabilité

Pour achever ce panorama du Droit des Peuples pour les sociétés libérales bien ordonnées, il me faut encore faire deux

---

53. Qu'est-ce que le Droit des Peuples a à dire sur une situation du genre suivant? Supposons que deux ou plus des sociétés démocratiques libérales d'Europe, disons la Belgique et les Pays-Bas, ou ces deux pays avec la France et l'Allemagne, décident qu'elles veulent s'unir pour former une seule société, ou une union fédérale unique. Si l'on suppose qu'elles sont toutes des sociétés libérales, une union de ce genre doit être approuvée par un scrutin à l'occasion duquel, dans chaque pays, la décision d'union est discutée de façon approfondie. De plus, comme ces sociétés sont libérales, elles adoptent une conception politique de la justice libérale qui possède les trois types caractéristiques de principes et satisfait le critère de réciprocité, comme le doivent toutes les conceptions libérales de la justice (section 1.2). Au-delà de cette condition, l'électorat de ces sociétés doit déterminer par leur vote quelle conception elles estiment être la *plus* raisonnable, même si toutes ces conceptions sont au moins raisonnables. Un votant dans cette élection pourrait voter en faveur du principe de différence (la conception libérale la plus égalitaire), si il ou elle estimait qu'il s'agit de la conception la plus raisonnable. Tant que le critère de réciprocité est satisfait, d'autres variantes des trois principes caractéristiques sont compatibles avec le libéralisme politique. Pour éviter toute confusion, j'ajoute que ce que je nomme plus loin le « devoir d'aide » ne s'applique qu'au devoir des peuples libéraux et décents d'aider les sociétés *entravées* (section 15). Comme je l'explique plus loin, ces sociétés ne sont ni libérales ni décentes.

choses. L'une est de distinguer deux genres de stabilité : la stabilité pour les bonnes raisons et la stabilité comme équilibre de forces. L'autre est de répondre au réalisme politique comme théorie des relations internationales, ainsi qu'à ceux qui affirment qu'une utopie réaliste entre peuples est impraticable. J'accomplis ceci en esquissant une théorie de la paix démocratique, qui entraîne une conception différente de la guerre.

Considérons d'abord les deux genres de stabilité. Rappelons (section 1.2) que, dans le cas intérieur, j'ai mentionné un processus par lequel les citoyens développent un sens de la justice à mesure qu'ils grandissent et qu'ils prennent part à leur monde social juste. En tant qu'utopie réaliste, le Droit des Peuples doit inclure un processus parallèle qui conduit les peuples, à la fois les sociétés libérales et les sociétés décentes, à accepter volontairement un Droit des Peuples juste ainsi qu'à agir selon les normes légales qu'il contient. Ce processus est similaire à celui du cas intérieur. Ainsi, lorsque le Droit des Peuples est respecté par les peuples pendant une certaine durée, que l'intention de s'y conformer est manifeste, et que ces intentions sont mutuellement reconnues, alors ces peuples ont tendance à développer une confiance mutuelle. En outre, ces peuples tiennent ces normes pour avantageuses pour eux-mêmes et pour ceux auxquels ils tiennent, et le passage du temps fait qu'ils développent une tendance à accepter ce droit comme un idéal de conduite[54]. Sans ce processus psychologique, que j'appellerai apprentissage moral, l'idée d'utopie réaliste appliquée au Droit des Peuples manque d'un élément essentiel.

Comme je l'ai indiqué, les peuples (par opposition aux États) ont une nature morale définie (section 2.1). Cette nature inclut une fierté et un sens de l'honneur légitimes : un peuple peut être fier de son histoire et de ses réalisations, comme le permet un *patriotisme légitime*. Le respect adéquat qu'il réclame est compatible avec l'égalité des peuples. Les peuples doivent avoir des intérêts, sans quoi ils seraient inertes et passifs, ou alors sujets à l'emprise de passions et de pulsions déraisonnables et parfois aveugles. Les intérêts qui poussent les peuples à agir (et qui les différencient des États) sont des intérêts raisonnables guidés par,

---

54. Le processus est ici similaire à l'acceptation graduelle, et au départ réticente, du principe de tolérance.

et compatibles avec une égalité équitable et un respect approprié de tous les peuples. Comme je le noterai plus loin, ce sont ces intérêts raisonnables qui rendent possible la paix démocratique, et leur absence qui fait de la paix entre États au mieux un *modus vivendi*, un équilibre de forces qui ne se révèle stable que pour un temps.

Rappelons que, dans le cas intérieur, lorsqu'ils adoptent les principes d'une conception politique de la rectitude morale et de la justice, les partenaires doivent se demander s'il est probable que ces principes soient stables pour les bonnes raisons dans une société libérale. La stabilité pour les bonnes raisons décrit une situation dans laquelle les citoyens acquièrent au cours du temps un sens de la justice qui les incline non seulement à accepter les principes de justice, mais à agir selon ces principes. La sélection des principes par les partenaires dans la position originelle doit toujours être précédée par une investigation minutieuse cherchant à établir si la psychologie de l'apprentissage des citoyens dans une société libérale bien ordonnée les conduit à acquérir un sens de la justice et une disposition à agir selon ces principes.

De la même façon, lorsque l'argumentation à partir de la seconde position originelle est achevée et qu'elle comprend une vision de l'apprentissage moral, nous supposons, premièrement, que le Droit des Peuples que les partenaires adopteraient est le droit que nous – vous et moi, ici et maintenant – accepterions comme équitable pour spécifier les termes fondamentaux de la coopération entre les peuples. Nous supposons, deuxièmement, que la société juste des peuples libéraux serait stable pour les bonnes raisons, c'est-à-dire que sa stabilité n'est pas un simple *modus vivendi* mais qu'elle repose en partie sur une allégeance au Droit des Peuples lui-même.

Il reste que cette seconde conjecture doit être confirmée par les événements historiques réels. La société des peuples libéraux doit s'avérer effectivement stable par rapport à la distribution du succès entre eux. Ici le succès ne se réfère pas aux prouesses militaires d'une société, mais à d'autres genres de succès : la réalisation de la justice politique et sociale pour tous les citoyens, la garantie de leurs libertés de base, la richesse et la vigueur de la culture civique d'une société, le bien-être matériel décent dans lequel vivent tous ses membres. Comme la société des peuples libéraux est stable pour les bonnes raisons, elle est stable par rapport à la justice, et les institutions et pratiques des relations entre peuples satisfont toujours aux principes pertinents de rectitude morale et de justice, alors même que ces relations et que les succès évoluent continuellement en fonction de tendances politiques, économiques et sociales.

5.2 Réponse à la théorie réaliste

Ma réponse à la théorie réaliste selon laquelle les relations internationales n'ont pas changé depuis l'époque de Thucydide et qu'elles continuent d'être une lutte permanente pour la richesse et le pouvoir[55] consiste à rappeler une vision familière de la paix dans une société de peuples libéraux. Elle conduit à une approche de la guerre différente de celle avancée par la théorie hégémonique du réaliste.

L'idée d'une paix libérale démocratique réunit au moins deux idées. L'une est que, entre les maux permanents de l'existence que sont les fléaux naturels et les épidémies d'une part, et les causes éloignées et immuables comme le destin et la volonté divine d'autre part, il existe des entités que le peuple peut modifier : les institutions politiques et sociales. C'est cette idée qui a mené le mouvement démocratique au XVIIIe siècle. Comme le disait Saint-Just, « le bonheur est une idée neuve en Europe[56] ». Il voulait dire par là que l'ordre social ne devait plus être considéré comme fixe : il était désormais possible de changer et de réformer les institutions politiques et sociales pour rendre les peuples plus heureux et plus satisfaits.

L'autre idée est celle des *mœurs douces* de Montesquieu[57], selon laquelle le commerce conduit à la paix et une société commerciale tend à instiller chez ses citoyens certaines vertus, comme l'application au travail, la diligence, l'exactitude, la probité. En combinant ces deux idées – que l'on peut changer les institutions sociales pour rendre les gens plus satisfaits et heureux (à travers la démocratie), et que le commerce tend à mener

---

55. Voir note 27, ci-dessus.

56. Voir Albert HIRSCHMAN, *L'Économie comme science morale et politique,* Seuil, Paris, 1984, p. 11 et suivantes.

57. Voir *ibid*., p. 13 et suivantes. L'expression « mœurs douces » est tirée de *De l'esprit des lois*, Livre XX. Dans le chapitre 2 de cet ouvrage, Montesquieu affirme que le commerce tend à conduire à la paix.

à la paix –, nous pouvons supposer que les peuples démocratiques engagés dans le commerce tendraient à ne pas avoir d'occasion d'entrer en guerre les uns contre les autres. Entre autres raisons, ce serait parce qu'ils pourraient acquérir par le commerce plus facilement et à moindre coût les marchandises qui leur font défaut, et que, étant des démocraties constitutionnelles libérales, ils ne seraient pas poussés à tenter de convertir les autres peuples à une religion d'État ou à une autre doctrine englobante officielle.

Rappelons les caractéristiques des sociétés libérales (section 2.1). Elles sont, comme nous l'avons indiqué, des *peuples satisfaits*, pour reprendre l'expression de Raymond Aron[58]. Leurs besoins fondamentaux sont remplis et leurs intérêts essentiels sont parfaitement compatibles avec ceux des autres peuples démocratiques. (Qualifier un peuple de satisfait ne signifie pas que les citoyens de la société soient nécessairement gais et joyeux.) Il existe une paix véritable entre elles parce que toutes les sociétés sont satisfaites par le *statu quo* pour les bonnes raisons.

Aron nomme un tel état de paix la « paix de satisfaction » (par opposition à la « paix de puissance » et à la « paix d'impuissance ») et décrit les conditions abstraites nécessaires pour le réaliser. Il estime que les unités politiques ne doivent pas chercher à étendre leur territoire, ni à gouverner d'autres populations. Elles ne doivent pas chercher à se développer, à augmenter leurs ressources matérielles ou humaines, ou à jouir de la fierté enivrante du commandement.

Je partage avec Aron l'idée que ces conditions sont nécessaires à une paix durable, et je montrerai qu'elles seraient remplies par les peuples vivant dans les démocraties libérales constitutionnelles. Ces peuples respectent un principe partagé de la légitimité gouvernementale, ne sont pas sous l'emprise de la passion pour le pouvoir et la gloire, ou de la fierté enivrante du commandement. Ces passions peuvent entraîner une noblesse ou une petite aristocratie à la recherche de prestige social ou d'une place au soleil, mais cette classe, ou plutôt cette caste, n'est pas au pouvoir dans un régime constitutionnel. Ces régimes ne sont pas déterminés à convertir religieusement les autres sociétés puisque les

58. Dans ce paragraphe et les suivants, je m'appuie sur le traité de Raymond ARON, *Paix et Guerre entre les nations,* Calmann-Lévy, Paris, 1962, p. 167 et suivantes.

peuples libéraux, de par leur Constitution, n'ont pas de religion d'État – ce ne sont pas des États confessionnels – même si leurs citoyens sont profondément religieux, individuellement ou groupés au sein d'associations. La domination et la quête de gloire, l'exaltation de la conquête, la jouissance d'exercer le pouvoir sur les autres ne les poussent pas à agir contre les autres peuples. Puisqu'ils sont tous satisfaits de la sorte, les peuples libéraux n'ont pas de raison d'entrer en guerre.

De plus, les peuples libéraux ne sont pas embrasés par ce que Rousseau considérait comme une fierté arrogante ou blessée, ou un manque d'un respect de soi approprié. Leur respect d'eux-mêmes repose sur la liberté et l'intégrité de leurs citoyens et la décence de leurs institutions politiques et sociales intérieures. Il repose également sur les réalisations de leur culture publique et civique. Tout ceci s'enracine dans leur société civile et ne fait aucune référence essentielle à leur supériorité ou leur infériorité par rapport aux autres peuples. Ils se respectent mutuellement et reconnaissent que l'égalité entre peuples est compatible avec ce respect.

Aron indique aussi que la paix de satisfaction ne sera durable que si elle est générale, c'est-à-dire si elle concerne toutes les sociétés, faute de quoi on assistera à un retour à la compétition pour la supériorité des forces et finalement à la faillite de la paix. Un seul État fort, doté de pouvoir économique et militaire, et engagé dans une politique glorieuse d'expansion, suffit à perpétuer le cycle de la guerre et de préparation au combat. Après que l'idée d'un État mondial a été abandonnée (section 4.1), il ne suffit donc pas que les peuples libéraux et décents acceptent le Droit des Peuples. Il est nécessaire que la Société des Peuples développe de nouvelles institutions et pratiques dans le cadre du Droit des Peuples afin de contraindre les États hors-la-loi quand ils apparaissent. Parmi ces pratiques doit figurer la promotion des droits de l'homme, qui doit constituer une préoccupation permanente de la politique étrangère de tous les régimes justes et décents[59].

L'idée de paix démocratique implique que, lorsque les peuples libéraux font la guerre, ce n'est que contre les sociétés insatisfaites ou les États hors-la-loi (ainsi que je les ai nommés). Ils le font lorsque les politiques d'un État menacent leur sécurité et

---

59. Dans la troisième partie, section 15, je remarque que l'insistance mise sur la protection des droits de l'homme peut pousser une société à s'acheminer vers un régime constitutionnel, par exemple, si ce régime est nécessaire pour prévenir la famine.

leur sûreté, puisqu'ils doivent défendre la liberté et l'indépendance de leur culture libérale et s'opposer aux États qui cherchent à les assujettir et à les dominer[60].

5.3 Une idée plus précise de la paix démocratique

La possibilité d'une paix démocratique n'est pas incompatible avec les démocraties *réelles* – qui sont marquées par de considérables injustices, des tendances oligarchiques et des intérêts monopolistiques – qui interviennent souvent de manière dissimulée dans des pays plus faibles ou plus petits, ou même dans des démocraties moins solidement établies. Pour prouver ceci, l'idée de paix démocratique doit être précisée, et je formulerai une hypothèse directrice pour exprimer sa signification.

(1) Dans la mesure où chacune des sociétés démocratiques constitutionnelles raisonnablement justes satisfait pleinement les cinq caractéristiques (brièvement énoncées plus bas) d'un tel régime, et que ses citoyens comprennent et acceptent ses institutions politiques avec leur histoire et leurs réalisations, la paix entre elles est rendue plus solide.

(2) Dans la mesure où chacune des sociétés libérales remplit pleinement les conditions décrites en (1) ci-dessus, elles ont toutes moins de chances d'entrer en guerre contre les États hors-la-loi non libéraux, sauf sur une base d'autodéfense (ou de défense de leurs alliés légitimes), ou dans les cas graves, d'intervention pour protéger les droits de l'homme.

On rappelle qu'une société démocratique constitutionnelle raisonnablement juste combine et ordonne les deux valeurs fondamentales de liberté et d'égalité au moyen de trois principes caractéristiques (section 1.2). Les deux premiers spécifient les droits, libertés et possibilités de base, et assignent à ces libertés une priorité qui caractérise ce régime. Le troisième principe garantit des moyens polyvalents en quantité suffisante pour

---

60. Et aussi lorsqu'ils sont pressés par un État d'accepter des termes d'accommodation tyranniques qui sont si déraisonnables qu'on ne peut attendre d'aucun peuple libéral qui se respecte lui-même et qui affirme la liberté de sa culture qu'il les accepte. Une illustration est constituée par les exigences allemandes envers la France avant qu'éclate la Première Guerre mondiale. Sur cet exemple, voir KAGAN, *Origins of War and the Preservation of Peace*, *op. cit.*, p. 202.

permettre aux citoyens d'opérer un usage effectif et intelligent de leurs libertés. Cette troisième caractéristique doit satisfaire le critère de réciprocité, et exige de la structure de base qu'elle empêche les inégalités économiques et sociales de devenir excessives. Sans les institutions ci-dessous ou des dispositions similaires, ces inégalités excessives et déraisonnables tendent à se développer.

Les libertés constitutionnelles garanties, prises séparément, sont critiquées à juste titre comme purement formelles[61]. En elles-mêmes, et sans le troisième principe caractéristique ci-dessus, elles constituent une forme appauvrie de libéralisme : il ne s'agit de fait absolument pas de libéralisme, mais plutôt de libertarisme[62]. Ce dernier ne combine pas la liberté et l'égalité de la même manière que le libéralisme, il n'a pas de critère de réciprocité et permet des inégalités économiques et sociales excessives d'après ce critère. Un régime libertarien ne serait pas stable pour les bonnes raisons, qui font toujours défaut dans un régime constitutionnel purement formel. Les conditions suivantes sont importantes pour réaliser cette stabilité :

(a) Une certaine égalité équitable des chances, surtout en matière d'éducation et de formation (sans quoi toutes les parties de la société ne peuvent prendre part aux débats de la raison publique et contribuer aux politiques économiques et sociales).

(b) Une distribution décente des revenus et de la richesse qui remplit la troisième condition du libéralisme : on doit garantir à tous les citoyens les moyens polyvalents qui leur sont nécessaires pour tirer profit de façon effective et éclairée de leurs libertés de base. (En l'absence de cette condition, ceux qui disposent de revenus et de richesses tendent à dominer ceux qui en ont moins et, progressivement, à orienter le pouvoir politique en leur faveur.)

(c) La société comme employeur de dernier ressort, à travers l'administration locale ou nationale, ou d'autres politiques économiques et sociales. (L'absence d'un sentiment de sécurité à long terme et de la possibilité d'une occupation et d'un travail enrichissants détruit non seulement le respect de soi-même des citoyens, mais leur sentiment d'être membres de la société et pas d'être simplement piégés en elle.)

---

61. Voir *Libéralisme politique*, *op. cit.*, leçon VII, section 3, et leçon VIII, section 7.
62. *Ibid.*, leçon VII, section 3.

(d) Les soins médicaux essentiels garantis pour tous les citoyens.

(e) Le financement public des élections et les moyens d'assurer la disponibilité de l'information sur les questions de politique publique[63]. (Le simple énoncé de la nécessité de telles dispositions ne fait que suggérer ce qui est nécessaire pour garantir que les représentants et les autres responsables officiels soient suffisamment indépendants d'intérêts économiques et sociaux particuliers, et pour procurer la connaissance et l'information sur la base desquelles les politiques peuvent être élaborées et évaluées de façon éclairée par les citoyens.)

Ces conditions sont remplies par les principes de justice de toutes les conceptions libérales. Elles rassemblent les critères essentiels qui s'appliquent à une structure de base, au sein de laquelle l'idéal de la raison publique, lorsqu'il est consciencieusement suivi par les citoyens, peut protéger les libertés de base et empêcher les inégalités économiques et sociales de devenir excessives. Comme l'idéal de la raison publique contient une forme de délibération politique publique, ces conditions, en particulier les trois premières, sont nécessaires pour que la délibération soit possible et fructueuse. Une croyance dans l'importance de la délibération publique est vitale pour un régime constitutionnel raisonnable, et il est nécessaire que des dispositions spécifiques soient mises en place pour la soutenir et l'encourager.

Il faudrait en dire beaucoup plus pour approfondir l'hypothèse de la paix démocratique, car de nombreuses questions restent posées. Par exemple, jusqu'à quel point faut-il institutionnaliser les conditions (a) à (e)? Quelles sont les conséquences de la force de certaines combinée à la faiblesse des autres? Comment fonctionnent-elles ensemble? On trouve alors des questions comparatives: quelle est l'importance du financement public des élections par rapport à l'égalité équitable des chances? Il serait malaisé d'y donner des réponses définitives car cela nécessiterait une information et une préparation considérables. L'histoire peut néanmoins éclairer notre enquête. L'essentiel est que, dans la mesure où les peuples constitutionnels démocratiques possèdent

---

63. *Ibid.*, leçon VIII, sections 12-13.

les caractéristiques (a) à (e), leur conduite appuie l'idée d'une paix démocratique.

5.4 La paix démocratique dans l'histoire

L'expérience historique semble suggérer que la stabilité pour les bonnes raisons serait réalisée dans une société de démocraties constitutionnelles raisonnablement justes. Bien que les sociétés démocratiques libérales aient souvent été engagées dans des guerres contre des États non démocratiques[64], les sociétés libérales fermement établies ne se sont pas combattues depuis 1800[65].

Aucune des grandes guerres de l'histoire n'a opposé des peuples démocratiques libéraux fermement établis. Certainement pas la guerre du Péloponnèse puisque ni Athènes ni Sparte n'étaient des démocraties libérales[66], et pas non plus la seconde guerre punique entre Rome et Carthage, même si Rome avait cer-

---

64. Voir Jack S. LEVY, « Domestic Politics and War », *in* Robert ROTBERG et Theodore RABB (dir.), *The Origin and Prevention of Major Wars*, Cambridge University Press, Cambridge, 1989, p. 87. Levy se réfère à plusieurs études historiques qui ont confirmé la découverte de Small et Singer présentée dans le *Jerusalem Journal of International Relations,* vol. I, 1976.

65. Voir le remarquable traité de Michael DOYLE, *Ways of War and Peace*, Norton, New York, 1997, p. 277-284. L'ensemble du chapitre 9 sur Kant est pertinent. Certains aspects de la position de Doyle parurent précédemment dans un article en deux parties intitulé « Kant, Liberal Legacies and Foreign Affairs », *Philosophy and Public Affairs,* XII (1983). Un aperçu de la démonstration se trouve dans la première partie, p. 206-232. Doyle écrit page 213 : « Ces conventions [celles qui sont fondées sur les implications internationales des institutions et principes libéraux] de respect mutuel ont constitué un fondement coopératif d'un type remarquablement efficace pour les relations entre démocraties libérales. *Bien que les États libéraux se soient engagés dans de nombreuses guerres contre les États non libéraux, les États libéraux constitutionnellement bien établis ne se sont encore jamais engagés dans une guerre entre eux.* On ne doit pas chercher à démontrer que de telles guerres sont impossibles, mais les données préalables semblent indiquer [...] une prédisposition significative contre la guerre entre États libéraux. » Voir également Bruce RUSSETT, *Grasping the Democratic Peace*, Princeton University Press, Princeton, 1993, et John ONEAL et et Bruce RUSSETT, « The Classical Liberals were Right : Democracy, Independence, and Conflict », *International Studies Quarterly,* juin 1997. Oneal et Russett estiment que trois facteurs réduisent la probabilité du conflit entre nations : avoir la démocratie en commun, le commerce mutuel, et être impliqués en tant que membres d'organisations internationales et régionales. L'importance du troisième élément s'apprécie en appliquant le Droit des Peuples et elle est ainsi tout à fait prise en compte. La qualité de membre de ces organisations établit des liens diplomatiques et rend plus facile le règlement des conflits potentiels.

66. Il suffit de rappeler qu'elles comptaient toutes deux des esclaves. Si les gloires culturelles d'Athènes sont réelles, il est impossible d'ignorer le fait de l'esclavage ou le fait que les 30 000 individus qui pouvaient assister à l'Assemblée étaient des autocrates qui gouvernaient une population de 300 000 autres, esclaves et étrangers, artisans et femmes.

tains traits institutionnels républicains. Quant aux guerres de religion des XVIe et XVIIe siècles, aucun des États qui y étaient engagés ne peut être considéré comme constitutionnellement démocratique, puisque la liberté de conscience et la liberté religieuse n'y étaient pas reconnues. Les grandes guerres du XIXe siècle – les guerres napoléoniennes, la guerre menée par Bismarck[67], et la guerre civile américaine – n'opposaient pas des peuples démocratiques libéraux. L'Allemagne de Bismarck n'a jamais connu de régime constitutionnel formellement institué et le Sud américain, avec presque la moitié de sa population constituée d'esclaves, n'était pas une démocratie même s'il a pu se concevoir ainsi. Au cours des guerres dans lesquelles un certain nombre de puissances étaient engagées, comme les deux guerres mondiales, les États démocratiques ont combattu en tant qu'alliés.

L'absence de guerre entre grandes démocraties instituées est la chose que nous connaissons qui se rapproche le plus d'une loi empirique en matière de relations entre les sociétés[68]. À partir de là, il me plaît de penser qu'un des enseignements de l'expérience historique est qu'une société de peuples démocratiques, dont les institutions sont bien ordonnées par des conceptions libérales de la rectitude morale et de la justice (même s'il ne s'agit pas de la même conception), est stable pour les bonnes raisons. Comme l'a remarqué Michael Doyle, une énumération de cas historiques favorables n'est guère suffisante, puisque l'idée de paix démocratique est quelquefois tenue en échec. Dans ces cas, mon hypothèse directrice me conduit à m'attendre à trouver divers défauts dans les institutions et les pratiques essentielles qui soutiennent une démocratie.

Ainsi, étant donné les imperfections des soi-disant régimes démocratiques constitutionnels actuels, il n'est pas étonnant qu'ils interviennent souvent dans les pays plus faibles, y compris

---

67. J'entends par là les trois guerres qu'il fit pour mener à bien la conquête de l'Allemagne par la Prusse : Schleswig-Holstein (1864), la guerre austro-prussienne (1866), et la guerre franco-prussienne (1870-1871).

68. Voir LEVY, « Domestic Politics », art. cit., p. 88. Dans les études auxquelles il se réfère, la plupart des définitions de la démocratie sont comparables à celle de Small et Singer telle que Levy la mentionne dans une note : (1) il y a des élections régulières et la participation de partis d'opposition, (2) au moins dix pour cent de la population adulte est capable de voter pour (3) un parlement qui contrôle la branche exécutive ou qui partage des pouvoirs égaux avec elle. Notre propre définition d'un régime démocratique libéral va bien au-delà.

ceux qui manifestent certains traits d'une démocratie, ou même qu'ils s'engagent dans une guerre pour des raisons expansionnistes. En ce qui concerne le premier cas, les États-Unis ont renversé les démocraties d'Allende au Chili, d'Arbenz au Guatemala, de Mossadegh en Iran et, certains ajouteront, des sandinistes au Nicaragua. Quels que soient les mérites de ces régimes, les opérations secrètes menées contre eux ont été organisées par un gouvernement agissant sous la pression d'intérêts oligarchiques et monopolistiques, au mépris de l'information et du regard critique du public. Ces faux-fuyants sont facilités par le recours commode à l'argument de la sécurité nationale qui a permis, compte tenu de la rivalité des superpuissances, que ces démocraties faibles soient présentées comme un danger alors que c'était peu plausible. Si les peuples démocratiques ne sont pas expansionnistes, ils défendent leur intérêt pour leur sécurité, et un gouvernement démocratique peut aisément invoquer cet intérêt pour appuyer des interventions secrètes, même lorsqu'elles sont en réalité motivées par des intérêts économiques cachés[69].

Bien entendu, les nations qui sont aujourd'hui des démocraties constitutionnelles établies ont été engagées par le passé dans la construction d'un empire. Un certain nombre de nations européennes l'ont été pendant les XVIIIe et XIXe siècles, ainsi qu'au moment de la rivalité entre la Grande-Bretagne, la France et l'Allemagne avant la Première Guerre mondiale. L'Angleterre et la France se sont combattues pour un empire – la guerre dite de Sept Ans – au milieu du XVIIIe siècle. La France perdit ses colonies d'Amérique du Nord, et l'Angleterre ses colonies américaines après la Révolution de 1776. Je ne peux pas présenter ici une explication de ces événements, puisqu'elle engagerait l'examen de la structure de classe de ces nations au cours du temps, et de la manière dont cette structure a affecté le désir de l'Angleterre et de la France pour des colonies dès le XVIIe siècle, de même que l'analyse du rôle des forces armées dans l'entretien de ce désir. Elle engagerait également une étude du rôle joué dans une époque de mercantilisme par les compagnies de commerce privilégiées (qui reçoivent un monopole de la Couronne), comme

---

69. Sur ce point, voir Allan GILBERT, « Power Motivated Democracy », *in Political Theory*, XX (novembre 1992), en particulier p. 684 et suivantes.

The East India Company ou *The Hudson Bay Company*[70]. Les défauts de ces sociétés en tant que démocraties constitution- nelles avec leurs points d'appui requis – les conditions (a) à (e) ci- dessus – sont évidents même après une enquête superficielle. La question de savoir si l'hypothèse kantienne de *foedus pacificum* est réalisée dépend du degré auquel une famille de régimes consti- tutionnels satisfait l'idéal de ces régimes et ses points d'appui. Si l'hypothèse est correcte, le conflit armé entre peuples démo- cratiques tendra à disparaître lorsqu'ils se rapprocheront de cet idéal, et ils ne feront alors la guerre qu'en tant qu'alliés dans l'au- todéfense contre les États hors-la-loi. J'estime que cette hypothèse est correcte et qu'elle renforce le Droit des Peuples en tant qu'uto- pie réaliste.

Section 6. La Société des Peuples libéraux : sa raison publique

6.1 La Société des Peuples et le pluralisme raisonnable

Quelle peut être la base d'une Société des Peuples, étant donné les différences raisonnables auxquelles on peut s'attendre entre les peuples, la particularité de leurs institutions et de leurs langues, religions et cultures, la spécificité de leur histoire – puisque les peuples sont situés dans divers territoires et régions du monde, et font ainsi l'expérience d'événements différents ? (Ces différences sont parallèles au fait du pluralisme raisonnable dans un régime intérieur.)

Pour voir comme une telle base est obtenue, je répète ce que j'ai indiqué dans l'introduction : il est important de comprendre que le Droit des Peuples est développé au sein du libéralisme politique. Ce point de départ signifie que le Droit des Peuples est l'extension à une *Société des Peuples* d'une conception libérale

---

70. Sur ces problèmes et leurs effets économiques, voir *La Richesse des nations* (1776) d'Adam SMITH et « The Sociology of Imperialisms » de SCHUMPETER dans *Impérialisme et classes sociales* (1917), Flammarion, Paris, 1984. Voir également *L'Économie comme science morale et politique, op. cit.*, d'Albert HIRSCHMAN, et ce qu'il y dit de la « thèse des entraves féodales », p. 27-33. Également pertinent est le chapitre 7 du livre de Michael DOYLE, *Ways of War and Peace, op. cit.*, où celui-ci analyse l'idée de pacifisme commercial, qui remonte au XVIIIᵉ siècle, et dont Smith et Schumpeter sont des repré- sentants importants.

de la justice conçue pour un régime *intérieur*. Lorsque nous développons le Droit des Peuples au sein d'une conception libérale de la justice, nous élaborons les idéaux et principes de la politique étrangère d'un peuple libéral raisonnablement juste. J'établis une distinction entre la raison publique des peuples libéraux et celle de la Société des Peuples. La première est la raison publique des citoyens égaux d'une société intérieure qui débattent des questions constitutionnelles essentielles et de justice fondamentale concernant leur gouvernement ; la seconde est la raison publique des peuples libéraux libres et égaux qui débattent de leurs relations mutuelles en tant que peuples. Le Droit des Peuples, avec ses concepts et principes, idéaux et critères politiques, est le contenu de cette dernière raison publique. Même si ces deux raisons publiques n'ont pas le même contenu, le rôle de la raison publique entre peuples libres et égaux est analogue à son rôle entre citoyens libres et égaux dans un régime démocratique constitutionnel.

Le libéralisme politique propose que, dans un régime démocratique constitutionnel, les doctrines englobantes de la vérité ou de la rectitude morale soient remplacées dans la raison publique par une idée du politiquement raisonnable qui s'adresse aux citoyens en tant que citoyens. Notons ici le parallèle : la raison publique est invoquée par les membres de la Société des Peuples, et ses principes s'adressent aux peuples en tant que tels. Ils ne sont pas exprimés dans les termes des doctrines englobantes de la vérité ou de la rectitude morale qui peuvent avoir cours dans telle ou telle société, mais plutôt en des termes qui peuvent être partagés par différents peuples.

6.2 L'idéal de la raison publique

L'*idéal* de la raison publique est distinct de l'idée de raison publique. Dans une société intérieure, cet idéal est réalisé, ou satisfait, lorsque les juges, législateurs, chefs de l'exécutif et autres responsables gouvernementaux, comme les candidats à un poste public, adoptent l'idée de raison publique et agissent selon elle : ils expliquent aux autres citoyens leurs raisons pour aborder les questions politiques fondamentales dans les termes de la conception politique de la justice qu'ils tiennent pour la plus raisonnable. De cette manière, ils remplissent à l'égard des autres citoyens ce que j'appelle le devoir de civilité. On vérifie ainsi quotidiennement et continuellement si les juges, législateurs et chefs de l'exécutif adoptent l'idée de raison publique et agissent selon elle.

Comment l'idéal de la raison publique est-il réalisé par les citoyens qui ne sont pas des responsables gouvernementaux ? Dans un gouvernement représentatif, les citoyens votent en faveur de représentants – chefs de l'exécutif, législateurs, et autres – et non pour des lois spécifiques (sauf au niveau local ou régional lorsqu'ils peuvent directement se prononcer sur des questions référendaires, qui sont rarement des questions fondamentales). En réponse à cette interrogation, nous proposons qu'idéalement, les citoyens doivent se concevoir eux-mêmes *comme s'ils étaient* des législateurs et se demander quelles lois, justifiées par quelles raisons conformes au critère de réciprocité, ils estimeraient raisonnable d'adopter[71]. Lorsqu'elle est solide et générale, la disposition des citoyens à se concevoir comme des législateurs idéaux et à se défaire des responsables gouvernementaux et des candidats à un poste public qui ne respectent pas la raison publique constitue une part de la base politique et sociale de la démocratie libérale essentielle à sa force durable et à sa vigueur. Dans une société intérieure, les citoyens remplissent ainsi leur devoir de civilité et soutiennent l'idée de raison publique, en faisant leur possible pour pousser les responsables gouvernementaux à s'y conformer. Ce devoir, comme les autres droits et devoirs politiques, est intrinsèquement un devoir moral. J'insiste sur le fait qu'il ne s'agit pas d'un devoir légal, car il serait dans ce cas incompatible avec la liberté d'expression.

De même, l'idéal de la raison publique des peuples libres et égaux est réalisé, ou satisfait, lorsque les chefs de l'exécutif, les législateurs et les autres responsables officiels agissent à partir des principes du Droit des Peuples, les respectent, et expliquent aux autres peuples leurs raisons de poursuivre ou de réviser une politique étrangère ou une mesure intérieure qui intéresse les autres sociétés. Comme pour les citoyens privés, nous disons,

---

71. Il existe une ressemblance entre ce critère et le principe du contrat originel de Kant. Voir sa *Métaphysique de la morale. Doctrine du droit*, sections 47-49, et la deuxième partie de « Théorie et Pratique ».

comme précédemment, que les citoyens se conçoivent idéalement comme s'ils étaient législateurs et chefs de l'exécutif, et qu'ils se demandaient quelle politique étrangère appuyée sur quelles considérations ils estimeraient raisonnable de mener. Ici encore, lorsqu'elle est solide et générale, la disposition des citoyens à se concevoir comme des chefs de l'exécutif et des législateurs idéaux, et à se défaire des responsables gouvernementaux et des candidats à un poste public qui violent la raison publique des peuples libres et égaux constitue une part de la base politique et sociale de la paix et de la compréhension entre les peuples.

6.3 Contenu du Droit des Peuples

Rappelons que dans le cas intérieur[72], le contenu de la raison publique est donné par une famille de principes de justice libéraux conçus pour un régime démocratique constitutionnel, et non par un seul principe. Il existe de nombreux libéralismes et donc de nombreuses formes de raison publique spécifiées par la famille des conceptions politiques raisonnables. Notre tâche en développant la raison publique de la Société des Peuples était de caractériser son contenu – ses idéaux, principes et critères – et la manière dont ils s'appliquent aux relations politiques entre peuples. Nous avons accompli ceci au cours de la première argumentation à partir de la position originelle du second niveau, en examinant les mérites des huit principes du Droit des Peuples énumérés dans la section 4. J'ai tiré ces principes familiers et largement traditionnels de l'histoire des normes juridiques et des pratiques internationales. Comme je l'ai indiqué dans la section 4, les partenaires ne se voient pas proposer un menu de principes et idéaux différents à partir duquel ils doivent faire leur choix, comme c'est le cas dans *Libéralisme politique* et dans *Théorie de la justice*. Les représentants des démocraties constitutionnelles libérales réfléchissent plutôt aux avantages des principes d'égalité entre les peuples. Les principes doivent aussi satisfaire le critère de réciprocité qui s'applique aux deux niveaux, entre citoyens en tant que citoyens et entre peuples en tant que peuples. Dans ce dernier cas, ce critère exige que, lorsqu'il propose un principe pour régir les relations entre peuples, un peuple

---

72. Voir « L'idée de raison publique reconsidérée ».

(ou ses représentants) doit estimer qu'il n'est pas seulement raisonnable pour lui de le proposer, mais également raisonnable pour les autres peuples de l'accepter.

6.4 Conclusion

Nous venons d'achever, dans les sections 3 à 5, la première étape de la théorie idéale. Quand pouvons-nous accepter cette première étape du Droit des Peuples comme provisoirement correcte et justifiée ?

(i) Nous devons trouver le raisonnement à partir de la seconde position originelle en faveur des principes et critères du Droit des Peuples plausible et digne d'être soutenu. La présentation de la stabilité pour les bonnes raisons doit également nous sembler convaincante.

(ii) La vision de la paix démocratique doit aussi être plausible et solidement appuyée sur les recherches historiques concernant la conduite des peuples démocratiques. Elle doit être confirmée par l'hypothèse directrice que les démocraties qui remplissent pleinement les conditions d'appui (a) à (e) demeurent en paix les unes avec les autres.

(iii) Enfin, nous devons être capables, en tant que citoyens des sociétés libérales, d'accepter, après mûre réflexion, les principes et les jugements du Droit des Peuples. La conception du contrat social de ce droit, plus que toute autre qui nous soit connue, doit organiser ensemble en une vision cohérente nos convictions politiques bien pesées et nos jugements politiques (moraux) à tous les degrés de généralité.

Dans la partie suivante, au cours des sections 8-9, j'examine les peuples hiérarchiques décents. Dans la troisième partie, je décris deux étapes de la théorie *non idéale*. La raison de poursuivre la réflexion en examinant le point de vue des peuples hiérarchiques n'est pas de prescrire des principes de justice pour *eux*, mais de nous assurer que les principes libéraux de politique étrangère sont également raisonnables à partir d'un point de vue non libéral. Le désir de parvenir à cette assurance est intrinsèque à la conception libérale.

Deuxième partie

Le second temps de la théorie idéale

Section 7. La tolérance des peuples non libéraux

7.1 La signification de la tolérance

Une des tâches principales à accomplir dans l'extension du Droit des Peuples aux peuples non libéraux consiste à préciser jusqu'où les peuples libéraux doivent tolérer les peuples non libéraux. Ici tolérer n'équivaut pas seulement à s'empêcher d'exercer des sanctions politiques – militaires, économiques ou diplomatiques – pour pousser un peuple à modifier sa conduite. Tolérer signifie également reconnaître que ces sociétés non libérales sont des membres en règle de la Société des Peuples, égaux aux autres et titulaires de certains droits et obligations, dont le devoir de civilité exigeant qu'ils proposent aux autres peuples, pour justifier leurs actions, des raisons publiques appropriées à la Société des Peuples.

Les sociétés libérales doivent coopérer avec tous les peuples en règle et les aider. Si l'on exigeait que toutes les sociétés soient libérales, alors l'idée de libéralisme politique échouerait à exprimer la tolérance indispensable des autres manières acceptables (s'il y en a, ce que je suppose) d'ordonner la société. Nous reconnaissons qu'une société libérale doit respecter les doctrines englobantes – religieuses, philosophiques et morales – de ses citoyens, à condition qu'ils cherchent à réaliser ces doctrines d'une façon compatible avec une conception politique de la justice raisonnable et sa raison publique. De même, nous affirmons

76

qu'un peuple libéral doit tolérer et accepter toute société non libérale dont les institutions de base remplissent certaines conditions définies de la rectitude morale et de la justice en matière politique, et conduisent le peuple à respecter un droit raisonnable et juste de la Société des Peuples. En l'absence d'un terme plus approprié, je nomme les sociétés qui satisfont ces conditions les peuples décents (section 8.2).

7.2 Nécessité d'une conception de la tolérance

Certains peuvent soutenir que le Droit des Peuples n'a pas besoin de développer cette idée de tolérance. La raison qu'ils peuvent invoquer est que les citoyens d'une société libérale doivent juger les autres sociétés en évaluant la mesure dans laquelle leurs idéaux et institutions expriment et réalisent une conception politique libérale raisonnable. Étant donné le fait du pluralisme raisonnable, les citoyens d'une société libérale affirment une famille de conceptions raisonnables de la justice et divergent sur la question de savoir quelle conception est la plus raisonnable. Ils s'accordent néanmoins sur le fait que les sociétés non libérales échouent à traiter comme véritablement libres et égales les personnes dotées de toutes les capacités de raison, d'intelligence et de sens moral, et *de ce fait* ils affirment que les sociétés non libérales sont toujours sujettes à une forme quelconque de sanction – politique, économique, ou même militaire, selon le cas. Dans cette perspective, le principe qui oriente la politique étrangère libérale est de rendre graduellement plus libérales les sociétés qui ne sont pas encore libérales, jusqu'à ce que (dans le cas idéal) elles le soient toutes devenues.

L'expression « de ce fait », que j'ai soulignée quelques lignes plus haut, signale une inférence qui suppose résolue la question suivante : comment savons-nous, avant d'élaborer un Droit des Peuples raisonnable, que les sociétés non libérales sont toujours, toutes choses égales par ailleurs, l'objet de sanctions politiques justifiées ? Comme nous l'avons vu lors de l'examen des argumentations à partir de la position seconde originelle qui débouchent sur la sélection des principes du Droit des Peuples pour les peuples libéraux, les partenaires sont les représentants de peuples égaux, et les peuples égaux veulent préserver l'égalité qui les lie. De plus, ce sont des interprétations des huit principes énumérés dans la section 4 qui constituent le matériau à partir duquel les représentants des peuples opèrent leur sélection. Aucun peuple ne souhaitera considérer que les pertes qu'il endure soient compensées par les gains que d'autres peuples font, et donc le principe d'utilité, ainsi que d'autres principes de philosophie morale, ne sont pas même candidats au Droit des Peuples. Comme je l'explique plus tard, cette conséquence impliquée par la procédure d'extension de la conception politique de la justice libérale d'une société intérieure au Droit des Peuples vaudra également pour l'extension additionnelle aux peuples décents.

7.3 La structure de base de la Société des Peuples

Voici une autre considération importante : si les peuples libéraux exigent que toutes les sociétés soient libérales et qu'ils soumettent celles qui ne le sont pas à l'exécution de sanctions politiques, alors les peuples non libéraux décents – s'il en existe – se verront refuser un degré approprié de respect par les peuples libéraux. Ce manque de respect peut affecter le respect de soi, en tant que peuples, des peuples non libéraux décents, de même que celui de leurs membres individuels, et peut conduire à l'amertume et au ressentiment. Leur refus d'accorder leur respect aux autres peuples et à leurs membres doit être justifié par de solides raisons. Les peuples libéraux ne peuvent pas prétendre que les peuples décents violent les droits de l'homme puisque (comme nous le verrons dans les sections 8-9 où la notion de décence est développée) ces peuples reconnaissent et protègent ces droits. Ils ne peuvent pas non plus affirmer que les peuples décents refusent à leurs membres le droit d'être consultés ou un rôle politique substantiel dans la prise de décision, dans la mesure où l'on verra que la structure de base de ces sociétés inclut une *hiérarchie consultative décente* ou son équivalent. Enfin, les peuples décents reconnaissent un droit d'objection, et le gouvernement comme les responsables judiciaires sont tenus de fournir une réponse respectueuse, qui prenne en compte les mérites de la question posée, en respectant la règle de droit telle qu'elle est interprétée par l'autorité judiciaire. Ainsi stimulée par les objections des membres des peuples décents, la conception de la justice visant le bien commun défendue par ces peuples peut évoluer graduellement et de diverses manières au cours du temps.

Toutes les sociétés connaissent des changements progressifs, et ceci est aussi vrai des sociétés décentes que des autres. Les peuples libéraux ne doivent pas supposer que ces sociétés sont incapables de se réformer en suivant une voie qui leur est propre. Les peuples libéraux encouragent ces évolutions en reconnaissant ces sociétés comme des membres de bonne foi de la Société des Peuples. En toute hypothèse, ils ne doivent pas les enrayer, ce qui pourrait bien résulter du refus d'accorder leur respect aux peuples décents. Si l'on met de côté la question profonde de savoir si certaines formes de culture et certains modes de vie sont intrinsèquement bons (ce que je crois), il s'agit indubitablement, toutes choses égales par ailleurs, d'un bien pour les individus et les associations d'être attachés à leur culture particulière et de prendre part à la vie civique et publique commune. La société politique est ainsi exprimée dans sa plénitude.

Ce résultat n'est pas un détail. Il constitue un argument pour accorder une place importante à l'idée de l'autodétermination d'un peuple et pour instituer une forme flexible ou confédérative de Société des Peuples. Rappelons que les peuples (par opposition aux États) ont une nature morale définie (section 2.1). Cette nature comprend une certaine fierté légitime et un sens de l'honneur : les peuples peuvent tirer une fierté légitime de leur histoire et de leurs réalisations, comme le permet ce que je nomme un « patriotisme légitime » (section 5.1). Le juste respect qu'ils demandent est compatible avec l'égalité de tous les peuples. Les intérêts qui poussent les peuples (distincts des États) à agir sont compatibles avec une égalité équitable et un juste respect des autres peuples. Les peuples libéraux doivent tenter d'encourager les peuples décents, et ne pas brider leur vitalité en imposant à toutes les sociétés d'être libérales. D'ailleurs, si une démocratie constitutionnelle libérale est en effet supérieure aux autres formes de société, comme je le crois, un peuple libéral doit avoir confiance dans ses convictions et supposer qu'une société décente, lorsque les peuples libéraux lui témoignent un juste respect, peut s'avérer plus encline à reconnaître les avantages des institutions libérales et à prendre de son propre chef des dispositions pour devenir plus libérale.

Dans les trois derniers paragraphes, j'ai tenté de suggérer qu'il était important que les peuples décents se respectent eux-mêmes et qu'ils soient respectés par les autres peuples libéraux ou décents. Le monde social des peuples libéraux et décents n'est certes pas de ceux qui, selon les critères libéraux, seraient complètement justes. Certains estiment que permettre cette injustice et ne pas insister pour appliquer les principes libéraux à toutes les sociétés exige de solides raisons. J'estime que de telles raisons existent. La plus importante est de préserver le respect mutuel entre les peuples. S'installer dans le mépris d'un côté, dans l'amertume et le ressentiment de l'autre ne peut que causer des dommages. Les relations entre peuples ne concernent pas la structure de base interne (libérale ou décente) de chaque peuple envisagé séparément. La préservation du respect mutuel dans la Société des Peuples constitue une partie essentielle de la structure de base et du climat politique de cette société. Le Droit des Peuples considère que cette structure de base au contexte élargi et les mérites du climat politique créé par l'appui aux réformes d'orientation libérale l'emportent sur les carences de la justice libérale dans les sociétés décentes.

Section 8. L'extension aux peuples hiérarchiques décents

8.1 Remarques procédurales

Rappelons que l'extension des idées politiques libérales de la rectitude morale et de la justice au Droit des Peuples procède en deux temps. Nous avons achevé la première étape, qui concerne l'extension du Droit des Peuples aux seules sociétés libérales, dans les sections 3-5. La seconde étape de là théorie idéale est plus délicate : elle exige que nous caractérisions un second type de société (qui serait décente, bien que non libérale) susceptible d'être reconnue comme un membre de bonne foi d'une Société des Peuples politiquement raisonnable, et en ce sens « tolérée ». Il nous faut formuler les critères d'une société décente. Notre objectif est d'étendre le Droit des Peuples à ces sociétés hiérarchiques bien ordonnées, et de montrer qu'elles acceptent le même Droit des Peuples que les sociétés libérales. Ce droit partagé décrit le genre de Société des Peuples auquel aspirent tous les peuples libéraux et décents, et il exprime l'objectif régulateur de leur politique étrangère.

Dans l'introduction, j'ai indiqué que le monde politique et social que j'envisage était composé de cinq types de sociétés intérieures : le premier est celui des peuples libéraux, le deuxième, celui des peuples décents. Il y a un genre de peuple décent dont la structure de base comporte ce que je nomme une « hiérarchie consultative décente », et je nomme ces peuples les « peuples hiérarchiques décents ». L'autre genre de peuple décent constitue une catégorie que je mets simplement de côté, car j'admets qu'il puisse exister d'autres peuples décents dont la structure de base ne correspond pas à ma description d'une hiérarchie consultative, mais qui sont dignes de figurer parmi les membres de la Société des Peuples. Je ne tente pas de décrire ces sociétés possibles. (Les peuples libéraux et les peuples décents forment ensemble ce que je désigne comme les « peuples bien ordonnés ».) On trouve, troisièmement, *les États hors-la-loi*, et quatrièmement, *les sociétés entravées par des conditions défavorables*. Il y a enfin, cinquièmement, des sociétés qui sont des *absolutismes bienveillants* : elles respectent les droits de l'homme, mais parce que leurs membres se voient refuser un rôle significatif dans les prises de décisions politiques, elles ne sont pas bien ordonnées.

Dans cette section, je commence par énoncer deux critères d'un régime hiérarchique décent. Même si ces critères sont également satisfaits par un régime démocratique libéral, il deviendra progressivement clair qu'ils n'exigent pas d'une société qu'elle soit libérale. Nous vérifierons ensuite que les partenaires qui représentent ces peuples hiérarchiques décents dans une position originelle appropriée (du second niveau) avec voile d'ignorance sont situés équitablement, rationnels, et poussés à agir par les bonnes raisons. Une fois encore, la position originelle fonctionne comme un modèle de représentation, mais dans ce cas le but est d'élaborer un Droit des Peuples entre peuples hiérarchiques décents. Enfin, étant donné leurs intérêts fondamentaux définis par les deux critères, les partenaires représentant les sociétés hiérarchiques décentes adoptent le même Droit des Peuples que les partenaires représentant les sociétés libérales. (Comme je l'ai dit, je n'élaborerai pas d'autres familles possibles de peuples décents.)

Dans la section 9.3, je donne l'exemple d'un peuple hiérarchique décent musulman imaginaire que j'ai nommé le

« Kazanistan ». Le Kazanistan honore et respecte les droits de l'homme, et sa structure de base contient une hiérarchie consultative décente, qui donne un rôle politique substantiel à ses membres dans la décision politique.

8.2 Deux critères des sociétés hiérarchiques décentes

Ces sociétés peuvent prendre de très nombreuses formes institutionnelles, à la fois religieuses et séculières. Toutes ces sociétés ont néanmoins une forme *associationniste* : les membres de ces sociétés sont envisagés dans la vie publique en tant que membres de différents groupes, chaque groupe étant représenté dans le système juridique par un corps au sein d'une hiérarchie consultative décente. Les deux critères énoncés ci-dessous définissent les conditions dans lesquelles une société hiérarchique décente peut être un membre de plein exercice d'une Société des Peuples raisonnable. (De nombreuses doctrines religieuses et philosophiques, qui contiennent différentes idées de la justice, peuvent conduire à des institutions qui remplissent ces conditions. Cependant, parce que ces idées de la justice appartiennent à une doctrine religieuse ou philosophique englobante, elles ne caractérisent pas une conception politique de la justice au sens où je l'entends.)

1. La première des conditions pour qu'une société hiérarchique soit bien ordonnée est qu'elle soit attachée à la paix et qu'elle poursuive ses buts légitimes à travers la diplomatie et le commerce, et par d'autres moyens pacifiques. Il s'ensuit que sa doctrine religieuse, qu'on suppose englobante et influente dans la politique gouvernementale, n'est pas expansionniste, au sens où elle respecte totalement l'ordre civique et l'intégrité des autres sociétés. Lorsqu'elle désire étendre son influence, elle cherche à réaliser cet objectif par des moyens compatibles avec l'indépendance des autres sociétés et la préservation des libertés que celles-ci garantissent. Cette caractéristique de sa religion renforce le fondement institutionnel de sa conduite pacifique et distingue cette société des puissances européennes des guerres de religion des XVIe et XVIIe siècles.

2. La seconde condition comporte trois parties :

(a) La première tient à ce que le système juridique d'un peuple hiérarchique décent garantit ce qu'on a convenu de nommer les droits de l'homme, en accord avec son idée de la justice visant le bien commun (voir section 9). Un système social qui viole ces droits ne peut pas constituer un système décent de coopération politique et sociale. Une société esclavagiste n'a pas de système juridique décent, puisque son économie d'esclavage est orientée par une série d'instructions imposées par la force. L'idée de coopération sociale n'y trouve pas de place. (Dans la section 9 ci-dessous, j'analyse plus en détail l'idée de la justice visant le bien commun en relation avec l'idée de hiérarchie consultative décente.)

Parmi les droits de l'homme, on trouve le droit à la vie (aux moyens de subsistance et de sécurité) [1]; à la liberté (l'absence de soumission à l'esclavage, au servage, à une occupation forcée, et une certaine liberté de conscience pour permettre la liberté de pensée et la liberté religieuse) [2]; à la propriété personnelle; à l'égalité formelle telle que l'expriment les règles de la justice naturelle (c'est-à-dire que les cas similaires doivent être traités de la même manière) [3]. Les droits de l'homme, compris de cette manière, ne peuvent être rejetés au motif qu'ils seraient spécialement libéraux ou propres à la tradition occidentale. Ils ne participent pas d'un provincialisme politique[4]. Je reprendrai à nouveau ces questions dans la section 10.

---

1. Henry Shue, dans *Basic Rights : Substance, Affluence, and U.S. Foreign Policy*, Princeton University Press, Princeton, New Jersey, 1980, p. 23, et Vincent, dans *Human Rights and International relations, op. cit.*, interprètent la subsistance comme une notion comprenant une certaine sécurité économique minimale, et tous deux soutiennent que les droits de subsistance sont fondamentaux. Je suis d'accord avec eux dans la mesure où l'exercice raisonnable et rationnel de tous les types de libertés ainsi que l'usage éclairé de la propriété impliquent toujours la possession de certains moyens économiques généraux et polyvalents.

2. Comme je l'indique dans la section 9.2, cette liberté de conscience peut n'être pas aussi étendue pour tous les membres de la société, ni égale pour tous : par exemple, une religion peut juridiquement prédominer dans l'appareil d'État, alors que les autres religions, même si elles sont tolérées, peuvent se voir refuser l'accès à certains postes. Je décris ce genre de situation comme celui où est permise la « liberté de conscience, mais pas une liberté égale ».

3. Sur les règles de la justice naturelle, voir H.L.A. Hart, *Le Concept de droit*, Publications des facultés universitaires Saint-Louis, Bruxelles, 1976, p. 194 et suivantes.

4. T.M. Scanlon insiste sur ce point dans « Human Rights as a Neutral Concern », *in* P. Brown et D. MacLean (dir.)., *Human Rights and U.S. Foreign Policy*, Lexington Books, Lexington, Massachusetts, 1979, p. 83 et p. 89-92. Ce point sera important lorsque nous remarquerons que la défense des droits de l'homme doit constituer un aspect de la politique étrangère des sociétés bien ordonnées.

(b) La seconde partie énonce que le système juridique d'un peuple décent doit être tel qu'il impose des devoirs moraux et des obligations morales (distincts des droits de l'homme) à toutes les personnes au sein du territoire de ce peuple[5]. Comme les membres de ce peuple sont considérés comme décents et rationnels, de même que responsables et capables de jouer un rôle dans la vie sociale, ils reconnaissent la cohérence de ces devoirs et obligations avec leur idée de la justice visant le bien commun, et ne considèrent pas leurs devoirs et obligations comme s'ils étaient imposés par la force. Ils possèdent une capacité d'apprentissage moral et connaissent la différence entre la rectitude morale et le tort moral telle que leur société la comprend. À la différence d'une économie d'esclavage, leur système juridique spécifie un dispositif décent de coopération politique et sociale.

La conception de la personne d'une société hiérarchique décente qui découle du second critère n'exige pas d'accepter l'idée libérale selon laquelle les personnes sont d'abord des citoyens et possèdent des droits fondamentaux égaux en tant que citoyens égaux. Cette société considère plutôt les personnes comme des membres responsables et coopérants de leurs groupes respectifs. Les personnes peuvent ainsi reconnaître, comprendre et agir en conformité avec les obligations morales et les devoirs moraux qui s'appliquent à elles en tant que membres de ces groupes.

---

5. Je me réfère ici à l'ouvrage de Philip SOPER, *A Theory of Law* (Harvard University Press, Cambridge, Massachusetts, 1984), particulièrement p. 125-147. Soper estime qu'un système juridique, en tant que distinct d'un système de simple commandement appliqué de manière coercitive, doit être tel qu'il donne naissance à des obligations et devoirs moraux pour tous les membres de la société. Pour qu'un système juridique soit viable, les juges et autres officiels doivent croire sincèrement et raisonnablement que le droit est guidé par une conception de la justice visant le bien commun. Je ne suis cependant pas Soper sur tous les points : un système de règles doit correspondre à sa définition afin de constituer un système juridique digne de ce nom. Voir chapitre IV, p. 91-100. Je souhaite cependant éviter le vieux problème jurisprudentiel de la définition du droit. Je ne veux pas non plus avoir à défendre l'affirmation selon laquelle le Sud d'avant la guerre de Sécession, par exemple, ne possédait pas de système juridique. Je considère donc que la seconde partie du critère ci-dessus (selon laquelle le système juridique d'un peuple décent doit imposer des devoirs moraux et obligations morales de bonne foi) procède de l'extension d'une conception libérale de la justice au Droit des Peuples. Je dois beaucoup à Samuel Freeman pour nos riches discussions sur cette question.

(c) Enfin, la troisième partie du second critère prévoit que les juges et les autres responsables officiels qui administrent le système juridique doivent croire sincèrement et sans que ce soit déraisonnable que le droit est en effet guidé par une idée de la justice visant le bien commun. Les lois qui ne s'appuient que sur la force donnent un fondement à la résistance et à la rébellion. Il serait déraisonnable, sinon irrationnel, pour les juges et les autres responsables officiels de penser qu'une conception de la justice visant le bien commun, qui reconnaît des droits de l'homme à tous les membres d'un peuple, est effectivement mise en œuvre lorsque ces droits sont systématiquement violés. Cette croyance sincère et raisonnable des juges et des responsables officiels doit se révéler dans leur bonne foi et leur volonté de défendre publiquement, en les justifiant par le droit, les instructions de la société. Les tribunaux peuvent servir de forum à cette défense[6].

8.3 Fondement des deux critères

Tout comme pour l'idée du raisonnable dans le libéralisme politique, il n'y a pas de définition de la décence dont les deux critères peuvent être déduits (voir section 12.2). Nous préférons affirmer que les deux critères paraissent acceptables dans leur formulation générale[7]. Je conçois la décence comme une idée normative du même genre que le raisonnable, mais plus faible que cette seconde idée (au sens où elle s'applique de manière moins générale qu'elle). C'est la façon dont nous l'utilisons qui lui donne un sens. Ainsi, un peuple décent doit honorer les lois de la paix ; son système juridique doit respecter les droits de l'homme et imposer des devoirs et obligations à toutes les personnes se trouvant sur son territoire. Son système juridique doit se conformer à une idée de la justice visant le bien commun qui prenne en compte ce qu'elle tient pour les intérêts fondamentaux de toutes les personnes de la société. Enfin, les juges et les autres responsables officiels doivent croire sincèrement et sans que ce soit déraisonnable que le droit est effectivement guidé par une idée de la justice visant le bien commun.

---

6. J'adapte ici une idée de SOPER dans *A Theory of Law*, p. 118, 112.
7. J'examine une hiérarchie consultative décente dans la section 9.

Cette vision de la décence, comme celle du raisonnable, est développée en présentant des critères variés et en explicitant leur signification. Il appartient au lecteur de juger si un peuple décent, tel qu'il est défini par les deux critères, doit être toléré et accepté comme un membre en règle de la Société des Peuples. Mon hypothèse est que la plupart des citoyens raisonnables d'une société libérale jugeront que les peuples qui remplissent les deux critères sont acceptables en tant que peuples en règle. Il est certain que toutes les personnes raisonnables ne seront pas de cet avis, mais la plupart le seront.

Les deux idées de la justice que nous avons présentées se situent à des pôles opposés. La conception libérale est notre point de départ dans notre propre société, et nous l'estimons correcte après mûre réflexion. L'idée du bien commun décent des peuples hiérarchiques est une idée minimale. Le fait qu'elle soit réalisée dans une société rend les institutions de cette société dignes d'être tolérées. Il peut exister un large éventail de formes institutionnelles qui correspondent aux idées hiérarchiques décentes, mais je ne tenterai pas d'en faire la liste. Mon objectif a été d'esquisser une idée de la justice qui, quoique éloignée des conceptions libérales, comporte encore des traits qui confèrent aux sociétés régies selon cette idée le statut moral décent qui est requis d'elles pour être membres de plein droit d'une Société raisonnable des Peuples.

Les caractères des droits de l'homme que j'ai décrits jusqu'ici peuvent être compris de deux manières. La première consiste à envisager ces droits comme la propriété d'une conception de la justice politique et libérale raisonnablement juste, et comme un sous-ensemble de droits et de libertés garantis à tous les citoyens libres et égaux dans un régime démocratique libéral et constitutionnel. La seconde consiste à envisager ces droits comme la propriété d'une forme sociale associationniste (comme je l'ai désignée) qui considère les personnes d'abord comme des membres de groupes (associations, corporations, ordres). En tant que membres de ces groupes, elles disposent de droits et de libertés qui leur permettent de remplir leurs devoirs et leurs obligations, et de s'engager dans un système de coopération sociale. Lorsque ces droits sont régulièrement enfreints, nous sommes confrontés au règne de la force, à l'esclavage érigé en système, et à l'absence de toute forme de coopération.

Ces droits ne dépendent pas d'une doctrine englobante particulière, qu'il s'agisse d'une religion ou d'une philosophie de la nature humaine. Le Droit des Peuples n'affirme pas, par exemple, que les êtres humains sont des personnes morales qui ont une valeur égale aux yeux de Dieu, ou qu'ils possèdent des capacités morales et intellectuelles qui leur donnent un titre à posséder ces droits. De telles argumentations contiennent des doctrines religieuses et philosophiques que de nombreux peuples pourraient rejeter en mettant en cause leur caractère libéral ou démocratique, ou le fait qu'elles sont spécifiques à la tradition politique occidentale et préjudiciables aux autres cultures. Pour autant, le Droit des Peuples ne rejette pas ces doctrines.

Il est important de réaliser qu'un accord sur le Droit des Peuples qui garantit les droits de l'homme n'est pas un accord qui se limite aux sociétés libérales. Je vais maintenant tenter de confirmer ce point.

8.4 Position originelle pour les peuples hiérarchiques décents

Les peuples hiérarchiques décents sont bien ordonnés selon leurs propres idées de la justice qui satisfont les deux critères. Je suppose que les représentants de ces peuples dans une position originelle appropriée adopteraient les mêmes huit principes (section 4.1) que ceux dont j'ai montré qu'ils seraient adoptés par les représentants des sociétés libérales. Mon argumentation en faveur de ce résultat est la suivante: les peuples hiérarchiques décents ne mènent pas de guerre agressive, et leurs représentants respectent l'ordre civil et l'intégrité des autres peuples, comme ils tiennent pour équitable la situation symétrique (l'égalité) de la position originelle. Ensuite, étant donné les idées de la justice visant le bien commun qui sont défendues dans les sociétés hiérarchiques décentes, les représentants s'efforcent de protéger à la fois les droits de l'homme et le bien du peuple qu'ils représentent tout en maintenant sa sécurité et son indépendance. Ils se préoccupent des revenus du commerce et acceptent l'idée de l'aide entre peuples en période de nécessité. Il est donc possible d'affirmer que les représentants des sociétés hiérarchiques sont décents et rationnels. D'après ce raisonnement, nous pouvons aussi affirmer que les membres des sociétés hiérarchiques décentes accepteraient (comme vous et moi le ferions[8]) la position originelle comme équitable entre les peuples, et qu'ils appuieraient le Droit des Peuples que leurs représentants ont adopté comme une base équitable de coopération entre les peuples.

Comme je l'ai indiqué plus haut en examinant la nécessité d'une idée de tolérance (section 7.2-3), certains pourraient objecter que le fait de traiter de manière égale les représentants des peuples lorsque l'égalité ne s'applique pas au sein de leur société intérieure est incohérent ou inéquitable. La force intuitive de l'égalité ne s'applique, pourrait-on dire, qu'aux individus, et le traitement égal des sociétés est conditionné au fait qu'elles traitent leurs membres de manière égale. Je refuse cet argument. Ma position est que l'égalité s'applique entre individus rationnels et raisonnables ou décents, ou entre collectivités de types variés lorsque la relation d'égalité entre elles est appropriée dans le cas considéré. Par exemple, dans certains domaines, les Églises (comme l'Église catholique et les Églises protestantes) peuvent être consultées en tant que collectivités égales sur des questions de politique publique. Ceci peut constituer une pratique défendable, même si la première est organisée de manière hiérarchique, et que les secondes ne le sont pas. Un autre exemple est celui des universités, qui peuvent également être organisées de multiples manières. Certaines peuvent choisir leur président au moyen d'un genre de hiérarchie consultative qui inclut tous les groupes reconnus, alors que d'autres procèdent par voie d'élections dans lesquelles tous leurs membres, y compris les étudiants de premier cycle, possèdent le droit de vote. Dans certains cas, les membres ont seulement une voix ; d'autres dispositifs autorisent le vote multiple en fonction du statut de l'électeur. Mais le fait que les pratiques internes des universités diffèrent n'exclut pas qu'il soit approprié de les traiter dans certaines circonstances comme des collectivités égales. Il est aisé d'imaginer de nombreux autres exemples[9].

J'ai clairement supposé que les représentants des peuples doivent être situés de manière égale, alors même que les idées de la justice des sociétés non libérales décentes qu'ils représentent

---

8. Ici, vous et moi sommes membres de sociétés hiérarchiques décentes, mais pas de la même.

9. Je suis redevable à Thomas Nagel d'avoir discuté de cette question avec moi.

autorisent des inégalités fondamentales entre leurs membres. (Par exemple, il est possible que ce que je nomme l'« égale liberté de conscience » ne soit pas reconnue à certains ; voir note 2 ci-dessus). Il n'y a pourtant ici nulle incohérence : un peuple qui affirme sincèrement une idée non libérale de la justice peut néanmoins estimer raisonnablement que sa société doit être traitée en égale dans un Droit des Peuples raisonnable. Même si l'égalité pleine fait défaut au sein d'une société, l'égalité peut être invoquée raisonnablement lorsqu'il s'agit d'émettre des revendications à l'égard des autres sociétés.

Notons que, dans le cas d'une société hiérarchique décente, la forme de sa structure de base ne procède pas d'une argumentation en termes de position originelle. Ce type d'argumentation pour la justice intérieure, puisqu'elle fait partie d'une conception du contrat social, est une idée libérale qui ne trouve pas d'application à la justice intérieure d'un régime hiérarchique décent. C'est la raison pour laquelle le Droit des Peuples n'utilise une argumentation en termes de position originelle qu'à trois reprises : deux fois en ce qui concerne les sociétés libérales (au niveau interne puis au niveau du Droit des Peuples), mais une fois seulement en ce qui concerne les sociétés hiérarchiques décentes. Seuls des participants égaux peuvent être situés symétriquement dans une position originelle. Les peuples égaux, ou leurs représentants, sont des partenaires égaux au niveau du Droit des Peuples. À un autre niveau, il est plausible d'imaginer que les peuples libéraux et décents se retrouvent dans une position originelle, lorsqu'ils se rassemblent dans des associations ou fédérations régionales comme la Communauté européenne, ou l'Union des républiques de l'ex-Union soviétique. Il est naturel d'envisager que la société mondiale future serait composée en grande partie de fédérations de ce genre, alors que certaines institutions, comme les Nations unies, seraient attitrées à s'exprimer au nom de toutes les sociétés du monde.

Section 9. La hiérarchie consultative décente

9.1 Hiérarchie consultative et objectif commun

Les deux premières parties du deuxième critère exigent que le système juridique d'une société hiérarchique soit guidé par ce que j'ai nommé une idée de la justice visant le bien commun[10]. Le sens de cette idée n'est cependant pas encore clair. Je tente de la préciser d'abord en la distinguant de l'objectif commun d'un peuple (s'il en a un) et ensuite, en insistant sur la nécessité, pour un peuple hiérarchique décent, de contenir une hiérarchie consultative décente. Ceci signifie que la structure de base de la société doit inclure une famille de corps représentatifs dont le rôle, dans la hiérarchie, est de prendre part à la procédure de consultation et de se consacrer à ce que l'idée de la justice visant le bien commun propre à ce peuple tient pour les intérêts majeurs de tous les membres du peuple.

Le but ou l'objectif commun (s'il existe) est ce que la société conçue comme un tout cherche à réaliser pour elle-même ou pour ses membres. Il affecte ce que les personnes reçoivent ainsi que leur bien-être. Dans l'idée de la justice visant le bien commun, le fait de chercher à réaliser cet objectif commun est encouragé. En revanche, il ne doit pas être maximisé en lui-même, mais plutôt maximisé d'une manière compatible avec les restrictions définies par le respect des étapes de la procédure de consultation. Celle-ci fournit la base institutionnelle de la protection des droits et devoirs des membres du peuple. (De nombreuses sociétés n'ont pas d'objectif commun, mais plutôt ce que j'appellerai des « priorités spéciales » – voir section 9.3. Dans ce cas également, on doit chercher à réaliser ces priorités d'une manière compatible avec les restrictions définies par la procédure de consultation.)

Même si, dans une société hiérarchique décente, toutes les personnes ne sont pas considérées comme des citoyens libres et égaux, ni comme des individus séparés méritant une représentation égale (suivant la maxime « un citoyen, une voix »), elles sont tenues pour décentes, rationnelles et capables d'un appren-

---

10. Les sociétés bien ordonnées par des conceptions libérales de la justice politique possèdent aussi une conception visant le bien commun en un sens, le bien commun de la réalisation de la justice politique pour tous ses citoyens et de la préservation de la culture libre permise par la justice.

tissage moral tel que leur société le conçoit. En tant que membres responsables de la société, elles peuvent savoir quand leurs obligations et devoirs moraux s'accordent avec l'idée de la justice visant le bien commun propre à leur peuple. Chaque personne appartient à un groupe représenté par un corps dans la hiérarchie consultative, s'engage dans des activités variées et joue un certain rôle dans le dispositif global de coopération.

Dans la prise de décision politique, une hiérarchie consultative décente donne à différentes voix une chance d'être entendues – non pas, bien entendu, sur le mode que permettent les institutions démocratiques, mais d'une manière appropriée aux valeurs religieuses et philosophiques de la société exprimées par son idée du bien commun. Les personnes, en tant que membres des associations, des corporations et des ordres, ont le droit d'exprimer leur désaccord politique à un moment donné de la procédure de consultation (souvent au cours de l'étape de sélection des représentants du groupe), et le gouvernement a l'obligation de prendre au sérieux l'objection d'un groupe ainsi que de lui donner une réponse consciencieuse. Il est important et nécessaire que différentes voix soient entendues, parce que la croyance sincère des juges et des autres responsables officiels en la justice du système juridique doit comprendre la possibilité de l'objection[11]. Ceux-ci doivent consentir à répondre aux objections : ils ne peuvent pas refuser de les écouter, au motif que ceux qui les expriment seraient incompétents et incapables de comprendre, car il ne s'agirait alors pas d'une hiérarchie consultative décente, mais d'un régime paternaliste[12]. En outre, si les juges et les autres responsables écoutent les objections, les objecteurs ne sont pas tenus d'accepter la réponse qui leur est fournie ; ils peuvent renouveler leur protestation, à condition qu'ils expliquent pourquoi ils continuent de n'être pas satisfaits, et leur explication doit à son tour recevoir une réponse supplémentaire plus complète. L'objection exprime une forme de protestation publique, qui est acceptable tant qu'elle demeure dans le cadre de l'idée de la justice visant le bien commun.

---

11. Voir Philip Soper, *A Theory of Law*, *op. cit.*, p. 141.

12. La procédure de consultation est souvent mentionnée dans les analyses des institutions politiques islamiques. Il est néanmoins clair que l'objectif de la consultation est souvent que le calife puisse obtenir un engagement de loyauté de la part de ses sujets, ou parfois qu'il puisse évaluer la force de l'opposition.

9.2. Trois observations

De nombreux points doivent être examinés avant que l'idée d'une hiérarchie consultative juste soit suffisamment claire. J'en retiens trois.

Une première observation concerne la raison pour laquelle les groupes sont représentés par des corps dans la hiérarchie consultative. (Dans le dispositif libéral, ce sont les citoyens individuels qui sont représentés.) Une réponse est qu'une société hiérarchique décente pourrait adopter une position similaire à celle de Hegel, qui peut être décrite de la façon suivante : dans la société bien ordonnée décente, les personnes appartiennent d'abord à des ordres, des corporations et des associations, c'est-à-dire à des groupes. Comme ces groupes représentent les intérêts rationnels de leurs membres, certaines personnes prendront part à la représentation publique de ces intérêts au cours du processus de consultation, mais elles le feront en tant que membres d'associations, de corporations et d'ordres, et non en tant qu'individus. La justification de ce dispositif est la suivante : alors que, dans une société libérale, où chaque citoyen dispose d'une voix, les intérêts des citoyens tendent à se rétracter et à se concentrer sur leurs préoccupations économiques privées au détriment des liens communautaires, dans une hiérarchie consultative, lorsque le groupe est ainsi représenté, les membres votants des différents groupes prennent en compte les intérêts plus larges de la vie politique. Une société hiérarchique décente n'a bien entendu jamais défendu la position « une personne, une voix » associée à une tradition de pensée libérale qui lui est étrangère, et elle jugerait peut-être (comme Hegel) qu'une telle idée exprime à tort une vision individualiste selon laquelle chaque personne, conçue comme une unité atomisée, possède le droit fondamental de prendre part en tant qu'égal à la délibération politique[13].

---

13. Voir HEGEL, *Philosophie du droit* (1821), section 308. L'objection principale de Hegel contre la Constitution de Würtemberg présentée par le roi libéral en 1815-1816 se fixe sur son idée de suffrage direct. On trouve son objection dans le passage suivant de l'essai de 1817, « Actes de l'assemblée des États du royaume du Wurtemberg en 1815 et 1816 » (dans *Écrits politiques*, Champ-Libre, Paris, 1977. Traduction de Pierre QUILLET) : « Les électeurs n'ont aucun lien ni rapport avec l'ordre civil et l'organisation du corps de l'État. Les citoyens apparaissent comme des atomes isolés et les collèges électoraux comme des agrégats sans ordre ni organisation ; le peuple en général *se résout en un tas* – forme sous laquelle la communauté ne devrait jamais se montrer alors qu'elle entreprend une action, car il n'en est point de moins digne et qui contredise plus son

En deuxième lieu, la nature de la vision de la tolérance religieuse propre à un peuple décent mérite une mention explicite. Même si, dans les sociétés hiérarchiques décentes, une religion d'État peut constituer, dans certains domaines, l'autorité suprême dans la société et guider la politique gouvernementale sur certains points importants, cette autorité n'est pas (comme je l'ai déjà indiqué) étendue politiquement aux relations avec les autres sociétés. En outre, les doctrines englobantes, religieuses ou philosophiques, d'une société hiérarchique décente ne doivent pas être complètement déraisonnables. J'entends par là, entre autres choses, que ces doctrines doivent permettre une part suffisante de liberté de conscience, de liberté de pensée et de liberté religieuse, même si ces libertés ne sont pas aussi égales pour tous les membres de la société que pour ceux des sociétés libérales. Si la religion établie peut disposer de privilèges variés, il est essentiel, pour préserver la décence de la société, qu'aucune religion ne soit persécutée, ou se voie refuser les conditions civiques et sociales qui lui permettent d'être pratiquée en paix et sans crainte[14]. De plus, au moins du fait de l'inégalité possible en matière de liberté religieuse, il est important qu'une société hiérarchique reconnaisse le droit à l'émigration et qu'elle fournisse une aide en ce sens[15].

---

concept qui est d'être un ordre spirituel. En effet, l'âge aussi bien que la fortune sont des qualités qui ne concernent que l'individu pour soi, non des propriétés constituant sa valeur dans l'ordre civique. L'individu ne possède une telle valeur que grâce à un emploi, une position sociale, un métier socialement reconnu et une qualification donnant le droit de l'exercer, maîtrise, titre, etc. » (p. 229-230). Le passage continue dans la même inspiration et conclut de la façon suivante : « En revanche, de quelqu'un qui a 25 ans et possède des biens immobiliers lui rapportant 200 florins et plus par an, on dit qu'il n'est rien. Si une Constitution fait de lui quelque chose, un électeur, elle lui accorde un droit politique élevé, sans établir le moindre lien avec les autres éléments de l'existence civile, et impose ainsi, à l'occasion de l'une des affaires les plus importantes, une situation qui s'accorde davantage avec le principe démocratique, voire anarchique, de l'individuation qu'avec le principe d'un ordre organique » (p. 230). En dépit de ces objections, Hegel prit le parti de la Constitution libérale du roi contre les corporations conservatrices.

14. Sur l'importance de cette stipulation, voir l'ouvrage de Judith SHKLAR, *Les Vices ordinaires*, PUF, Paris, 1989, où elle présente ce qu'elle appelle le « libéralisme de la peur ». Voir, en particulier, l'introduction et les chapitres 1 et 6. Elle a désigné auparavant ce type de libéralisme comme celui des « minorités permanentes ». Voir son livre *Legalism*, Harvard University Press, Cambridge, Massachusetts, 1963, p. 224.

15. Avec certaines qualifications, les sociétés libérales doivent également faire une place à ce droit. On peut objecter que le droit d'émigrer n'a pas d'objet sans le droit d'être accepté quelque part en tant qu'immigrant. Il reste que de nombreux droits n'ont pas d'objet en ce sens : le droit de se marier, d'inviter des gens chez soi, ou même celui de faire une promesse. Il faut être deux pour réaliser ces droits. Une autre question

On peut se demander pourquoi les doctrines religieuses ou philosophiques qui refusent une liberté de conscience pleine et égale à tous ne sont pas déraisonnables. Je ne dis pas qu'elles sont raisonnables, mais plutôt qu'elles ne sont pas pleinement déraisonnables : on doit, je crois, admettre l'existence d'un espace entre le pleinement déraisonnable et le pleinement raisonnable. L'un exige une liberté de conscience pleine et égale pour tous, l'autre la refuse absolument. Les doctrines traditionnelles qui permettent une part de liberté de conscience sans l'autoriser pleinement sont des positions qui résident dans cet espace et qui ne sont pas pleinement déraisonnables.

Une troisième observation concerne la représentation, dans une hiérarchie consultative, des membres de la société, tels que les femmes, qui ont longtemps été soumises à une oppression et à des abus qui constituent une violation de leurs droits de l'homme. Une disposition pour garantir que leurs revendications sont prises en compte de façon appropriée peut consister à faire en sorte qu'une majorité des membres des corps représentant les opprimés (du passé) soit choisie parmi ceux dont les droits ont été violés. Comme nous l'avons vu, une condition d'une société hiérarchique décente est que son système juridique et son ordre social ne violent pas les droits de l'homme. La procédure de consultation doit être conçue de manière à ce qu'il soit mis fin à ces violations[16].

9.3 Le Kazanistan : un peuple hiérarchique décent

Le Droit des Peuples ne présuppose pas davantage l'existence effective des peuples hiérarchiques décents que celle des peuples démocratiques constitutionnels raisonnablement justes. Si nous plaçons très haut les critères, aucun d'entre eux n'existera. Dans

---

complexe est de savoir jusqu'où doit s'étendre le droit d'émigrer. Quelle que soit la réponse, le droit d'émigrer des minorités religieuses ne doit pas être seulement formel, et un peuple doit procurer de l'aide aux émigrants lorsque c'est pratiquement possible.

16. Je reviens sur ce point dans la section 10. Il faut noter ici que certains auteurs estiment que les pleins droits démocratiques et libéraux sont nécessaires pour prévenir la violation des droits de l'homme. Ceci est présenté comme un fait empirique documenté par l'expérience historique. Je ne conteste pas cette proposition, qui peut bien d'ailleurs être exacte. Cependant mes remarques à propos d'une société hiérarchique sont conceptuelles. Je demande si nous pouvons imaginer cette société et, si elle existe, si nous jugeons qu'elle doit être tolérée politiquement.

le cas des peuples démocratiques, nous pouvons tout juste affirmer que certains sont plus proches que d'autres d'un régime constitutionnel raisonnablement juste. Le cas des peuples hiérarchiques décents est encore moins clair. Est-il possible de décrire de façon cohérente leurs institutions sociales et leurs vertus politiques fondamentales ?

Guidé par les indications données dans les sections 8-9, je décris à présent un peuple hiérarchique décent hypothétique. L'objectif de cet exemple est de suggérer qu'un gouvernement décent est viable à condition que ses dirigeants ne se permettent pas d'être corrompus, soit en favorisant les riches, soit en jouissant de l'exercice du pouvoir pour lui-même. Imaginons un peuple musulman idéalisé nommé « Kazanistan ». Le système juridique du Kazanistan n'institue pas la séparation de l'Église et de l'État. L'islam est la religion privilégiée, et seuls les musulmans peuvent occuper les postes d'autorité politique et influencer les principales décisions et politiques du gouvernement, y compris en matière extérieure. Les autres religions sont cependant tolérées et les personnes peuvent les pratiquer sans crainte et sans risque de déchéance de la plupart de leurs droits civiques, sauf du droit d'occuper des fonctions politiques ou judiciaires importantes. (Cette exclusion marque une différence fondamentale entre le Kazanistan et un régime démocratique libéral, où tous les postes et fonctions sont, en principe, ouverts à tous les citoyens.) Les autres religions et associations sont encouragées à développer leur propre vie culturelle et à prendre part à la culture civique de la société[17].

Tel que je l'imagine, ce peuple est caractérisé par un traitement éclairé des religions non islamiques et des autres minorités

---

17. De nombreux chemins mènent à la tolérance. Sur ce point, voir Michael WALZER, *Traité sur la tolérance,* Gallimard, Paris, 1998. La doctrine que j'ai attribuée aux dirigeants du Kazanistan est similaire à celle que l'on trouvait dans l'islam il y a plusieurs siècles. (L'Empire ottoman tolérait les juifs et les chrétiens ; les dirigeants ottomans les invitaient même à venir à Constantinople (la capitale). Cette doctrine affirme les mérites de toutes les religions décentes et procure l'essentiel de ce qu'exige une utopie réaliste. Selon cette doctrine, (a) toutes les différences religieuses entre les peuples sont voulues par Dieu, et c'est le cas, que les croyants appartiennent ou non à la même société ; (b) le châtiment pour des croyances fausses est réservé à Dieu ; (c) les communautés de croyances différentes doivent se respecter mutuellement ; (d) la croyance en la religion naturelle est innée pour tous. Ces principes sont présentés par Roy MOTTAHEDEH dans « Toward an Islamic Theory of Toleration », *in Islamic Law Reform and Human Rights* (Nordic Human Rights Publications, Oslo, 1993).

ayant vécu sur son territoire depuis des générations, qu'elles soient originaires des conquêtes anciennes ou de l'immigration qu'il a autorisée. Les membres de ces minorités ont été des sujets loyaux de la société et ne sont pas soumis à une discrimination arbitraire ou traités comme des inférieurs par les musulmans dans les relations publiques ou sociales. Pour tenter de renforcer leur loyauté, le gouvernement autorise les non-musulmans à appartenir aux forces armées et à servir dans les grades supérieurs de commandement. À la différence de la plupart des dirigeants musulmans, les dirigeants du Kazanistan n'ont pas mené de conquête impériale et territoriale. Ceci est en partie le résultat d'une interprétation spirituelle et morale, et non militaire, du *jihad* par ses théologiens[18]. Les dirigeants musulmans ont longtemps estimé que tous les membres de la société souhaitaient naturellement être des membres loyaux de la société dans laquelle ils sont nés et que, sauf s'ils sont traités inéquitablement et qu'ils subissent des discriminations, ils continueraient de le souhaiter. La politique fondée sur cette idée a fait ses preuves. Les membres non musulmans du Kazanistan et ses minorités sont restés loyaux et ont soutenu le gouvernement durant les périodes dangereuses.

Je pense qu'il est également plausible d'imaginer que le Kazanistan est organisé suivant une hiérarchie consultative décente qui a été périodiquement modifiée pour la rendre plus sensible aux besoins de son peuple et des nombreux groupes différents représentés par les corps légaux dans la hiérarchie consultative. Cette hiérarchie suit assez étroitement les six orientations suivantes. En premier lieu, tous les groupes doivent être consultés. En deuxième lieu, chaque membre doit appartenir à un groupe. En troisième lieu, chaque groupe doit être représenté par un corps qui contient au moins certains des membres du groupe connaissant et partageant les intérêts fondamentaux de ce groupe. Les trois premières conditions garantissent que les intérêts fondamentaux de tous les groupes font l'objet d'une consultation et sont pris en compte[19]. En quatrième lieu, le corps qui

---

18. L'interprétation spirituelle du *jihad* fut commune dans les pays islamiques. D'après cette interprétation, le *jihad* était compris comme une obligation de tout musulman. Voir Bernard Lewis, *The Middle East*, Scribner, New York, 1995, p. 233 et suivantes.

19. Ceci semble très proche du premier sens du bien commun décrit par John Finnis dans son ouvrage *Natural Law and Natural Rights*, Clarendon Press, Oxford, 1980, p. 155.

prend la décision finale – les dirigeants du Kazanistan – doit évaluer les positions et les revendications de chacun des corps
consultés, et les juges et autres responsables officiels, s'ils sont
sollicités, doivent expliquer et justifier la décision des dirigeants.
Dans l'esprit de la procédure, la consultation de chacun des
corps peut influencer le résultat. En cinquième lieu, la décision
doit être prise d'après une conception des priorités spéciales du
Kazanistan. Parmi ces priorités spéciales, on trouve la formation
d'un peuple musulman décent et rationnel qui respecte ses minorités religieuses. Nous pouvons nous attendre à ce que les minorités non musulmanes soient moins attachées à certaines des
priorités que les musulmans, mais nous pouvons raisonnablement supposer, je crois, que musulmans comme non-musulmans
comprendront ces priorités et les tiendront pour importantes. En
sixième lieu – mais il s'agit d'un point majeur –, ces priorités
spéciales doivent s'insérer dans le cadre d'un dispositif global de
coopération, et les termes équitables selon lesquels la coopération du groupe doit être apportée doivent être spécifiés explicitement[20]. Il ne s'agit pas d'une conception précise, mais elle sert
de guide pour prendre des décisions en fonction des situations
effectives et des attentes établies.

Enfin, j'imagine que la structure de base du Kazanistan inclut
des assemblées dans lesquelles les corps de la hiérarchie consultative peuvent se rassembler. Les représentants peuvent y soulever des objections contre la politique du gouvernement, et les
membres du gouvernement peuvent présenter leurs réponses,
puisqu'il s'agit d'une obligation du gouvernement. L'objection
est respectée dès lors que la réponse explicite la manière dont le
gouvernement estime pouvoir à la fois interpréter ses politiques
conformément à son idée de la justice visant le bien commun, et
imposer des devoirs et obligations à tous les membres de la
société. Pour illustrer la manière dont l'objection, lorsqu'elle est
permise et écoutée, peut provoquer le changement, j'imagine
encore que l'objection au Kazanistan a conduit à d'importantes

---

20. Cette conception du bien commun est proche du troisième sens du bien commun
distingué par John FINNIS. Voir encore son livre *Natural Law and Natural Right*, *op. cit.*,
p. 155. Je répète ici qu'une hiérarchie consultative ne cherche pas simplement à maximiser la réalisation du bien commun. Elle cherche plutôt à maximiser cette réalisation
tout en respectant les contraintes intégrées dans la procédure de consultation. C'est ce qui
distingue une société juste ou décente des autres.

réformes en matière de rôle et de droits des femmes, les autorités judiciaires confirmant que les normes existantes ne pouvaient s'accorder avec l'idée de la justice visant le bien commun propre à la société.

Je ne crois pas que le Kazanistan soit parfaitement juste, mais il me semble qu'il s'agit d'une société décente. De plus, même si elle est imaginaire, je ne pense pas qu'il soit déraisonnable d'estimer qu'une société de ce genre puisse exister, en particulier parce qu'elle n'est pas sans précédents dans le monde réel (comme l'indique la note 18 ci-dessus). Certains lecteurs peuvent me taxer d'utopisme infondé, mais je ne suis pas d'accord. Il me semble au contraire qu'un pays comme le Kazanistan est ce que nous pouvons espérer de mieux en restant réalistes et cohérents. Cette société traite ses minorités religieuses de façon éclairée. Faire la lumière sur les limites du libéralisme recommande, je crois, d'essayer de concevoir un Droit des Peuples que peuples libéraux et non libéraux pourraient adopter. L'autre solution est un cynisme fataliste qui ne conçoit le bien de l'existence qu'en termes de pouvoir.

Section 10. Les droits de l'homme

10.1 Le Droit des Peuples est suffisamment libéral

On peut objecter que le Droit des Peuples n'est pas suffisamment libéral. Cette critique peut prendre deux formes. Certains considèrent d'abord que les droits de l'homme sont à peu près les droits que les citoyens possèdent dans un régime démocratique constitutionnel raisonnable ; cette position ne fait qu'étendre la classe des droits de l'homme de façon à inclure tous les droits que les gouvernements libéraux garantissent. Dans le Droit des Peuples au contraire, les droits de l'homme constituent une catégorie spéciale de droits urgents, comme la liberté vis-à-vis de l'esclavage et du servage, la liberté de conscience (mais pas nécessairement égale pour tous), et la sécurité des groupes ethniques par rapport aux meurtres de masse et au génocide. La violation de cette catégorie de droits est également condamnée par les peuples libéraux raisonnables et par les peuples hiérarchiques décents.

Une seconde allégation de ceux pour lesquels le Droit des Peuples n'est pas suffisamment libéral est que même les droits de l'homme proclamés par le Droit des Peuples ne sont protégés efficacement que par les gouvernements démocratiques. Selon les critiques qui présentent cette objection, il s'agit d'un fait confirmé par l'histoire de nombreux pays différents tout autour du monde. Si les faits historiques, confirmés par le raisonnement de la pensée politique et sociale, montrent que les régimes hiérarchiques sont toujours, ou presque toujours, de nature oppressive et qu'ils violent les droits de l'homme, alors l'argumentation en faveur des démocraties libérales est complète[21]. Le Droit des Peuples suppose au contraire que les peuples hiérarchiques décents existent, ou pourraient exister, et envisage les raisons pour lesquelles ils doivent être tolérés et acceptés en tant que peuples en règle par les peuples libéraux.

10.2 Le rôle des droits de l'homme dans le Droit des Peuples

Les droits de l'homme forment une catégorie de droits qui jouent un rôle spécifique dans un Droit des Peuples raisonnable : ils restreignent les raisons qui justifient l'entrée en guerre et la conduite de la guerre, et ils imposent des limites à l'autonomie interne d'un régime. De cette manière, ils reflètent les deux modifications historiquement significatives de la manière dont les pouvoirs de souveraineté ont été conçus depuis la Seconde Guerre mondiale. Premièrement, la guerre n'est plus acceptée en tant qu'outil de politique gouvernementale et n'est justifiée qu'en cas d'autodéfense, ou dans les cas graves d'intervention pour protéger les droits de l'homme. Et, deuxièmement, l'autonomie interne d'un gouvernement est à présent limitée.

Les droits de l'homme sont distincts des garanties constitutionnelles, par exemple, ou des droits de la citoyenneté démocratique[22], ou d'autres genres de droits propres à certains types d'institutions politiques, individualistes ou associationnistes. Ils définissent les critères nécessaires, même s'ils ne sont pas

---

21. La convention de Copenhague de 1990 défend les droits démocratiques comme instruments de cette manière.

22. Voir les remarques éclairantes de Judith SHKLAR, dans son livre *La Citoyenneté américaine*, Calmann-Lévy, Paris, 1991, et son insistance sur la signification historique de l'esclavage.

suffisants, de décence en matière d'institutions politiques et sociales intérieures. En ce sens, ils posent des limites au droit intérieur acceptable pour les sociétés en règle d'une Société des Peuples raisonnablement juste[23].

Les droits de l'homme ont donc les trois rôles suivants:

1. Leur respect constitue une condition nécessaire de la légitimité d'un régime et de l'acceptabilité de son ordre juridique.

2. Leur respect suffit également à exclure l'intervention justifiée et coercitive des autres peuples, par exemple par le moyen de sanctions économiques ou, dans les cas graves, par la force militaire.

3. Ils imposent une limite au pluralisme parmi les peuples[24].

10.3 Les droits de l'homme dans les États hors-la-loi

Les droits de l'homme respectés à la fois par les régimes libéraux et les régimes hiérarchiques décents doivent être conçus comme des droits universels dans le sens suivant: ils sont intrinsèques au Droit des Peuples et ils ont un effet politique (moral), qu'ils soient ou non soutenus localement. En d'autres termes, leur force politique (morale) s'étend à toutes les sociétés et ils

---

23. Cette caractéristique des droits de l'homme peut être clarifiée en établissant des distinctions entre les droits reconnus comme étant des droits de l'homme par les diverses déclarations internationales. Considérons la Déclaration universelle des droits de l'homme de 1948. Il y a d'abord des droits de l'homme proprement dits, comme l'illustre l'article 3: « Chacun a un droit à la vie, à la liberté et à la sécurité de sa personne », et l'article 5: « Personne ne peut être soumis à la torture ou à un traitement ou une punition de nature cruelle ou dégradante ». Les articles 3 à 18 peuvent entrer dans cette catégorie des droits de l'homme proprement dits si l'on écarte certaines questions d'interprétation. Il y a également des droits de l'homme qui constituent des implications évidentes de ces droits. Ceux-ci sont prévus dans les cas extrêmes décrits par les conventions spéciales sur le génocide (1948) et sur l'apartheid (1973). Ces deux catégories rassemblent les droits de l'homme liés au bien commun, comme l'explique le texte ci-dessus.

Il est préférable de présenter certaines autres déclarations comme des proclamations d'aspirations libérales, comme c'est le cas de l'article 1 de la Déclaration universelle des droits de l'homme de 1948: « Tous les êtres humains sont nés libres et égaux en dignité et en droits. Ils sont doués de raison et de conscience, et doivent agir les uns envers les autres dans un esprit de fraternité. » D'autres déclarations semblent présupposer des types spécifiques d'institutions, comme la proclamation du droit à la sécurité sociale dans l'article 22, ou du droit à une rémunération égale pour un travail égal dans l'article 23.

24. Voir Terry NARDIN, *Law, Morality and the Relations of States*, p. 240, qui reprend l'article de LUBAN, « The Romance of the Nation-State », *Philosophy and Public Affairs*, vol. IX (1980), p. 306.

obligent tous les peuples et sociétés, y compris les États hors-la-loi[25]. Un État hors-la-loi qui viole ces droits doit être condamné et, dans les cas graves, il peut être assujetti à des sanctions coercitives et même à une intervention. La possibilité de mettre en œuvre le Droit des Peuples est déjà claire à partir de nos réflexions sur les deux pouvoirs traditionnels de souveraineté (section 2.2), et ce que je dirai plus tard du devoir d'aide confirmera le droit d'intervention.

On peut demander en vertu de quel droit les peuples libéraux bien ordonnés et les peuples décents peuvent intervenir de manière justifiée dans un État hors-la-loi qui a violé les droits de l'homme. Les doctrines englobantes, religieuses ou non, pourraient fonder l'idée des droits de l'homme sur une conception théologique, philosophique ou morale de la nature de la personne humaine. Le Droit des Peuples ne suit pas cette voie. Ce que j'appelle les droits de l'homme sont, comme je l'ai indiqué, un sous-ensemble particulier des droits que possèdent les citoyens d'un régime démocratique libéral constitutionnel ou les membres d'une société hiérarchique décente. Comme nous avons élaboré le Droit des Peuples pour les peuples libéraux et décents, ces peuples ne tolèrent simplement pas les États hors-la-loi. Ce refus de tolérer ces États est une conséquence du libéralisme et de la décence. Si la conception politique du libéralisme politique est valide, et si les étapes que nous avons suivies pour développer le Droit des Peuples sont elles-mêmes valides, alors les peuples libéraux et décents ont le droit, d'après le Droit des Peuples, de ne pas tolérer les États hors-la-loi. Les peuples libéraux et décents ont d'excellentes raisons pour justifier leur attitude. Les États hors-la-loi sont agressifs et dangereux, tous les peuples sont en plus grandes sûreté et sécurité si ces États changent, ou sont forcés de changer leurs pratiques. Dans le cas contraire, ils rendent le climat international empreint de lutte

---

25. Peter JONES, « Human Rights : Philosophical or Political », *in* Simon CANEY, David GEORGE et Peter JONES (dir.), *National Rights, International Obligations,* Westview Press, Boulder, 1996. Jones interprète mon approche des droits de l'homme dans *Le Droit des Peuples, op. cit.* d'une manière qui me paraît erronée. Il a raison de considérer que j'interprète les droits de l'homme comme un groupe de droits que les peuples libéraux et les peuples hiérarchiques décents défendent et reconnaissent. Il n'est pas clair qu'il les envisage comme des droits universels qui s'appliquent aux États hors-la-loi.

pour le pouvoir et de violence. Je reviens sur ces points dans la Troisième partie consacrée à la théorie non idéale[26].

Section 11. Commentaires sur la procédure du Droit des Peuples

11.1 La place de la justice cosmopolitique

Ayant achevé les deux parties de la théorie idéale, j'interromps un moment l'analyse pour faire quelques commentaires sur la manière dont le Droit des Peuples a été présenté en utilisant une conception politique de la justice orientée par l'idée du contrat social libéral.

Certains estiment que tout Droit des Peuples libéral, en particulier s'il est orienté par l'idée du contrat social, doit s'ouvrir par la question du cosmopolitisme libéral ou de la justice globale pour toutes les personnes. Ils affirment que, dans une telle vision, on considère toutes les personnes raisonnables et rationnelles, et en possession de ce que j'ai nommé les « deux facultés morales » – une capacité d'un sens de la justice et une capacité pour une conception du bien – qui sont la base de l'égalité politique dans le libéralisme englobant, tel qu'on le trouve chez Kant ou J.S. Mill, ou dans le libéralisme politique. À partir de ce point de départ, ils poursuivent en imaginant une position originelle globale avec son voile d'ignorance derrière lequel tous les partenaires sont situés symétriquement. Les partenaires, qui suivent le genre de raisonnement familier de la position originelle pour le cas intérieur[27], adoptent alors un premier principe qui confère à toutes les personnes des droits et libertés de base égaux. Cette façon de procéder enracinerait immédiatement les droits de

---

26. Il nous faut à un moment donné aborder la question de savoir s'il faut interférer avec les États hors-la-loi sur la seule base de leur violation des droits de l'homme, même si ces États ne sont pas dangereux et agressifs, et qu'ils sont relativement faibles. Je reviens à cette question importante dans les sections 14-15, lorsque je traite de théorie non idéale.

27. Voir *Théorie de la justice*, sections 4 et 24.

l'homme dans une conception politique (morale) de la justice cosmopolitique libérale[28].

Elle nous ramènerait cependant au point où nous étions dans la section 7.2 (où j'ai envisagé et rejeté l'argument selon lequel les sociétés non libérales sont toujours sujettes à une forme de sanctions justifiées), puisqu'elle revient à affirmer que toutes les personnes doivent posséder les droits libéraux égaux des citoyens d'une démocratie constitutionnelle. D'après cette approche, la politique étrangère d'un peuple libéral – que nous cherchons à élaborer – consistera à agir de façon à transformer graduellement dans une direction libérale toutes les sociétés qui ne sont pas encore libérales jusqu'à ce qu'elles le soient finalement (dans le cas idéal) toutes devenues. Cette politique étrangère suppose simplement que seule une société libérale peut être acceptable. Si nous ne cherchons pas à élaborer un Droit des Peuples raisonnable, nous ne pouvons pas savoir que les sociétés non libérales ne peuvent pas être acceptables. La possibilité d'une position originelle globale ne le montre pas, et nous ne pouvons pas simplement le supposer.

Le Droit des Peuples procède à partir du monde politique international tel que nous le connaissons, et s'intéresse à ce que doit être la politique étrangère d'un peuple libéral raisonnablement juste. Pour élaborer cette politique étrangère, le Droit des Peuples examine deux types de peuples bien ordonnés, les peuples démocratiques libéraux et les peuples hiérarchiques décents. Il prend également en compte les États hors-la-loi et ceux qui sont entravés par des conditions défavorables. Je reconnais que ma présentation contient des simplifications considérables. Elle nous permet néanmoins d'examiner d'une façon raisonnablement réaliste ce que doit être l'objectif de la politique étrangère d'un peuple démocratique libéral.

---

28. Brian Barry, dans son ouvrage *Theories of Justice* (University of California Press, Berkeley, 1989), examine les mérites de cette stratégie. Voir aussi Charles BEITZ, *Political Theory and International Relations*, Princeton University Press, Princeton, 1979, troisième partie; Thomas POGGE, *Realizing Rawls*, Cornell University Press, Ithaca, N.Y., 1990, troisième partie, chapitres 5-6; David RICHARDS, « International Distributive Justice », *Nomos*, vol. 24 (1982). Tous semblent avoir choisi cette voie.

11.2 Clarifications sur les sociétés décentes

Je répète que ma position n'est pas qu'une société hiérarchique décente est aussi raisonnable et juste qu'une société libérale. Jugée à la lumière des principes d'une société démocratique libérale, une société hiérarchique décente ne traite en effet pas ses membres de manière égale. Une telle société possède néanmoins une conception politique de la justice visant le bien commun (section 8.2), et cette conception est mise en œuvre au sein d'une hiérarchie consultative décente (section 9.1). En outre, elle applique un Droit des Peuples raisonnable et juste, le même droit que celui qu'appliquent les peuples libéraux. Ce droit concerne la manière dont les peuples se traitent mutuellement en tant que *peuples*. Il est important de reconnaître que la façon dont les peuples se traitent mutuellement et la façon dont ils traitent leurs propres membres sont deux choses différentes. Une société hiérarchique décente applique un Droit des Peuples raisonnable et juste alors même qu'elle ne traite pas ses propres membres de façon juste ou raisonnable, comme des citoyens libres et égaux, puisqu'elle ne dispose pas de l'idée libérale de citoyenneté.

Une société hiérarchique décente remplit des conditions morales et légales suffisantes pour prévaloir sur les raisons politiques que nous pourrions avoir d'imposer des sanctions à un peuple, ses institutions et sa culture, ou d'intervenir chez lui par la force. Il est important d'insister sur le fait que les raisons de ne pas imposer de sanctions ne se réduisent pas à la prévention des erreurs et faux pas possibles lorsqu'on traite avec un peuple étranger. Le danger d'erreur, de faux pas et aussi d'arrogance de la part de ceux qui proposent des sanctions doit, bien entendu, être pris en compte, mais les sociétés hiérarchiques décentes possèdent certaines caractéristiques institutionnelles qui méritent le respect, même si leurs institutions considérées globalement ne sont pas assez raisonnables du point de vue du libéralisme politique, ou du libéralisme en général. Les sociétés libérales peuvent différer grandement et de nombreuses façons : par exemple, certaines sont plus égalitaires que d'autres[29]. Ces différences sont néanmoins tolérées dans la société des peuples libéraux. Les institutions de certains types de sociétés hiérarchiques ne pour-

---

29. Voir les trois aspects de l'égalitarisme mentionnés dans *Libéralisme politique*, *op. cit.*, p. 30-31.

raient-elles pas être tolérables d'une façon similaire ? Je crois que ce doit être le cas.

J'estime donc avoir établi que, si les sociétés hiérarchiques décentes remplissent les conditions présentées dans les section 8-9 ci-dessus, elles seraient considérées après réflexion comme des membres de bonne foi d'une Société des Peuples raisonnable par les peuples libéraux. C'est ce que j'entends par tolérance. Les objections critiques, fondées soit sur le libéralisme politique, soit sur des doctrines englobantes, religieuses et non religieuses, continueront d'être émises sur ce sujet et d'autres. C'est un droit des peuples libéraux que de soulever ces objections, et ceci est parfaitement compatible avec les libertés et l'intégrité des sociétés hiérarchiques décentes. Au sein du libéralisme politique, il nous faut distinguer entre, d'une part, l'argumentation politique en faveur de l'intervention fondée sur la raison publique du Droit des Peuples et, d'autre part, l'argumentation morale et religieuse fondée sur les doctrines englobantes des citoyens. Selon moi, c'est la première qui doit l'emporter si l'on veut maintenir une paix stable entre des sociétés pluralistes.

11.3 La question de l'offre d'incitations

Une vraie question demeure néanmoins posée. Doit-on offrir des incitations à une société non libérale décente pour qu'elle développe une Constitution plus démocratique et libérale ? Cette question soulève de nombreuses difficultés, et je propose quelques suggestions pour orienter la discussion. D'abord, il apparaît clairement qu'une organisation des peuples raisonnables et décents, comme (idéalement) les Nations unies, ne doit pas offrir à ses propres membres d'incitations à devenir plus libéraux, car ceci conduirait à de graves conflits entre eux. Ces peuples décents non libéraux peuvent cependant faire, dans ce but, volontairement et par eux-mêmes, une demande de financement à un équivalent du Fonds monétaire international qui doit traiter ce prêt sur la même base que les autres. Si l'on accordait une priorité particulière à ce prêt, ceci pourrait conduire ici encore à un conflit entre peuples libéraux et peuples décents[30].

---

30. Le FMI actuel attache en fait souvent des conditions politiques aux prêts qu'il consent, y compris des conditions qui semblent exiger des progrès vers des institutions démocratiques plus ouvertes et libérales.

Je suggère également qu'il n'est pas raisonnable qu'une dimension de la politique étrangère d'un peuple libéral consiste à verser des subventions à d'autres peuples pour les inciter à devenir plus libéraux, alors même que des personnes dans la société civile peuvent lever des fonds privés avec le même objectif. Il est plus important pour un peuple libéral d'envisager la nature de son devoir d'aide envers les peuples entravés par des conditions défavorables. Je montrerai plus bas (section 16) que l'autodétermination, encadrée par des conditions appropriées, constitue un bien important pour un peuple, et que la politique étrangère des peuples libéraux doit reconnaître ce bien et ne pas revêtir une apparence de coercition. Les sociétés décentes doivent avoir la possibilité de décider par elles-mêmes de leur avenir.

Section 12. Observations conclusives

12.1 Le Droit des Peuples comme universel en portée

Nous avons à présent achevé la seconde étape de la théorie idéale du Droit des Peuples, l'extension du Droit des Peuples aux peuples hiérarchiques décents (sections 8-9). J'ai montré que les peuples libéraux raisonnablement justes et les peuples hiérarchiques décents accepteraient le même Droit des Peuples. Pour cette raison, le débat politique entre les peuples au sujet de leurs relations mutuelles doit être exprimé dans les termes du contenu et des principes de ce droit.

Dans le cas intérieur, les partenaires de la position originelle, lorsqu'ils élaborent les principes de justice, peuvent être décrits comme des agents qui sélectionnent des principes parmi le principe utilitariste classique, ou le principe d'utilité moyenne, une famille de principes intuitionnistes, ou une forme de perfectionnisme moral. Le libéralisme politique ne choisit cependant pas des principes premiers valables pour toutes les parties de la vie morale et politique. Les principes de justice destinés à la structure de base d'une société démocratique libérale ne sont pas des principes complètement généraux. Ils ne s'appliquent pas à tous les objets : ni aux Églises, ni aux universités, ni même à la structure de base de toutes les sociétés. Ils ne s'appliquent pas non plus au Droit des Peuples, qui est autonome. Les huit principes du Droit des Peuples (section 4) s'appliquent aux peuples bien ordonnés considérés comme libres et égaux : dans ce cas, nous pouvons décrire les partenaires comme des agents qui sélectionnent différentes interprétations de ces principes.

Dans la présentation du Droit des Peuples, nous avons commencé par les principes de justice politique destinés à la structure de base d'une société démocratique libérale fermée et autosuffisante[31]. Nous modélisons alors les partenaires dans une seconde position originelle appropriée dans laquelle, en tant que représentants des peuples égaux, ils sélectionnent les principes du Droit des Peuples destinés à la Société des Peuples bien ordonnés. La flexibilité de l'idée de position originelle est illustrée à chaque étape de la procédure par sa capacité d'être modifiée pour convenir à l'objet en discussion. Si le Droit des Peuples était raisonnablement complet, il inclurait des principes politiques raisonnables pour tous les objets politiquement pertinents : pour les citoyens libres et égaux et leur gouvernement, et pour les peuples libres et égaux. Il contiendrait également des orientations pour former des organisations de coopération entre les peuples et caractériser leurs obligations et devoirs variés. Lorsque le Droit des Peuples est ainsi raisonnablement complet, nous disons qu'il est « universel en portée » en ce qu'il peut être étendu de manière à fournir des principes pour tous les objets politiquement pertinents. (Le Droit des Peuples régit l'objet politique le plus complet, la Société politique des Peuples.) Il n'existe aucun objet pertinent, politiquement parlant, pour lequel nous manquerions de principes et de critères de jugement. On ne peut savoir si la séquence en deux étapes des première et deuxième parties de ce texte est raisonnable qu'en vérifiant que son résultat peut être adopté après mûre réflexion[32].

12.2 Pas de déduction à partir de la raison pratique

Comme ma présentation du Droit des Peuples est profondément redevable à l'idée de *foedus pacificum* et à tant d'éléments

---

31. Voir *Libéralisme politique, op. cit.*, leçon I.
32. J'utilise cette expression dans un sens identique à celui d'« équilibre réfléchi » que je décris dans *Théorie de la justice, op. cit.*, sections 3-4 et 9.

de la pensée de Kant, il me faut préciser la chose suivante : à aucun moment nous ne déduisons les principes de rectitude morale et de justice, ou de décence, ou les principes de rationalité, d'une conception de la raison pratique qui se trouverait à l'arrière-plan[33]. Nous présentons plutôt le contenu d'une idée de la raison pratique et de trois de ses composantes, les idées de raisonnable, de décence et de rationalité. Les critères de ces trois idées normatives ne sont pas déduits mais, dans chaque cas, présentés et caractérisés. La raison pratique en tant que telle n'est que le raisonnement sur ce qu'il faut faire, ou sur les institutions et les politiques raisonnables, décentes, rationnelles, et les raisons de ces qualifications. Il n'existe pas de liste des conditions nécessaires ou suffisantes pour chacune de ces trois idées, et l'on doit s'attendre à ce qu'il existe des différences d'opinion. Nous supposons néanmoins que le contenu du raisonnable, de la décence et de la rationalité est présenté de façon adéquate et que les principes et les critères de rectitude morale et de justice qui en résultent seront cohérents entre eux et que nous les affirmerons après mûre réflexion. Il reste qu'il ne peut y avoir aucune garantie.

Si l'idée de raison pratique est associée à Kant, le libéralisme politique est tout à fait distinct de son idéalisme transcendantal. Le libéralisme politique spécifie l'idée du raisonnable[34]. Le terme « raisonnable » est souvent utilisé dans *Théorie de la justice* mais n'y est, je crois, jamais défini. Ceci est fait dans *Libéralisme politique* : la définition consiste à énoncer les critères pertinents pour chaque objet[35], c'est-à-dire pour chaque type de chose auquel le terme « raisonnable » est appliqué. Les citoyens raisonnables sont caractérisés par leur volonté d'offrir des termes équitables de coopération entre égaux et par leur reconnaissance des difficultés du jugement[36]. En outre, ils sont réputés n'affirmer que des doctrines englobantes raisonnables[37]. À leur tour, ces doctrines sont raisonnables lorsqu'elles

---

33. La leçon III de *Libéralisme politique, op. cit.*, est erronée de ce point de vue. Dans de nombreux passages de cet ouvrage, je donne l'impression que le contenu du raisonnable et du rationnel est dérivé des principes de la raison pratique.

34. Je me réfère ici à la fois à *Libéralisme politique, op. cit.*, et à « L'idée de raison publique reconsidérée ».

35. Voir *Libéralisme politique, op. cit.*, p. 128.

36. *Ibid.*, p. 76-94.

37. *Ibid.*, p. 88.

reconnaissent les principes essentiels d'un régime démocratique libéral[38] et qu'elles démontrent une hiérarchie raisonnée des nombreuses valeurs de la vie (qu'elles soient ou non religieuses) d'une manière consistante et cohérente. Même si ces doctrines doivent être relativement stables, elles peuvent évoluer à la lumière de ce qui, étant donné le développement de leur tradition, est accepté comme des raisons satisfaisantes et suffisantes[39]. Il est également raisonnable de s'attendre à une variété d'opinions en matière de jugements politiques en général, et il est donc déraisonnable de rejeter toutes les règles de vote à la majorité. Faute de telles règles, la démocratie libérale devient impossible[40]. Le libéralisme politique n'offre aucun moyen de prouver que cette spécification est elle-même raisonnable. Mais aucun n'est nécessaire. Il est simplement politiquement raisonnable d'offrir des termes équitables de coopération aux autres citoyens libres et égaux, et simplement politiquement déraisonnable de refuser de le faire.

Le sens de l'idée de décence est donné de la même manière. Comme je l'ai déjà indiqué, une société décente n'est pas agressive et n'entre en guerre qu'en cas d'autodéfense. Elle possède une idée de la justice visant le bien commun qui assigne des droits de l'homme à tous ses membres ; sa structure de base inclut une hiérarchie consultative décente qui protège ces droits et les autres, et garantit que tous les groupes de la société sont décemment représentés par les corps élus du système de consultation. Enfin, les juges et les autres responsables officiels qui administrent le système juridique doivent estimer sincèrement et sans que ce soit déraisonnable que le droit est effectivement guidé par une conception de la justice visant le bien commun. Les lois qui ne s'appuient que sur la force sont des bases de la révolte et de la résistance. Elles sont banales dans une société esclavagiste, mais n'ont pas de place dans une société décente.

Quant aux principes de la rationalité, ils sont caractérisés dans *Théorie de la justice*, qui analyse les principes de calcul utilisés pour décider des plans de vie, de la rationalité délibérative, et du

---

38. *Ibid.*, p. 17.
39. *Ibid.*, p. 88.
40. « Réponse à Habermas », section 2.1, *in* John RAWLS et Jürgen HABERMAS, *Débat sur la justice politique*, Cerf, Paris, 1994.

principe aristotélicien[41]. Les principes de calcul sont les plus simples et les plus essentiels. Ils affirment des choses telles que : toutes choses égales par ailleurs, il est rationnel de choisir les moyens les plus efficaces pour atteindre ses fins. Ou : toutes choses égales par ailleurs, il est rationnel de choisir la solution la plus complète, celle qui nous permet de réaliser tous les buts que les autres atteignent, ainsi que certains autres supplémentaires. Encore une fois, comme on vient de l'illustrer, ces principes ne sont que caractérisés ou élaborés, et non pas déduits ou dérivés.

---

41. J'écris dans *Théorie de la justice, op. cit.*, section 63, p. 452 : « Ces principes [de choix rationnel] doivent être énumérés afin de remplacer, en dernier ressort, le principe de rationalité. » Sur les principes de calcul, voir section 63, p. 452-457.

Troisième partie

Théorie non idéale

Section 13. La doctrine de la guerre juste : le droit d'entrer en guerre

13.1 Le rôle de la théorie non idéale

Jusqu'à présent, nous avons concentré notre attention sur la théorie idéale. En étendant une conception libérale de la justice, nous avons développé une conception idéale du Droit des Peuples pour la Société des Peuples bien ordonnés, c'est-à-dire des peuples libéraux et décents. Cette conception doit guider ces peuples bien ordonnés dans la conduite qu'ils adoptent les uns vis-à-vis des autres, et dans l'élaboration d'institutions communes visant leur bénéfice mutuel. Elle doit aussi orienter la façon dont ils traitent les peuples qui ne sont pas bien ordonnés. Avant que notre présentation du Droit des Peuples soit achevée, il nous faut donc envisager, même s'il n'est pas possible de le faire complètement de façon adéquate, les questions qui naissent des conditions foncièrement non idéales de notre monde avec ses terribles injustices et ses fléaux sociaux. En supposant qu'il existe dans le monde des peuples relativement bien ordonnés, nous cherchons à savoir comment, en termes de théorie idéale, ces peuples doivent agir à l'égard de ceux qui ne sont pas bien ordonnés. Nous tenons pour un trait caractéristique essentiel des peuples bien ordonnés qu'ils souhaitent vivre dans un monde au sein duquel tous les peuples acceptent et suivent l'idéal du Droit des Peuples.

La théorie non idéale se demande comment cet objectif de long terme peut être atteint, ou approché, généralement de façon progressive. Elle recherche des politiques et des orientations susceptibles d'être efficaces et possibles politiquement, aussi bien que moralement acceptables, pour atteindre ce but. Ainsi conçue, la théorie non idéale admet que l'on dispose déjà de la théorie idéale, car faute d'un idéal identifié, au moins dans ses grandes lignes, la théorie non idéale ne peut se référer à aucun objectif pour résoudre les questions qu'elle soulève. Et bien que les conditions particulières de notre monde à un moment donné – le *statu quo* – ne déterminent pas la conception idéale d'une société de peuples bien ordonnés, elles affectent les réponses données aux questions de théorie non idéale. Ce sont des questions de transition : elles cherchent à déterminer comment passer d'un monde qui contient des États hors-la-loi et des sociétés souffrant de conditions défavorables, à un monde dans lequel toutes les sociétés en viennent à accepter et à suivre le Droit des Peuples.

Comme je l'ai indiqué dans l'introduction, il existe deux genres de théorie non idéale. L'un concerne les conditions de non-obéissance, c'est-à-dire les conditions dans lesquelles certains régimes refusent de se conformer à un Droit des Peuples raisonnable : ils estiment qu'une raison suffisante d'entrer en guerre est que la guerre est favorable – ou pourrait l'être – aux intérêts nationaux (non raisonnables) du régime. Je nomme ces régimes les *États hors-la-loi*. L'autre genre de théorie non idéale s'intéresse aux conditions défavorables, c'est-à-dire aux conditions des sociétés dont les circonstances historiques, sociales et économiques rendent la réalisation d'un régime bien ordonné, qu'il soit libéral ou décent, difficile, sinon impossible. J'appelle ces sociétés les *sociétés entravées*[1].

Je commence par la théorie de la non-obéissance, et je rappelle que le cinquième principe initial d'égalité (section 4.1) du Droit des Peuples donne aux peuples bien ordonnés un droit d'entrer en

---

1. Il y a aussi d'autres possibilités. Certains États ne sont pas bien ordonnés et violent les droits de l'homme, mais ne sont pas agressifs et n'élaborent pas de plans pour attaquer leurs voisins. Ils ne souffrent pas de conditions défavorables, mais la politique qu'ils mènent viole les droits de l'homme de certaines minorités. Ils sont donc des États hors-la-loi parce qu'ils bafouent ce que la Société des Peuples raisonnablement justes et décents reconnaît comme des droits, et ils peuvent subir certains types d'intervention dans les cas graves. Je traiterai de cette question de façon plus détaillée dans la note 6, ainsi que dans le texte lui-même.

guerre en cas d'autodéfense, mais pas, comme dans la vision traditionnelle de la souveraineté, un droit d'entrer en guerre pour réaliser rationnellement les intérêts rationnels de l'État : il ne s'agit pas là d'une raison suffisante. Les peuples bien ordonnés, libéraux comme décents, n'initient pas de guerre les uns contre les autres, et ils n'entrent en guerre que lorsqu'ils estiment sincèrement et raisonnablement que leur sécurité et leur sûreté sont gravement menacées par les politiques expansionnistes des États hors-la-loi. Dans ce qui suit, j'élabore le contenu des principes de la conduite de la guerre dans le Droit des Peuples.

13.2 Le droit d'entrer en guerre des peuples bien ordonnés

Aucun État n'a le droit d'entrer en guerre pour réaliser ses intérêts *rationnels*, par opposition à ses intérêts *raisonnables*. Le Droit des Peuples confère cependant un droit d'autodéfense[2] à tous les peuples bien ordonnés (libéraux et décents), ainsi qu'à toute société qui applique et respecte un Droit des Peuples raisonnablement juste. Si toutes les sociétés bien ordonnées disposent de ce droit, elles peuvent interpréter différemment leurs actions selon la façon dont elles conçoivent leurs objectifs et leurs fins. J'énumère maintenant certaines de ces différences.

Lorsqu'une société libérale s'engage dans une guerre d'autodéfense, elle le fait pour protéger et préserver les libertés de base de ses citoyens et ses institutions politiques démocratiques constitutionnelles. En effet, une société libérale ne peut pas en justice exiger de ses citoyens qu'ils combattent pour augmenter sa richesse économique ou pour acquérir des ressources naturelles, encore moins pour conquérir le pouvoir et un empire[3]. (Lorsqu'une société cherche à réaliser ces intérêts, elle ne respecte plus le Droit des Peuples, et elle devient un État hors-la-loi.) Empiéter sur la liberté des citoyens par la conscription ou par toute autre pratique de constitution d'une armée n'est permis dans une conception politique libérale que pour la sauvegarde de la liberté elle-même, c'est-à-dire dans la mesure où ceci est nécessaire pour défendre les institutions démocratiques libérales

---

2. Le droit à la guerre inclut normalement le droit d'aider à la défense de ses alliés.

3. Bien entendu, les sociétés dites libérales le font parfois, mais ceci ne fait que montrer qu'elles commettent des torts.

et les nombreuses traditions et formes de vie religieuses et non religieuses de la société civile[4].

La signification particulière du gouvernement constitutionnel libéral tient à ce que les citoyens peuvent exprimer une conception de leur société et engager des actions appropriées à sa défense à travers la politique démocratique et en pratiquant l'idée de raison publique. Idéalement, les citoyens élaborent une opinion *véritablement* politique, et pas simplement une opinion sur ce qui fera le mieux progresser leurs intérêts propres, qu'ils possèdent en tant que membres de la société civile. Ces citoyens (véritablement politiques) développent une opinion sur les droits et les torts qui relèvent de la justice et de la rectitude morale en matière politique, et sur ce que le bien-être des différentes parties de la société exige. Comme dans *Libéralisme politique*, on considère que chaque citoyen possède ce que j'ai nommé les « deux facultés fondamentales » – une capacité d'un sens de la justice et une capacité pour une conception du bien. On suppose également que chaque citoyen a, à tout moment, une conception du bien compatible avec une doctrine englobante religieuse, philosophique ou morale. Ces facultés permettent aux citoyens de remplir leur rôle de citoyens et de garantir leur autonomie civique et politique. Les principes de justice protègent les intérêts d'ordre supérieur des citoyens ; ceux-ci sont garantis dans le cadre de la Constitution libérale et de la structure de base de la société. Ces institutions établissent un environnement raisonnablement juste au sein duquel le contexte culturel[5] de la société civile peut s'épanouir.

Les peuples décents ont aussi le droit d'entrer en guerre pour assurer leur autodéfense. Ils ne décriraient pas ce qu'ils défendent de la même façon qu'un peuple libéral, mais ils possèdent également des biens dignes d'être défendus. Par exemple, les dirigeants du Kazanistan, le peuple décent que j'ai imaginé, pourraient défendre à juste titre leur société musulmane hiérarchique décente. Ils acceptent et respectent les membres de différentes Églises dans leur société, et ils respectent aussi les institutions politiques des autres sociétés, y compris les non-musulmanes et les libérales. Ils respectent les droits de l'homme ;

---

4. Voir *Théorie de la justice, op. cit.*, section 58, p. 419 et suivantes.
5. Voir *Libéralisme politique, op. cit.*, p. 39.

leur structure de base contient une hiérarchie consultative décente ; ils acceptent et observent un Droit des Peuples (raisonnable).

Il semblerait que le cinquième type de société que j'ai énuméré ci-dessus – l'*absolutisme bienveillant* – possède lui aussi un droit d'entrer en guerre pour assurer son autodéfense. Un absolutisme bienveillant respecte les droits de l'homme, mais il n'est pas une société bien ordonnée puisqu'il ne donne pas à ses membres de rôle significatif dans l'élaboration des décisions politiques. Toute société qui n'est pas agressive et qui respecte les droits de l'homme possède un droit à l'autodéfense. Il est possible que nous ne placions pas très haut son niveau de vie culturelle et spirituelle, mais il possède toujours le droit de se défendre contre l'invasion de son territoire.

13.3 Le Droit des Peuples comme guide de la politique étrangère

Un Droit des Peuples raisonnable guide les sociétés bien ordonnées lorsqu'elles sont confrontées aux régimes hors-la-loi en précisant l'objectif qu'elles doivent garder à l'esprit et en indiquant les moyens qu'elles peuvent utiliser et ceux dont elles doivent éviter l'usage. Leur défense n'est cependant que leur tâche la plus importante et la plus urgente. Leur objectif à long terme est d'amener toutes les sociétés à finir par appliquer le Droit des Peuples et à devenir des membres pleinement en règle de la société des peuples bien ordonnés. Les droits de l'homme seraient ainsi garantis en tous lieux. C'est un problème de politique étrangère que d'amener toutes les sociétés à réaliser cet objectif : ceci demande de la sagesse politique et le succès dépend en partie de la fortune. Il ne s'agit pas de sujets sur lesquels la philosophie politique a beaucoup à ajouter, et je ne fais que rappeler plusieurs points bien connus.

Pour que les peuples bien ordonnés atteignent cet objectif à long terme, ils doivent établir des institutions et des pratiques nouvelles qui pourraient servir de centre confédéral et de forum public pour formuler leur opinion et leur politique communes à l'égard des régimes qui ne sont pas bien ordonnés. Ils peuvent le faire soit dans le cadre d'institutions telles que les Nations unies, soit en formant des alliances séparées des peuples bien ordonnés pour traiter certains problèmes. Ce centre confédéral peut être utilisé à la fois pour formuler et pour exprimer l'opinion des sociétés bien ordonnées. Ils peuvent y dénoncer publiquement les institutions injustes et cruelles des régimes expansionnistes et leurs violations des droits de l'homme.

Même ces régimes ne sont pas totalement indifférents à ce genre de critique, tout particulièrement lorsque son fondement est constitué par un Droit des Peuples bien établi et raisonnable qui ne peut facilement être écarté au motif qu'il serait seulement libéral et occidental. Avec le temps, les peuples bien ordonnés feront graduellement pression sur les régimes hors-la-loi pour qu'ils changent leurs pratiques ; mais il est peu probable que cette pression soit par elle-même efficace. Elle doit être renforcée par le refus ferme de toute aide militaire, économique ou autre ; et les régimes hors-la-loi ne doivent pas être admis par les peuples bien ordonnés comme des membres en règle des pratiques de coopération visant leur bénéfice mutuel. Ce qu'il convient de faire sur ces sujets est cependant essentiellement une question de jugement politique et dépend d'une évaluation politique des conséquences probables d'orientations politiques variées[6].

6. J'ai indiqué auparavant que nous devions à un moment donné poser la question de la légitimité de l'intervention dans les États hors-la-loi sur la seule base de leur violation des droits de l'homme, alors même qu'ils ne sont ni dangereux ni agressifs envers les autres États, et qu'ils peuvent même se trouver en situation de faiblesse. Il existe un argument évident en faveur d'une forme d'intervention dans ces situations, mais on doit procéder différemment avec les civilisations avancées et avec les sociétés primitives. Nous n'avons réellement aucun moyen d'influencer les sociétés primitives et isolées, sans contact avec les sociétés libérales ou décentes. En revanche, celles qui sont plus développées, qui recherchent des rapports commerciaux ou d'autres coopérations avec les sociétés libérales ou décentes, sont dans un cas différent. Imaginons une société développée qui ressemble à celles des Aztèques. Même si elle est inoffensive à l'égard des membres disciplinés de la Société des Peuples, elle maintient sa classe inférieure en esclavage, et rend disponibles les plus jeunes de ses membres pour qu'ils soient sacrifiés dans ses temples. Existe-t-il une manière respectueuse de la convaincre de cesser ces pratiques ? Je pense qu'il faut la persuader que si elle ne respecte pas les droits de l'homme, sa participation dans un système de coopération sociale est simplement impossible, et que ce système lui est profitable. Un système dont les moteurs sont l'esclavage et la menace du sacrifice humain n'est pas un système de coopération, et ne peut pas participer à un système international de coopération (voir également la section 17.1). Existe-t-il un moment où une intervention coercitive peut être nécessaire ? Si les atteintes aux droits de l'homme sont graves et que la société ne répond pas à l'imposition de sanctions, cette intervention pour défendre des droits de l'homme serait acceptable et nécessaire. Plus loin, dans la section 15.1, j'examinerai davantage la proposition selon laquelle, si les peuples sont exposés à la civilisation libérale et aux principes et idéaux fondamentaux de la culture libérale d'une façon positive, ils peuvent en venir, en temps utile, à les accepter et à agir selon eux, et les violations des droits de l'homme peuvent diminuer. De cette manière, le cercle des peuples qui se préoccupent des autres peut s'étendre avec le temps.

Section 14. La doctrine de la guerre juste : la conduite de la guerre

14.1 Principes limitant la conduite de la guerre

Après avoir énoncé le but d'une guerre juste, nous nous intéressons aux principes qui restreignent la conduite de la guerre – le *jus in bello*. Je commence par présenter six hypothèses et principes familiers dans la réflexion traditionnelle sur la question.

(i) Le but d'une guerre juste menée par un peuple juste bien ordonné est une paix juste et durable entre les peuples, en particulier avec son ennemi présent.

(ii) Les peuples bien ordonnés ne se font pas la guerre (sections 5, 8), et ne combattent que les États qui ne sont pas bien ordonnés et dont les visées expansionnistes menacent la sécurité et les institutions libres des régimes bien ordonnés et provoquent la guerre[7].

(iii) Dans la conduite de la guerre, les peuples bien ordonnés doivent distinguer avec soin trois groupes : les dirigeants politiques et administratifs de l'État, ses soldats et sa population civile. La raison qui fonde la distinction entre les dirigeants politiques et administratifs de l'État hors-la-loi et sa population civile est la suivante : comme l'État hors-la-loi n'est pas bien ordonné, les membres civils de la société ne peuvent pas être ceux qui ont organisé et déclenché la guerre[8]. Ceci a été le fait de ses dirigeants politiques et administratifs, et des autres élites leur prêtant leur concours, qui constituent l'appareil d'État et le contrôlent. Ils sont responsables, ont voulu la guerre, ce qui fait d'eux des criminels. Ce n'est pas le cas, en revanche, des civils, souvent maintenus dans l'ignorance et influencés par la propagande d'État. Et le fait que certains d'entre eux aient été mieux informés que les autres et aient fait preuve d'enthousiasme

---

7. La responsabilité de la guerre est rarement imputable à un seul camp. Il reste que la responsabilité peut comporter des degrés. Il est donc certainement légitime d'affirmer qu'un camp peut porter une responsabilité plus lourde que l'autre. Pour le formuler autrement, certaines mains sont plus sales que d'autres. Il est aussi important de reconnaître qu'un peuple dont les mains sont relativement sales peut quelquefois conserver le droit et même le devoir de faire la guerre pour se défendre. L'histoire de la Seconde Guerre mondiale l'illustre clairement.

8. Je suis ici Michael WALZER, dans *Guerres justes et injustes* (Belin, Paris, 1999). Il s'agit d'un livre impressionnant, et ce que j'écris ne s'en écarte pas, je pense, de quelque manière significative.

guerrier n'y change rien. Quelles que soient les circonstances initiales de la guerre (par exemple, l'assassinat de l'héritier de la couronne austro-hongroise, l'archiduc Ferdinand, par un nationaliste serbe à Sarajevo en juin 1914, ou les haines ethniques dans les Balkans et ailleurs aujourd'hui), ce sont les dirigeants et non les civils ordinaires qui ont été les initiateurs de la guerre. Au vu de ces principes, le bombardement incendiaire de Tôkyô et des autres villes japonaises au printemps 1945, comme le bombardement atomique d'Hiroshima et de Nagasaki, qui sont d'abord des attaques sur des populations civiles, ont été des torts considérables, comme cela est aujourd'hui largement, mais pas unanimement, reconnu.

Quant aux soldats de l'État hors-la-loi, ils ne sont pas plus que les civils, et en mettant à part les rangs supérieurs d'une caste d'officiers, responsables de la guerre, mais enrôlés de force par la conscription ou d'autres moyens, et leur patriotisme est souvent exploité cruellement et cyniquement[9]. La raison pour laquelle ils peuvent être attaqués directement n'est pas qu'ils sont responsables de la guerre, mais que les peuples bien ordonnés n'ont pas d'autre choix. Ils ne peuvent pas se défendre d'une autre manière, ils ont l'obligation de se défendre.

---

9. Le haut commandement japonais combattit durant toute la Seconde Guerre mondiale dans l'esprit du « bushido », le code d'honneur du guerrier samouraï. Ce code fut ravivé par les officiers de l'armée impériale japonaise, qui instruisirent à leur tour les troupes japonaises régulières à sa discipline. Le bushido exigeait du soldat qu'il soit prêt à mourir plutôt que d'être capturé, et il punissait la reddition par la mort. Comme la reddition n'était pas une option, chaque bataille devint une lutte à mort. Les soldats japonais combattirent jusqu'au bout dans les attaques « banzaï » (le nom vient du cri de guerre « *Tenno heika banzaï* » : « Longue vie à l'Empereur ») bien après qu'ils avaient perdu la moindre chance de remplir leur mission. Ainsi, dans l'attaque japonaise de Bougainville, sur le fleuve Torokina en mars 1944, les Américains perdirent 78 soldats, les Japonais 5 500. Des attaques vaines de ce genre étaient communes, la plus connue étant celle de Saipan en juin 1944. Les conventions de Genève en faveur de la reddition ont été conçues pour prévenir ceci. Les Américains dans le Pacifique n'ont eu d'autre option pour se défendre que de rendre coup pour coup, et donc aucun camp dans les engagements d'infanterie (« coups de feu » entre petites unités, escadrons, sections ou compagnies) ne fit de prisonniers ou ne se rendit. C'était le devoir de l'Empereur, s'il avait un sens de sa fonction, d'intervenir et d'envisager l'avenir de son peuple, et c'est finalement ce qu'il fit. Sur la nature des engagements de l'infanterie dans le Pacifique, si différente de ceux des troupes américaines en France et en Allemagne (en laissant de côté les Waffen SS), voir Eric BERGERUD, *Touched With Fire*, Viking, New York, 1996, p. 124-125 et 403-425 ; et Gerald LINDERMAN, *The World Within War*, Free Press, New York, 1997, chapitre 4. Mon analyse du bushido et du banzaï suit les entrées du *Oxford Companion to World War II*, Oxford University Press, New York, 1995.

(iv) Les peuples bien ordonnés doivent respecter les droits de l'homme des membres du côté adverse, qu'ils soient civils ou militaires, et ce pour deux raisons. L'une est simplement qu'ils possèdent ces droits en vertu du Droit des Peuples (section 10.3). L'autre raison est que ce respect des droits de l'homme enseigne aux soldats et civils ennemis leur contenu, par l'exemple de la manière dont ils s'appliquent à leur propre cas. C'est la meilleure façon de leur faire ressentir la signification de ces droits.

(v) L'idée de l'enseignement du contenu des droits de l'homme peut être prolongée par un principe supplémentaire : les peuples bien ordonnés annoncent, par leurs actions et leurs proclamations durant la guerre, lorsque ceci est praticable, le genre de paix auquel ils aspirent et le genre de relations entre les nations qu'ils recherchent. De cette manière, ils exposent ouvertement et publiquement la nature de leurs objectifs et le genre de peuple qu'ils sont. Ces derniers devoirs pèsent en grande partie sur les dirigeants politiques et administratifs des peuples démocratiques, puisque leur position est la meilleure pour s'exprimer au nom du peuple tout entier et pour agir lorsque le principe est pertinent. Bien que tous les principes précédents spécifient également les devoirs de l'homme d'État, c'est tout spécialement vrai des principes 4 et 5. La manière dont une guerre est menée et les actions qui y mettent fin perdurent dans la mémoire historique des peuples, et peuvent délimiter le cadre d'une guerre à venir. Le devoir de l'homme d'État est toujours d'adopter cette vision du temps long.

(vi) Enfin, le raisonnement pratique en termes de fins et de moyens doit toujours avoir un rôle restreint dans l'évaluation du caractère approprié d'une action ou d'une politique. Ce mode de pensée – qu'il soit mis en œuvre par le raisonnement de l'utilitarisme (classique), par l'analyse coût-bénéfice, par l'appréciation des intérêts nationaux, ou par d'autres moyens – doit toujours être pratiqué dans le cadre des principes précédents, et strictement à l'intérieur des limites qu'ils définissent. Les normes régissant la conduite de la guerre établissent certaines limites qu'il ne faut pas franchir. Les stratégies et plans de guerre, ainsi que la conduite des batailles, doivent être bornés par ces limites. La seule exception est constituée par les moments d'urgence absolue, que j'analyse plus bas.

14.2 Idéal de l'homme d'État

À propos des quatrième et cinquième principes, j'ai noté qu'ils obligeaient essentiellement les hommes d'État qui dirigent des nations. Ceux-ci sont dans la position la plus efficace pour représenter les objectifs et les aspirations de leur peuple. Mais qu'est-ce qu'un homme d'État ? Il n'y a pas de fonction officielle d'homme d'État, comme il existe une fonction officielle de président, de chancelier, ou de Premier ministre. L'homme d'État est un idéal, au même titre que celui de l'individu honnête ou vertueux. Les hommes d'État sont des présidents ou des Premiers ministres qui acquièrent cette dimension par leur autorité et leur réussite exemplaires dans leurs fonctions, en faisant preuve de force, de sagesse et de courage. Ils guident leur peuple pendant des périodes agitées et dangereuses[10].

L'idéal de l'homme d'État est suggéré par la phrase : le politicien se préoccupe de la prochaine élection, l'homme d'État s'intéresse à la prochaine génération. La tâche du philosophe est d'envisager les conditions permanentes et les intérêts véritables d'une société démocratique juste et bonne. L'homme d'État, lui, a pour mission de discerner quels sont en pratique ces intérêts et conditions ; sa vision est plus pénétrante et plus lointaine que celle de la plupart des autres, et il saisit ce qu'il faut faire. L'homme d'État doit donner une analyse correcte, ou plus ou moins correcte, de la situation, et s'y tenir fermement. Washington et Lincoln étaient des hommes d'État[11], à la différence de Bismarck[12]. Il n'est pas nécessaire que l'homme d'État soit désintéressé, et il peut conserver des intérêts personnels alors même qu'il exerce ses fonctions. Cependant, il doit faire preuve de désintéressement dans ses jugements et dans ses évaluations du bien de la société, et il ne doit pas être influencé, en

---

10. KANT affirme dans la *Critique du jugement* (Ak, 262) que le courage du général (*Feldherr*) le rend plus sublime que l'homme d'État. Je pense cependant que Kant a commis ici une erreur de jugement, puisque l'homme d'État peut faire preuve de courage autant que le général.

11. Sur Washington, voir Stanley ELKINS et Eric McKITTRICK, *The Age of Federalism*, Oxford University Press, New York, 1993, p. 58-75. Sur Lilncoln, voir H.L. GATE (dir.), *Frederick Douglass Autobiographies*, Library of America, New York, 1994 ; le discours de 1876 prononcé à l'occasion de l'inauguration du monument des Affranchis à Lincoln au parc Lincoln de Washington, D.C., est inclus en annexe, p. 915-925.

12. Voir mon commentaire dans la première partie, section 5.4, note 67.

particulier en temps de guerre et de crise, par les passions de vengeance et de revanche contre l'ennemi[13].

Plus que toute autre chose, il doit s'en tenir fermement à l'objectif d'atteindre une paix juste, et éviter les choses qui rendent la réalisation d'une telle paix plus difficile. Ici l'homme d'État doit veiller à ce que les proclamations faites au nom de son peuple affirment clairement que la société ennemie doit se voir octroyer un régime autonome qui lui est propre, ainsi qu'une existence honorable et à part entière, dès que la paix est solidement rétablie. (Certaines limites peuvent cependant être légitimement posées, pour un temps, à la liberté de la société ennemie de mener sa politique étrangère.)

Le peuple de l'ennemi ne doit pas être mis en esclavage ou en servage après la capitulation[14], et l'on ne peut, le moment venu, lui refuser ses pleines libertés. L'idéal de l'homme d'État inclut ainsi des éléments moraux. Le simple fait d'agir de manière soi-disant historique ne transforme pas quelqu'un en homme d'État. Napoléon et Hitler ont sans doute altéré le cours de l'histoire et de l'existence humaine, mais ils n'étaient décidément pas des hommes d'État.

14.3 L'exemption pour urgence absolue

Cette exemption nous autorise à ignorer, dans certaines circonstances, le statut bien défini des civils, qui interdit normalement qu'ils soient la cible d'une attaque directe pendant la guerre[15]. Il nous faut procéder ici avec soin. Y a-t-il eu, pendant la guerre, des périodes durant lesquelles la Grande-Bretagne aurait légitimement pu affirmer que le statut bien défini des civils était suspendu, et bombarder Hambourg et Berlin ? Ce n'est pas impossible, mais seulement s'il était certain que le bombardement aurait produit un bien substantiel ; une telle action ne peut pas être justifiée sur la base d'un gain marginal douteux[16].

---

13. Un aspect remarquable de Lincoln est son désintéressement en tant qu'homme d'État.

14. Voir les remarques de CHURCHILL sur le sens de la « reddition inconditionnelle », dans *The Hinge of Fate,* Hoghton Mifflin, Boston, 1950, p. 685-688.

15. Le terme « urgence absolue » est de M. WALZER, dans *Guerres justes et injustes, op. cit.,* chap. 16.

16. J'ai bénéficié ici d'une discussion avec Tomas Pogge.

Lorsque la Grande-Bretagne était seule et qu'elle ne disposait d'aucun autre moyen pour briser la puissance supérieure de l'Allemagne, les bombardements étaient peut-être justifiables[17]. Cette période s'étend au moins de la défaite française en juin 1940 presque au moment où la Russie a clairement repoussé la première attaque allemande pendant l'été et l'automne 1941, et a été en mesure de combattre l'Allemagne jusqu'au bout. On peut soutenir que la période se prolonge encore jusqu'à l'été et l'automne de 1942, ou même jusqu'à la bataille de Stalingrad (qui s'achève avec la capitulation allemande en février 1943). Mais le bombardement de Dresde en février 1945 intervient clairement trop tard.

La réponse à la question de savoir si l'exemption pour urgence absolue s'applique dépend de certaines circonstances, au sujet desquelles les jugements divergent quelquefois. Le bombardement de l'Allemagne par la Grande-Bretagne à la fin de 1941 ou 1942 pouvait être justifié parce qu'on ne pouvait permettre sous aucune condition à l'Allemagne de gagner la guerre, pour deux raisons fondamentales: d'abord, le nazisme faisait peser un danger politique et moral incalculable sur toute la civilisation; ensuite, la nature et l'histoire de la démocratie constitutionnelle et sa place dans la culture européenne étaient en jeu. Churchill n'a pas exagéré lorsqu'il a déclaré à la Chambre des communes, le jour de la capitulation française, que « si nous ne résistons pas à Hitler, le monde entier, les États-Unis compris, sombrera dans un nouvel âge des ténèbres ». Ce genre de menace justifie que soit invoquée l'exemption pour urgence absolue, au nom non seulement des démocraties, mais aussi de toutes les sociétés bien ordonnées.

La spécificité du fléau nazi doit être bien comprise puisque, dans certaines circonstances, un peuple démocratique serait susceptible d'accepter plus aisément la défaite si les termes de la paix offerte par l'adversaire étaient raisonnables et modérés, s'ils ne l'assujettissaient pas à l'humiliation et envisageaient une relation politique honorable et réalisable. Or un trait caractéristique d'Hitler était qu'il refusait toute possibilité de relation politique avec ses ennemis. Ils ne pouvaient être que maîtrisés par la terreur et la brutalité, et gouvernés par la force[18]. Dès le départ, la

---

17. Les interdictions comme celle de la torture des prisonniers de guerre demeurent encore en place.

18. Voir l'analyse instructive de Stuart HAMPSHIRE dans son ouvrage *Innocence and Experience,* Harvard University Press, Cambridge, Mass., 1989, p. 66-78.

campagne contre la Russie, par exemple, a été une guerre de destruction menée contre les peuples slaves, et les populations locales ne pouvaient demeurer, dans le meilleur des cas, qu'en état de servage. Lorsque Goebbels et d'autres ont protesté en affirmant que la guerre ne pouvait être gagnée de cette manière, Hitler a refusé d'écouter[19].

14.4 Manquement à la qualité d'homme d'État

Il est clair que l'exemption pour urgence absolue n'a jamais été applicable pour les États-Unis dans leur conflit avec le Japon. Le bombardement incendiaire des villes japonaises par les États-Unis n'était pas justifié. Pendant les discussions entre dirigeants alliés en juin et juillet 1945 avant l'usage de la bombe atomique sur Hiroshima et Nagasaki, le raisonnement prônant l'adéquation des moyens aux fins l'emporte, en faisant fi des inquiétudes de ceux qui sentaient que certaines limites étaient en train d'être franchies.

Le lancement des bombes, affirmait-on, était justifié afin de hâter la fin de la guerre. Il est clair que Truman et la plupart des autres dirigeants alliés estimaient que tel serait son effet, et qu'il économiserait des vies de soldats américains. Les vies des Japonais, qu'ils soient militaires ou civils, avaient probablement moins d'importance. De surcroît, on affirmait, et c'est un élément important compte tenu de la culture samouraï japonaise, que le lancement de la bombe serait susceptible de donner à l'Empereur et aux dirigeants japonais un moyen de sauver la face. Quelques auteurs pensent aussi que les bombes ont été lancées pour que la Russie soit impressionnée par la puissance américaine et pour rendre les dirigeants russes moins fermes face aux exigences américaines[20].

---

19. Sur les protestations de Goebbels et d'autres, voir Alan BULLOCK, *Hitler : A Study in Tyranny,* Oldham's Press, Londres, 1952, chap. 12, § 5, p. 633-644. Voir également Omar BARTOV, *Hitler's Army*, Oxford University Press, New York, 1991. Cet ouvrage étudie la spirale de brutalité et de barbarie guerrières sur le front est, où la Wehrmacht a été battue.

20. Voir Gal ALPEROVITZ, *Atomic Diplomacy : Hiroshima and Potsdam*, Penguin Books, New York, 1985, pour une présentation de cette dernière raison. Si elle était exacte, l'acte serait particulièrement condamnable. Je ne tente pas d'évaluer l'importance relative de ces raisons.

Il est évident que ces raisons ne peuvent justifier les violations des principes de conduite de la guerre. Quelle est la cause de ce manquement des dirigeants alliés à la qualité d'homme d'État ? Truman a décrit une fois les Japonais comme des bêtes, qui devaient être traités comme tels[21]. Il semble pourtant absurde aujourd'hui de qualifier Allemands et Japonais en général de bêtes et de barbares[22] ! On pourrait certes le dire des militaristes nazis et tojo, qu'il ne faut pas confondre avec les peuples allemand et japonais. Churchill attribua son manque de jugement lorsqu'il décida de bombarder Dresde à la passion et l'intensité du conflit[23]. Un devoir de l'homme d'État est de ne pas permettre à de tels sentiments, aussi naturels et inévitables soient-ils, d'altérer la voie qu'un peuple bien ordonné doit suivre pour œuvrer au mieux en faveur de la paix. L'homme d'État comprend que les relations avec l'ennemi présent ont une importance particulière : comme je l'ai indiqué, la guerre doit en effet être menée ouvertement et publiquement de manière à rendre possible une paix cordiale et durable avec un ennemi défait, et elle prépare ce peuple à la façon dont il peut s'attendre à être traité. Ses craintes présentes d'être sujet à des actes de revanche et de représailles doivent être dissipées ; les ennemis d'aujourd'hui doivent être considérés comme les partenaires d'une paix future partagée et juste.

---

21. Voir, dans le *Truman* de McCULLOUGH, p. 458, l'échange entre Truman et le sénateur Russell de Géorgie en août 1945.

22. Le livre de Daniel GOLDHAGEN, *Hitler's Willing Executioners : Ordinary Germans and the Holocaust* (Knof, New York, 1996), donne, je pense, une vision fausse de l'holocauste. L'holocauste ne trouve pas son origine comme il le prétend dans une disposition d'esprit cognitive particulière à la culture politique allemande qui aurait existé pendant des siècles et à laquelle les nazis donnent simplement une expression. Si l'antisémitisme avait été présent en Allemagne, il l'avait aussi été dans tout le reste de l'Europe : en France (ce dont témoigne l'affaire Dreyfus à la fin du XIXᵉ siècle), dans les pogroms de Pologne et de Russie, dans la politique de l'Église qui consista à isoler les juifs dans les ghettos durant la Contre-Réforme de la fin du XVIᵉ siècle. La leçon de l'holocauste est plutôt qu'un dirigeant charismatique d'un État totalitaire et militariste peut, grâce à une propagande incessante et haineuse, inciter une partie suffisante de la population à mettre à exécution même les projets les plus massivement et les plus hideusement criminels. L'holocauste aurait pu avoir lieu n'importe où un tel État serait apparu. De plus, tous les Allemands n'ont pas succombé aux discours haineux d'Hitler, et la raison pour laquelle certains l'ont fait ne peut pas être expliquée simplement par l'antisémitisme local. Voir également Robert R. SHANDLEY (dir.), *Unwilling Germans ? The Goldhagen Debate*, University of Minnesota Press, Minneapolis, 1998, pour des critiques et analyses de l'ouvrage de Goldhagen par des auteurs allemands contemporains.

23. Voir Martin GILBERT, *Winston Churchill : Never Despair*, vol. VIII (Houghton Mifflin, 1988), p. 259.

Un autre manquement à la qualité d'homme d'État a été de ne pas envisager de négocier avec les Japonais avant que soient prises des mesures aussi radicales que le bombardement incendiaire des villes japonaises au printemps 1945 et le bombardement d'Hiroshima et de Nagasaki. J'estime que cette voie aurait pu être efficace et qu'elle aurait pu éviter les blessés supplémentaires. Une invasion n'était plus nécessaire après le 6 août, puisque la guerre était de fait terminée[24]. Mais peu importe. En tant que peuple libéral démocratique, les États-Unis devaient proposer au peuple japonais de négocier la fin de la guerre. Le gouvernement et l'armée du Japon avaient reçu de l'Empereur le 26 juin[25] – et peut-être auparavant – l'ordre de rechercher un moyen de terminer la guerre, et ils devaient avoir compris alors, après la destruction de leur flotte et la perte de leurs îles, que la défaite était arrivée. Les dirigeants du régime, imprégnés du code d'honneur samouraï, n'auraient pas pu envisager de négocier de leur propre chef, mais les ordres de l'Empereur auraient pu les pousser à réagir positivement à des ouvertures américaines. Celles-ci ne vinrent jamais.

14.5 L'importance de la culture politique

Il est clair que les bombardements d'Hiroshima et de Nagasaki, comme le bombardement incendiaire des villes japonaises, étaient de terribles crimes que les devoirs de l'homme d'État imposent aux dirigeants politiques d'éviter; il est tout aussi clair que l'adoption à cette période d'une expression articulée des principes de guerre juste n'aurait pas modifié l'issue. Il était simplement trop tard: le bombardement des civils était devenu une pratique de guerre acceptée. Les réflexions sur la guerre juste auraient été des paroles inaudibles. C'est la raison pour laquelle ces questions doivent être envisagées avant le début du conflit.

De même, la justification de la démocratie constitutionnelle et la fondation des droits et des devoirs qu'elle doit respecter doivent faire partie de la culture politique publique et être débattues au sein des nombreuses associations de la société civile, en tant

---

24. Voir Barton BERNSTEIN, « The Atomic Bombings Reconsidered », *Foreign Affairs*, 74, 1, janvier-février 1995.

25. Voir Gerhard WEINBERG, *A World at Arms*, Cambridge University Press, Cambridge, 1994, p. 886-889.

qu'éléments de la formation et de l'éducation des citoyens avant leur entréc dans la vie politique. Ces questions doivent être incluses dans la culture politique ; elles ne doivent pas dominer le cours quotidien de la vie politique ordinaire, mais elles doivent figurer en tant qu'arrière-plan. À l'époque des bombardements de la Seconde Guerre mondiale, la perception préalable de l'importance fondamentale des principes de la guerre juste n'était pas suffisante pour que leur expression ait bloqué la force d'appel du raisonnement pratique qui exige d'ajuster les moyens aux fins. Ce raisonnement pratique justifie trop largement et trop facilement, et donne à un pouvoir dominant le moyen de faire taire toute protestation morale. Si les principes de la guerre ne sont pas formulés auparavant, ils n'ont plus qu'un poids égal à celui des autres considérations ordinaires. Ces principes doivent être en place bien avant la guerre, et ils doivent être compris par les citoyens en général. Le manquement à la qualité d'homme d'État provient en partie de ce que la culture politique, y compris la culture militaire et la doctrine de la guerre[26], ne respecte pas les principes de la guerre juste.

Deux doctrines nihilistes doivent être rejetées avec fermeté. L'une est exprimée par la remarque de Sherman, « la guerre est un enfer », si bien qu'on peut faire n'importe quoi pour y mettre fin aussi rapidement que possible[27]. L'autre affirme que nous sommes tous coupables, si bien que nous sommes tous égaux et que personne n'est en droit de blâmer quiconque. Ces doctrines (si elles méritent ce titre) refusent avec légèreté toutes les

---

26. L'aviation est une grande tentation pour le mal. Étrangement, la doctrine militaire officielle de la *Luftwaffe* était correcte (même si c'était pour de mauvaises raisons) : l'aviation doit servir de soutien à l'armée et à la marine, sur la terre et sur les eaux. La doctrine militaire respectable déclare que l'aviation ne doit pas être utilisée pour attaquer des civils. L'application de cette doctrine n'aurait pas, je pense, affecté l'efficacité de l'armée et de la marine américaines dans leur combat contre les Japonais. La marine américaine a vaincu la marine japonaise à Midway en juin 1942, battu sa flotte de porte-avions à la bataille de la mer des Philippines au large de Saipan en juin 1944, écrasé sa flotte de combat dans le détroit de San Bernardino au nord de Leyte, et dans le détroit de Suriago au sud de Leyte en octobre 1944, alors que les marines prenaient les îles Marshall, de Guam, Saipan et Iwo Jima, et que l'armée s'emparait de la Nouvelle-Guinée et des Philippines, et achevait le combat avec la bataille d'Okinawa. Ceci a marqué la fin effective de la guerre. Pourtant, le chemin d'une paix négociée avait été tracé bien auparavant.

27. Pour rendre justice à Sherman, il faut préciser que, lors de sa marche sur la Géorgie à l'automne 1864, ses troupes ont seulement détruit les propriétés. Elles n'ont pas attaqué les civils.

distinctions raisonnables. Leur vacuité morale est manifeste dans le fait que toutes les sociétés civilisées justes et respectables – leurs institutions et leurs lois, leur vie civile, leurs mœurs et leur contexte culturel – ressentent constamment la nécessité absolue de pratiquer des distinctions morales et politiques. Bien sûr, la guerre est une sorte d'enfer, mais pourquoi cela signifierait-il que toutes les distinctions morales cessent de s'appliquer ? Et même s'il est des moments où tout le monde ou presque est coupable à un certain degré, cela ne signifie nullement que chacun l'est au même titre. Le moment où nous serions dispensés des distinctions fines établies par les principes moraux et politiques ou des restrictions graduées que nous posons à notre comportement n'existe pas[28].

14.6 Comparaison avec la doctrine chrétienne

Le Droit des Peuples est à la fois similaire et différent de la fameuse doctrine chrétienne du droit naturel sur la guerre juste[29]. Ces visions sont similaires en ce qu'elles impliquent toutes deux qu'une paix universelle entre les nations est possible si tous les peuples agissent selon la doctrine chrétienne du droit naturel *ou* le Droit des Peuples, qui n'exclut pas le droit naturel ou une autre doctrine englobante raisonnable.

Il est cependant important de prendre un peu de recul pour percevoir que la différence essentielle entre le Droit des Peuples et le droit naturel réside dans la manière dont ils sont conçus. Le droit naturel est réputé constituer une partie de la loi divine qui peut être connue grâce aux facultés naturelles de la raison, par

---

28. Voir Hannah ARENDT, *Eichmann à Jérusalem : rapport sur la banalité du mal* (Gallimard, Paris, 1966), particulièrement les quatre dernières pages du *postscript* sur le rôle du jugement.

29. Cette doctrine trouve son origine chez saint Ambroise et saint Augustin, qui s'inspirent des auteurs classiques grecs et romains. Le livre de Roland BAINTON, *Christian Attitudes toward War and Peace* (Abingdon Press, Nashville, 1960), p. 91-100, fournit un résumé utile de saint Augustin. Saint Augustin n'a écrit aucun traité, ni aucun exposé systématique de ses positions, si bien qu'elles doivent être reconstituées à partir de ses nombreux écrits. Voir également Thomas D'AQUIN, *Somme théologique*, II-III, question 40, articles 1-4 ; et Francisco DE VITORIA, « Sur le droit de la guerre ».

Ralph POTTER propose une étude générale de la doctrine chrétienne avec des commentaires et références bibliographiques dans son ouvrage *War and Moral Discourse* (John Knox Press, Richmond, 1969). Pour un panorama utile du monde antique, voir Doyne DAWSON, *The Origins of Western Warfare* (The Westview Press, Boulder, 1996).

l'étude de la structure du monde. Comme Dieu possède une autorité suprême sur toute la création, ce droit oblige tous les humains en tant que membres d'une seule communauté. Ainsi envisagé, le droit naturel est distinct du droit éternel, qui repose sur la raison de Dieu et guide son activité de création et de préservation du monde. Il est également distinct du droit révélé, qui ne peut être connu par les facultés de la raison naturelle, et du droit ecclésial qui s'applique aux affaires religieuses et juridictionnelles de l'Église. À l'opposé, le Droit des Peuples, en tant que conception politique, relève du domaine du politique. S'il peut être soutenu par la doctrine chrétienne du droit naturel, ses principes s'expriment uniquement dans les termes d'une conception politique et de ses valeurs politiques[30]. Les deux visions justifient le droit d'un peuple à entrer en guerre pour assurer son autodéfense, mais le contenu des principes de conduite de la guerre qu'elles présentent n'est pas exactement le même.

Cette dernière remarque est illustrée par la doctrine catholique du double effet. Celle-ci s'accorde avec les principes du Droit des Peuples sur la conduite de la guerre (tels qu'ils sont présentés ci-dessus, section 14.1), selon lesquels les civils ne doivent pas faire l'objet d'attaque directe. Les deux visions convergent aussi pour juger que le bombardement incendiaire du Japon au printemps 1945 et les bombardements d'Hiroshima et de Nagasaki sont des torts considérables. Elles diffèrent néanmoins en ce que les principes de conduite de la guerre dans la conception du contrat social incluent l'exemption pour urgence absolue (section 14.3), alors que ce n'est pas le cas de la doctrine du double effet. Celle-ci interdit de faire des blessés parmi les civils, sauf s'ils sont le résultat non intentionnel et indirect d'une attaque légitime visant une cible militaire. Cette doctrine, qui repose sur le commandement divin de ne jamais tuer des innocents, affirme que l'on ne doit jamais agir avec l'intention d'attaquer l'État ennemi par des moyens qui tuent les civils. Le

---

30. Il me faut remarquer ici que si le Droit des Peuples, comme le libéralisme politique, est strictement politique, il n'est pas séculier. J'entends par là qu'il ne nie pas les valeurs religieuses ou les autres sur la base d'une théorie (sociale ou naturelle) « non théiste » ou « non métaphysique ». Il appartient aux citoyens et aux hommes d'État de décider du poids qu'ils accordent aux valeurs politiques à la lumière de leur doctrine englobante. Pour une analyse plus poussée, voir « Réponse à Habermas », section 2, dans John RAWLS et Jürgen HABERMAS, *Débat sur la justice politique*, *op. cit.*, section 6.

libéralisme politique permet l'exemption pour urgence absolue, alors que la doctrine catholique la rejette, en soutenant que nous devons avoir la foi et appliquer le commandement divin[31]. Il s'agit d'une doctrine intelligible, mais contraire aux devoirs de l'homme d'État dans le libéralisme politique.

L'homme d'État, présenté dans la section 14.2, est une figure centrale de la conduite de la guerre, et il doit se tenir prêt à mener une guerre juste pour défendre les régimes démocratiques libéraux. C'est en effet ce qu'attendent les citoyens de ceux qui visent les fonctions de président ou de Premier ministre, et ce serait une violation d'une compréhension politique fondamentale, au moins en l'absence d'une déclaration claire avant l'élection, de refuser de le faire pour des raisons religieuses, philosophiques ou morales. Les Quakers, qui s'opposent à toute guerre, peuvent participer à un consensus par recoupement sur un régime constitutionnel, mais ils ne peuvent pas toujours adopter les décisions particulières d'une démocratie – ici, s'engager dans une guerre d'autodéfense – même lorsqu'elles sont raisonnables à la lumière de ses valeurs politiques. Ceci indique qu'ils ne pourraient pas en toute bonne foi, en l'absence de circonstances particulières, être candidats aux fonctions officielles suprêmes d'un régime démocratique libéral. L'homme d'État doit envisager le monde politique et, dans les cas extrêmes, être capable de distinguer les intérêts du régime bien ordonné qu'il sert des impératifs de la doctrine religieuse, philosophique ou morale qui guide son existence personnelle.

Section 15. Les sociétés entravées

15.1 Les conditions défavorables

La théorie de la non-obéissance nous a montré que l'objectif à long terme des sociétés (relativement) bien ordonnées était d'amener les États hors-la-loi à participer à la Société des

---

31. Voir l'essai important de G.E.M. ANSCOMBE, « War and Murder », *in* Walter STEIN (dir.), *Nuclear Weapons and Christian Conscience*, Merlin Press, Londres, 1961. Ce texte a été écrit pour protester contre la décision d'Oxford d'attribuer un diplôme honoraire au président Truman en 1952. La position que je défends dans la section 14 rejoint Anscombe dans le cas particulier d'Hiroshima.

Peuples bien ordonnés. Les États hors-la-loi[32] de l'Europe du début de l'époque moderne – l'Espagne, la France et l'Autriche des Habsbourg – ou, plus récemment, l'Allemagne ont tous tenté d'assujettir à un moment donné l'essentiel de l'Europe à leur volonté. Ils ont espéré déployer leur religion et leur culture, ont recherché la gloire impériale, ont mené la conquête de richesses et de territoires. Ces États faisaient partie des sociétés les plus efficacement organisées et économiquement les plus avancées de leur temps. Leur défaut tenait à leurs traditions politiques, leurs institutions fondamentales du droit et de la propriété, leur structure de classe, les croyances religieuses et morales fonda-mentales, et leur culture sous-jacente. Ce sont ces éléments qui façonnent la volonté politique d'une société, et ce sont eux qui doivent être changés avant qu'une société puisse apporter son soutien à un Droit des Peuples raisonnable.

Dans ce qui suit, j'aborde le second type de théorie non idéa-le, qui concerne les sociétés entravées par des conditions défa-vorables (par la suite, les *sociétés entravées*). Les sociétés entravées, si elles ne sont ni expansionnistes ni agressives, sont privées des traditions culturelles et politiques, du capital et du savoir-faire humains, et souvent des ressources matérielles et technologiques nécessaires pour être bien ordonnées. L'objectif à long terme des sociétés (relativement) bien ordonnées doit être d'amener les sociétés entravées, comme les États hors-la-loi, à participer à la Société des Peuples bien ordonnés. Les peuples bien ordonnés ont un *devoir* d'aider les sociétés entravées. Il ne s'ensuit pas néanmoins que le seul moyen, ou le meilleur, de mettre en œuvre ce devoir d'aide soit de suivre un principe de justice distributive qui régirait les inégalités économiques et sociales entre les sociétés. La plupart de ces principes n'ont pas de but, d'objectif ou de seuil au-delà duquel l'aide pourrait cesser.

Les niveaux de richesse et de bien-être peuvent varier d'une société à l'autre, et ils varient probablement en effet, mais l'ajus-tement de ces niveaux n'est pas l'objet du devoir d'aide. Seules les sociétés entravées ont besoin d'aide. En outre, ces sociétés ne sont pas toutes pauvres, non plus que toutes les sociétés bien

---

32. Certains peuvent critiquer l'usage de ce terme, mais ces États étaient pourtant bien des sociétés hors-la-loi. Leurs guerres étaient essentiellement des conflits dynastiques auxquels les vies et les intérêts fondamentaux de la plupart des membres de ces sociétés étaient sacrifiés.

ordonnées ne sont riches. Une société dotée de peu de ressources naturelles et de richesse peut être bien ordonnée si ses traditions politiques, son droit, sa structure de classe et de propriété ainsi que les croyances religieuses et morales fondamentales et la culture sous-jacente sont propres à conforter une société libérale ou décente.

15.2 Première orientation pour le devoir d'aide

La première orientation à considérer est qu'une société bien ordonnée n'est pas nécessairement riche. Je rappelle ici trois points essentiels sur le principe d'épargne juste (au sein d'une société intérieure) tel que je l'ai élaboré dans la section 44 de la *Théorie de la justice*.

(a) Le but d'un principe d'épargne (réelle) juste est d'établir des institutions de base (raisonnablement) justes pour une société démocratique constitutionnelle libre (ou toute société bien ordonnée) et de préserver un monde social qui rende possible une vie digne d'être vécue pour tous ses citoyens.

(b) En conséquence, l'épargne peut s'arrêter dès que les institutions de base justes (ou décentes) ont été établies. À ce niveau, l'épargne réelle (c'est-à-dire les ajouts nets au capital réel de tous types) peut tomber à zéro : le stock existant a seulement besoin d'être maintenu, ou remplacé, et les ressources non renouvelables doivent être gérées avec soin en prévision d'un usage futur adéquat. Le taux d'épargne en tant que contrainte sur la consommation courante doit être exprimé en termes d'accumulation de capital agrégé, de restriction dans l'usage des ressources et de développement de la technologie pour conserver et régénérer la capacité du monde naturel à subvenir à sa population humaine. Lorsque ces éléments et d'autres sont sous contrôle, une société peut bien entendu continuer à économiser après ce niveau, mais ce n'est plus un devoir de justice de le faire.

(c) Une richesse importante n'est pas indispensable pour établir des institutions justes (ou décentes). Le niveau nécessaire dépendra de l'histoire particulière de la société, de même que de sa conception de la justice. Les niveaux de richesse des peuples bien ordonnés ne seront ainsi généralement pas les mêmes.

Ces trois caractéristiques du processus d'épargne évoquées dans *Théorie de la justice* mettent au jour la similarité entre le devoir d'aide dans le Droit des Peuples et le devoir d'épargne juste dans le cas intérieur. Dans chaque situation, l'objectif est de réaliser et de préserver les institutions justes (ou décentes), et non pas seulement d'augmenter, encore moins de maximiser à l'infini le niveau moyen de richesse, ou la richesse d'une société, ou d'une classe particulière de la société. Dans cette mesure, le devoir d'aide et celui d'épargne juste expriment la même idée sous-jacente[33].

15.3 Seconde orientation

Une seconde orientation pour réfléchir à la manière de mettre en œuvre le devoir d'aide consiste à réaliser que la culture politique d'une société entravée est cruciale et, en même temps, qu'il n'existe pas de recette, et certainement pas de recette simple, que les peuples bien ordonnés pourraient suivre pour aider une société entravée à changer sa culture politique et sociale. Je pense que les causes de la richesse d'un peuple ainsi que celles des formes qu'elle prend résident dans sa culture politique et dans les traditions religieuses, philosophiques et morales qui confortent la

---

33. L'idée principale que j'exprime ici s'inspire des *Principes d'économie politique* de John Stuart MILL (1848), livre IV, chapitre 6, intitulé « L'État stationnaire ». Je suis la position de Mill selon laquelle l'objectif de l'épargne est de rendre possible une juste structure de base de la société. Une fois que ceci est fermement garanti, l'épargne réelle (l'augmentation nette du capital réel) peut n'être plus nécessaire. L'« art de vivre » est plus important que l'« art de réussir », pour reprendre les termes de Mill. L'idée que l'épargne réelle et la croissance économique doivent se poursuivre indéfiniment, plus haut et plus loin, sans aucun objectif spécifié en vue, est celle de la classe des affaires de la société capitaliste. Ce qui compte pour Mill est la justice des institutions de base et le bien-être de ce que Mill nommerait la « classe laborieuse ». Mill écrit : « Le choix [entre un système de propriété privée juste et le socialisme] dépendra surtout d'une considération, qui est de savoir lequel des deux systèmes est compatible avec le montant le plus élevé de liberté et de spontanéité humaines. Juste après la survie et lorsque les moyens de subsistance sont assurés, le besoin personnel le plus puissant des êtres humains est la liberté, et (à la différence des besoins physiques qui deviennent plus modérés et plus contrôlables avec les progrès de la civilisation) elle augmente au lieu de diminuer en intensité à mesure que l'intelligence et les facultés morales se développent. » Extrait de la septième et dernière édition des *Principes* publiée du vivant de Mill (livre II, chapitre 1, section 3, paragraphe 9). Ce qu'y écrit Mill est parfaitement compatible avec le Droit des Peuples et sa structure de valeurs politiques, même si je ne pourrais pas l'accepter tel quel. Les références au texte de Mill proviennent de l'édition de poche préparée par Jonathan RILEY (Oxford University Press, Oxford, 1994). Le texte complet des *Principles* est désormais disponible dans *The Complete Works of John Stuart Mill*, vol. 2 et 3, introduction de V.W. BLADEN, édition de J.M. ROBSON (University of Toronto Press, et Routledge and Kegan Paul, Londres, 1965).

structure de base de ses institutions politiques et sociales, de même que dans l'ingéniosité et les talents coopératifs de ses membres, consolidés par leurs vertus politiques. Une autre de mes conjectures est qu'il n'existe aucune société dans le monde – si l'on excepte les cas marginaux[34] – dont les ressources seraient si rares qu'elle ne pourrait pas, à condition d'être organisée et gouvernée rationnellement et raisonnablement, devenir bien ordonnée. Les exemples historiques semblent indiquer que les pays faiblement dotés en ressources peuvent obtenir de très bons résultats (le Japon), alors que les pays riches peuvent traverser de graves difficultés (l'Argentine). Les éléments déterminants qui font la différence sont notamment la culture politique, les vertus politiques et la société civile du pays, la probité et l'ingéniosité de ses membres, leur capacité à l'innovation. Un autre élément crucial est la politique démographique du pays, qui doit se garder d'épuiser ses terres et son économie par une population plus importante que ce qu'il peut supporter. Mais, quoi qu'il en soit, le devoir d'aide n'est en aucune manière diminué. Il nous faut comprendre qu'une simple distribution de fonds ne suffira pas à rectifier les injustices politiques et sociales (même si l'argent est toujours essentiel). En revanche, l'insistance mise sur les droits de l'homme peut contribuer à réformer les régimes inefficaces et changer la conduite des dirigeants qui ont été insensibles au bien-être de leur peuple.

Cette insistance sur les droits est confortée par le travail d'Amartya Sen sur les famines[35]. Il a montré, dans une étude empirique de quatre cas historiques bien connus (Bengale, 1943, Éthiopie, 1972-1974, Sahel, 1972-1973 et Bangladesh, 1974), que la raréfaction des denrées alimentaires n'était pas nécessairement la cause principale de la famine, ni même l'une de ses causes. Dans les cas qu'il a étudiés, alors même qu'une baisse de la production alimentaire a pu être observée, elle n'aurait pas été

---

34. Les Esquimos de l'Arctique, par exemple, sont suffisamment rares pour ne pas affecter notre approche générale. Je fais l'hypothèse que leurs problèmes peuvent être traités de façon *ad hoc*.

35. Voir Amartya SEN, *Poverty and Famines*, Clarendon Press, Oxford, 1981. Dans le livre qu'il a écrit avec Jean DRÈZE, *Hunger and Public Action* (Clarendon Press, Oxford, 1989), Sen confirme ces idées et insiste sur le succès des régimes démocratiques dans la résolution de ces problèmes. Voir le résumé de leur analyse dans le chapitre 13 (p. 257-279). Voir aussi le travail important de Partha DASGUPTA, *An Inquiry into Well-Being and Destitution* (Clarendon Press, Oxford, 1993), chapitres 1, 2 et 5.

assez importante pour entraîner la famine s'il y avait eu un gouvernement capable de se préoccuper du bien-être de tout son peuple, et de mettre en place un système raisonnable d'allocations de secours distribuées par les institutions publiques. Le principal problème tenait à l'incapacité du gouvernement à distribuer (et à compléter) la nourriture disponible. Sen conclut que « les famines sont des désastres économiques, et non pas simplement des crises alimentaires [36] ». En d'autres termes, elles sont attribuables aux déficiences de la structure politique et sociale, et à son incapacité à instituer les politiques propres à remédier aux effets des brusques baisses de production alimentaire. Un gouvernement qui laisse son peuple mourir de faim lorsqu'il peut l'éviter témoigne de son manque de préoccupation pour les droits de l'homme, et les régimes bien ordonnés que nous avons décrits ne permettront pas que cela se produise. On espère qu'insister sur les droits de l'homme contribuera à empêcher que les famines ne se développent et exercera une pression en faveur de gouvernements efficaces dans une Société des Peuples bien ordonnée. (Je note en passant que toutes les démocraties occidentales seraient marquées par une famine de masse s'il n'y existait aucun dispositif d'aide aux chômeurs.)

Le respect des droits de l'homme dans une société entravée pourrait également soulager la pression démographique en fonction de ce que son économie peut décemment supporter[37]. Un facteur décisif est ici constitué par le statut des femmes. Certaines sociétés – la Chine est un exemple bien connu – ont imposé des restrictions strictes à la taille des familles et adopté d'autres mesures draconiennes. Il n'est cependant pas nécessaire d'être si rigoureux. La politique la plus simple, la plus efficace et la plus acceptable consiste à établir les éléments d'une égale justice pour les femmes. Un exemple instructif est celui de l'État indien du Kerala qui, à la fin des années 1970, donne aux femmes le pouvoir de voter et de participer à la vie politique, de recevoir une éducation et d'en profiter, de disposer d'une propriété et de la gérer. Le résultat fut qu'en quelques années le taux

---

36. A. SEN, *Poverty and Famines, op. cit.*, p. 162.

37. Je n'utilise pas le terme de « surpopulation », puisqu'il semble impliquer l'idée d'une population optimale. Lorsqu'on envisage une mesure relative à ce que l'économie peut supporter, la question de la pression démographique est suffisamment claire. Je suis redevable à Amartya Sen sur ce point.

de natalité du Kerala tomba en dessous de celui de la Chine, sans qu'il soit fait appel aux pouvoirs coercitifs de l'État[38]. Des politiques similaires ont été mises en place dans d'autres pays – par exemple au Bengladesh, en Colombie, au Brésil – avec des résultats analogues. Les éléments de justice fondamentale ont fait la preuve de leur caractère central dans toute politique sociale adéquate. L'injustice est confortée par des intérêts bien ancrés et ne disparaîtra pas facilement, mais elle ne peut pas se disculper en faisant valoir le manque de ressources naturelles.

On répète qu'il n'existe aucune recette facile pour aider une société entravée à changer sa culture politique. Il n'est généralement pas désirable de lui distribuer des fonds et l'usage de la force est interdit par le Droit des Peuples. Certains types de conseils peuvent toutefois s'avérer utiles, et les sociétés entravées gagneraient à s'intéresser tout particulièrement aux intérêts fondamentaux des femmes. Le fait que le statut des femmes soit souvent fondé sur la religion, ou qu'il entretienne un lien étroit avec des positions religieuses[39] n'est pas en lui-même la cause de leur assujettissement, puisque d'autres facteurs sont également présents. On peut faire valoir que tous les types de sociétés bien ordonnées affirment les droits de l'homme et qu'ils comportent au moins les caractéristiques d'une hiérarchie consultative décente ou son équivalent. Ces caractéristiques exigent que tout groupe qui représente les intérêts fondamentaux des femmes doit inclure une majorité de femmes (section 8.3). L'idée est que toutes les conditions de la procédure de consultation nécessaires à prévenir la violation des droits de l'homme des femmes doivent être adoptées. Cette idée n'est pas spécifiquement libérale ; elle est également commune à tous les peuples décents.

Il est alors possible de faire de cette idée une condition pour proposer son aide, tout en évitant d'être sujet à l'accusation de saper indûment la religion et la culture d'une société. Le présent principe est similaire à celui qui est toujours suivi lorsque des

---

38. Voir Amartya SEN, « Population : Delusion and Reality », *The New York Review of Books*, 22 septembre 1994, p. 62-71. Sur le Kerala, voir p. 70 et suivantes. Le taux de natalité de la Chine en 1979 était de 2,8 ; celui du Kerala était de 3. En 1991, les taux étaient respectivement de 2 et 1,8.

39. Je dis ceci parce que de nombreux auteurs musulmans nient que l'islam justifie l'inégalité des femmes que l'on observe dans de nombreuses sociétés musulmanes, et l'attribuent à des facteurs historiques variés. Voir Leila AHMED, *Women and Gender in Islam*, Yale University Press, New Haven, 1992.

revendications religieuses sont émises. Une religion ne peut pas proposer comme justification l'idée que son intolérance des autres religions est nécessaire à sa propre conservation. De la même façon, une religion ne peut pas affirmer pour justifier la sujétion des femmes que celle-ci est nécessaire à sa propre survie. Les droits de l'homme fondamentaux sont en jeu, et ces droits font partie des institutions et pratiques communes à toutes les sociétés libérales et décentes[40].

15.4 Troisième orientation

[aide minimale à gérer leurs affaires]

La troisième orientation pour mettre en œuvre le devoir d'aide tient à ce que son but est d'aider les sociétés entravées à gérer rationnellement et raisonnablement leurs propres affaires et à finir par devenir des membres de la Société des Peuples bien ordonnés. Ceci définit l'objectif de l'aide. Lorsqu'il est atteint, aucune aide supplémentaire n'est requise, même si la société à présent bien ordonnée peut demeurer relativement pauvre. Les sociétés bien ordonnées qui donnent leur assistance ne doivent donc pas agir de façon paternaliste, mais par des moyens réfléchis qui ne s'opposent pas à l'objectif final de l'aide : la liberté et l'égalité des sociétés précédemment entravées.

Si l'on laisse de côté la question essentielle de savoir si certaines formes de culture et de modes de vie sont bonnes en elles-mêmes, ce que je crois, il s'agit certainement d'un bien pour les individus et les associations d'être attachés à leur culture particulière et de prendre part à la vie publique et civique commune. De cette façon, l'appartenance à une société politique particulière et la faculté d'être chez soi dans le monde civique et social s'expriment et s'épanouissent[41]. Ce n'est pas une mince affaire. Ceci justifie qu'on laisse une place suffisante à l'idée d'autodétermination d'un peuple et à une forme lâche ou confédérale de la Société des Peuples, pour autant que les oppositions entre cultures différentes puissent être apaisées par une société de régimes bien ordonnés, ce qui semble être le cas. Nous voulons un monde dans lequel les haines ethniques conduisant aux guerres nationalistes auront cessé. Un patriotisme légitime (section 5.2) s'exprime par l'attachement à son peuple et à son pays,

---

40. Voir *Libéralisme politique, op. cit.*,, leçon V, section 6.
41. *Ibid.*, leçon V, section 7.

et la volonté de défendre ses revendications légitimes tout en respectant celles des autres peuples[42]. Les peuples bien ordonnés doivent tâcher d'encourager ce genre de régimes.

15.5 Le devoir d'aide et l'affinité

Une préoccupation légitime concernant le devoir d'aide porte sur la question de savoir si la motivation qui le soutient présuppose un degré d'affinité entre peuples, c'est-à-dire un sentiment de cohésion sociale et de proximité auquel on ne peut pas s'attendre, même dans une société de peuples libéraux – sans parler d'une société de peuples bien ordonnés – dont les langues, religions et cultures sont particulières. Les membres d'une société interne ont en commun un gouvernement central et une culture politique ; l'apprentissage moral des concepts et principes politiques fonctionne de manière particulièrement effective dans le contexte d'institutions politiques et sociales régissant toute la société, qui font partie de leur vie quotidienne partagée[43]. Puisqu'ils prennent part chaque jour aux institutions communes, les membres d'une même société doivent pouvoir résoudre les conflits et les problèmes politiques qui surviennent au sein de la société sur une base commune en termes de raison publique.

Il appartient à l'homme d'État de combattre le manque potentiel d'affinités entre les différents peuples et d'essayer d'atténuer ses causes lorsqu'elles dérivent d'injustices institutionnelles intérieures passées et de l'hostilité entre classes sociales héritées de leur histoire et de leurs antagonismes communs. Comme l'affinité entre peuples est naturellement plus faible (en termes de psychologie humaine) lorsque les institutions régissant toute la société s'étendent sur un territoire plus étendu et que les distances culturelles s'accroissent, l'homme d'État doit continuellement combattre ces tendances à courte vue[44].

---

42. Celles-ci sont spécifiées par le Droit des Peuples.

43. Joshua COHEN, « A More Democratic Liberalism », *Michigan Law Review*, vol. 92, n° 6 (mai 1994), p. 1532-1533.

44. Je m'appuie ici sur un principe psychologique selon lequel l'apprentissage social des attitudes morales qui soutiennent les institutions politiques est d'autant plus efficace qu'il s'exerce à travers des institutions et pratiques partagées qui s'appliquent à toute la société. L'apprentissage s'affaiblit dans les conditions mentionnées dans le texte. Dans une utopie réaliste, ce principe psychologique pose des limites à ce qu'on peut judicieusement proposer comme le contenu du Droit des Peuples.

Un élément qui encourage l'homme d'État à la tâche est que les relations d'affinité ne sont pas une chose fixe, mais qu'elles se renforcent continuellement à travers le temps lorsque les peuples en viennent à collaborer au sein des institutions coopératives qu'ils ont développées. Les peuples libéraux et décents se caractérisent par le fait qu'ils veulent un monde dans lequel tous les peuples ont un régime bien ordonné. Au départ, nous pouvons supposer que cet objectif est motivé par l'*intérêt propre* de chaque peuple, puisque ces régimes ne sont pas dangereux mais pacifiques et coopératifs. Néanmoins, à mesure que la coopération entre peuples se développe, ils peuvent en venir à se préoccuper des autres, et l'affinité entre eux se renforce. Ils ne sont alors plus seulement mus par leur intérêt propre, mais par un intérêt mutuel pour le mode de vie et la culture de chacun, et ils deviennent enclins à consentir des sacrifices les uns pour les autres. Cette préoccupation mutuelle est le résultat de leurs efforts coopératifs fructueux et de leurs expériences communes pendant une période de temps très longue.

Le cercle relativement étroit, dans le monde actuel, des peuples qui ont un intérêt mutuel peut s'étendre avec le temps et ne doit jamais être tenu pour fixe. Les peuples ne sont progressivement plus mus par leur seul intérêt propre ou par leur seule préoccupation mutuelle, mais en viennent à affirmer leur civilisation et leur culture libérales, jusqu'à ce qu'ils finissent par être prêts à agir selon des *idéaux et principes* que leur civilisation reconnaît. La tolérance religieuse est historiquement apparue en tant que *modus vivendi* entre des fois hostiles, pour devenir un principe moral partagé par les peuples civilisés et reconnu par leurs principales religions. Il en est de même de l'abolition de l'esclavage et du servage, de l'État de droit, du droit de n'entrer en guerre qu'en cas d'autodéfense, et de la garantie des droits de l'homme. Ces éléments deviennent des idéaux et des principes des civilisations libérales et décentes, et des principes du Droit de tous les Peuples civilisés.

Section 16. Sur la justice distributive entre les peuples

16.1 L'égalité entre les peuples

Il existe deux positions à ce sujet. L'une affirme que l'égalité est juste, ou qu'elle est un bien en soi. Le Droit des Peuples, pour sa part, soutient que les inégalités ne sont pas toujours injustes, et que, lorsqu'elles le sont, cela provient de leurs effets injustes sur la structure de base de la Société des Peuples et sur les relations entre les peuples et entre leurs membres[45]. Nous avons constaté l'importance cruciale de cette structure de base lorsque nous avons analysé la nécessité de tolérer les peuples non libéraux décents (sections 7.2-7.3).

J'examine trois raisons d'être préoccupé par l'inégalité dans une société intérieure, et je considère la façon dont chacune s'applique à la Société des Peuples. Une raison de réduire les inégalités dans une société intérieure est de soulager la souffrance et les difficultés des pauvres. Ceci ne requiert pas néanmoins que toutes les personnes aient une richesse égale. L'étendue de l'écart qui sépare les riches des pauvres n'est pas en elle-même essentielle. Ce qui importe, ce sont les conséquences. Dans une société intérieure libérale, l'écart ne peut pas être plus étendu que ce qu'autorise le critère de réciprocité, de manière à ce que les moins favorisés disposent de moyens polyvalents suffisants pour faire un usage éclairé et effectif de leurs libertés, et mener des existences raisonnables et dignes d'être vécues (comme l'exige le troisième principe libéral). Lorsque c'est le cas, il n'est pas nécessaire de réduire l'écart. De même, dans la structure de base de la Société des Peuples, lorsque le devoir d'aide est rempli et que tous les peuples disposent d'un gouvernement libéral ou décent effectif, il n'y a pas non plus de raison de réduire l'écart entre les richesses moyennes des différents peuples.

Une deuxième raison de réduire l'écart entre riches et pauvres dans une société intérieure est qu'il conduit souvent à ce que certains citoyens soient stigmatisés et traités comme des inférieurs, ce qui est injuste. Ainsi, dans une société libérale ou décente, on doit se garder de passer des conventions instituant des rangs qu'il faudrait reconnaître socialement par des expressions de déférence. Elles peuvent blesser le respect de soi de ceux qui ne sont pas ainsi reconnus. La même chose serait vraie de la structure de base de la Société des Peuples si les citoyens d'un pays se sentaient inférieurs à ceux d'un autre pays doté de plus grandes richesses, *à condition* que ces sentiments soient justifiés. Lorsque le devoir d'aide est rempli, et que chaque peuple dispose de

---

45. Ma présentation de l'inégalité doit beaucoup, comme si souvent, à T.M. Scanlon.

son propre gouvernement libéral ou décent, ces sentiments sont injustifiés. Car chaque peuple évalue alors pour lui-même le sens et l'importance de la richesse de sa propre société. S'il n'est pas satisfait, il peut continuer à augmenter l'épargne ou, si ce n'était pas faisable, emprunter aux autres membres de la Société des Peuples.

Une troisième raison de considérer les inégalités entre les peuples concerne le rôle important de l'équité des processus politiques de la structure de base de la Société des Peuples. Dans le cas intérieur, cette préoccupation est évidente dans la garantie donnée à l'équité des élections et des possibilités politiques de se porter candidat à une fonction publique. Le financement public des partis politiques et des campagnes cherche à affronter ces problèmes. Ainsi, lorsque nous évoquons l'égalité équitable des chances, nous avons plus que l'égalité légale formelle à l'esprit. Ce que nous voulons dire est que les conditions du contexte social sont telles que tous les citoyens, à talents et à volonté d'engagement équivalents, doivent avoir les mêmes chances d'obtenir un poste social recherché, quelles que soient leur classe ou leur origine. Les politiques à même de réaliser cette égalité équitable des chances comprennent, par exemple, la garantie d'une éducation équitable pour tous et l'élimination des discriminations injustes. L'équité joue également un rôle important dans les processus politiques de la structure de base de la Société des Peuples, analogue au rôle qu'elle joue dans le cas intérieur, même s'il n'est pas exactement le même.

L'équité fondamentale entre les peuples est assurée par leur représentation égale dans la seconde position originelle et son voile d'ignorance. Les représentants des peuples voudront préserver l'indépendance de leur société et son égalité dans ses relations avec les autres. Dans le fonctionnement des organisations et des autres confédérations souples de peuples, les inégalités sont conçues pour servir les multiples fins partagées par les peuples (section 4.5). Les peuples plus ou moins grands seront alors prêts à apporter des contributions plus ou moins conséquentes et à accepter des retours proportionnellement plus ou moins substantiels. En outre, les partenaires formuleront des orientations pour construire des organisations de coopération, et ils s'accorderont sur des critères d'équité en matière commerciale et sur certaines clauses d'assistance mutuelle. Si ces organisations de coopération avaient des effets distributifs injustifiés, ceux-ci devraient être corrigés dans la structure de base de la Société des Peuples.

16.2 *La justice distributive entre les peuples*

Plusieurs principes ont été avancés pour régir les inégalités entre les peuples et les empêcher de devenir excessives. Deux d'entre eux ont été proposés par Charles Beitz[46]. Un autre est le principe égalitaire de Thomas Pogge[47], qui est similaire à bien des égards au second principe de redistribution de Beitz.

Ce sont des principes suggestifs et largement discutés, et il me faut indiquer pourquoi je ne les accepte pas. J'adhère néanmoins aux objectifs partagés par Beitz et Pogge de réaliser des institutions libérales ou décentes, de garantir les droits de l'homme, et de satisfaire les besoins humains fondamentaux. Il s'agit là de buts couverts par le devoir d'aide analysé dans la section précédente.

Je commence par énoncer les deux principes de Beitz. Il distingue ce qu'il nomme le « principe de redistribution des ressources » et un principe de « distribution globale ». La distinction entre eux est décrite de la façon suivante : supposons, première-ment, que la production de biens et de services dans tous les pays est *autarcique*, au sens où chaque pays ne compte que sur son propre travail et ses propres ressources sans commerce d'aucune sorte. Beitz estime que certaines zones sont dotées de vastes ressources, et que l'on peut s'attendre à ce que les sociétés situées dans ces zones fassent le meilleur usage de leurs richesses naturelles et prospèrent. D'autres sociétés n'ont pas autant de chance et, malgré leurs efforts, ne pourront atteindre qu'un niveau faible de bien-être du fait de la rareté des ressources[48]. Beitz consi-dère que le principe de redistribution des ressources donne une chance équitable à chaque société d'établir des institutions

---

46. Charles BEITZ, *Political Theory and International Relations*, Princeton University Press, Princeton, 1979.

47. Le principe égalitaire global de POGGE tel qu'il est présenté dans « An Egalitarian Law of Peoples », *Philosophy and Public Affairs*, 23, 3 (été 1994) n'exprime pas sa pro-pre position, mais celle qu'il considère interne à *Théorie de la justice*. Il indique la manière dont il estime que le système international doit être traité s'il était abordé comme le système intérieur est traité dans *Théorie de la justice*.

48. Charles BEITZ, *Political Theory and International Relations*, *op. cit.*, p. 137.

politiques justes et une économie capable de remplir les besoins fondamentaux de ses membres. L'affirmation de ce principe « procure l'assurance aux personnes des sociétés pauvres en ressources que leur mauvaise fortune ne les empêchera pas d'atteindre des conditions économiques suffisantes pour soutenir des institutions sociales justes et pour protéger les droits de l'homme[49] ». Il n'explique pas comment les pays dont les ressources sont suffisantes doivent les redistribuer aux pays pauvres en ressources.

Le principe global de distribution avancé par Beitz concerne une situation dans laquelle la production n'est plus autarcique et où il existe des flux de commerce et de services entre les pays. Il estime que, dans ce cas, un système global de coopération existe déjà. Beitz propose alors l'application d'un principe global de différence (analogue au principe utilisé pour le cas intérieur dans *Théorie de la justice*), comme principe de justice distributive entre les sociétés[50]. Comme il estime que les pays les plus riches ne le sont qu'en raison des ressources plus abondantes qui leur sont offertes, le principe global redistribue aux peuples pauvres en ressources (par exemple *via* la taxation) les bénéfices tirés de ressources plus abondantes.

Cependant, comme l'élément crucial dans l'évaluation de la performance d'une société est sa culture politique – les vertus politiques et civiques de ses membres –, et non le niveau de ses ressources[51], le caractère arbitraire de la distribution de celles-ci ne crée aucune difficulté. Il me semble donc inutile de discuter le principe de redistribution de Beitz. Par ailleurs, si c'était à notre monde avec ses injustices criantes et sa pauvreté absolue qu'un principe global de justice distributive du Droit des Peuples était censé s'appliquer, son attrait serait compréhensible. Mais s'il devait s'appliquer continûment et sans fin – sans aucun objectif, pour ainsi dire – dans le monde hypothétique auquel on parvient après que le devoir d'aide est pleinement satisfait, alors son attrait pourrait être mis en cause. Dans ce monde hypothétique,

---

49. *Ibid.*, p. 141.
50. *Ibid.*, p. 153-163.
51. Ceci est puissamment défendu (parfois de manière un peu trop appuyée) par David LANDES dans son livre *Richesse et pauvreté des nations*, Albin Michel, Paris, 2000. Voir son analyse des pays de l'OPEP, p.530-535. Landes estime que la découverte du pétrole a constitué un « immense malheur » pour le monde arabe (p.535).

142

un principe global aboutit à ce que nous tiendrions, je crois, pour des résultats inacceptables. Considérons les deux illustrations suivantes :

Cas (i) : deux pays libéraux ou décents ont le même niveau de richesse (estimé par exemple en termes de biens primaires) et ont une population de même importance. Le premier décide de s'industrialiser et d'augmenter son taux d'épargne (réelle), alors que le second ne suit pas cette voie. Satisfait de son état, et préférant une société plus pastorale et tournée vers le loisir, il réaffirme ses valeurs sociales. Quelques décennies plus tard, le premier pays est deux fois plus riche que le second. Si nous supposons que les deux sociétés sont libérales ou décentes, et que leurs peuples sont libres et responsables et capables de prendre leurs propres décisions, le pays en voie d'industrialisation doit-il être taxé pour permettre de subventionner le second ? D'après le devoir d'aide, il n'y aurait pas de taxe, et ceci semble moralement convenable, alors qu'avec un principe égalitaire global sans objectif, on assisterait à un flux continu d'imposition tant que la richesse d'un pays serait inférieure à celle de l'autre, et ceci paraît inacceptable.

Le cas (ii) est parallèle au cas (i) sauf qu'au départ le taux de croissance de la population dans les sociétés libérales comme décentes est assez élevé. Les deux pays établissent les éléments d'une justice égale pour les femmes, comme toute société bien ordonnée, mais la première met l'accent sur ces éléments, au point que les femmes s'épanouissent dans le monde politique et social. La conséquence est qu'elle atteint graduellement un taux de croissance démographique nul, qui permet avec le temps une augmentation de son niveau de richesse. La seconde société, qui établit également ces éléments de justice égale, et à cause de la prédominance de valeurs religieuses et sociales auxquelles les femmes adhèrent librement, ne réduit pas son taux de croissance démographique, qui demeure élevé[52]. Comme précédemment, la première société est deux fois plus riche que la seconde après quelques décennies. Comme les deux sociétés sont libérales ou

---

52. Comme ces éléments de base de la justice égale pour les femmes (y compris la liberté de conscience et la liberté religieuse) sont en place, je suppose que le taux de croissance démographique est volontaire, ce qui signifie que les femmes ne sont pas contraintes par leur religion ou leur place dans la structure sociale. Ce point exige évidemment une discussion plus poussée que celle que je peux fournir ici.

décentes, et que leurs peuples sont libres, responsables et capables de prendre leurs propres décisions, le devoir d'aide n'exige pas de taxer la première société, à présent plus riche, alors que le principe égalitaire global l'imposerait. Encore une fois, cette dernière position paraît inacceptable.

Le point crucial est que le rôle du devoir d'aide est d'aider les sociétés entravées à devenir des membres pleins et entiers de la Société des Peuples et à pouvoir tracer elles-mêmes le chemin de leur avenir. Il s'agit d'un principe de *transition*, tout comme l'est le principe d'épargne réelle au cours du temps dans une société intérieure. Comme je l'ai indiqué dans la section 15.2, l'épargne réelle est conçue pour établir les fondements d'une structure de base de la société juste, et elle peut cesser lorsque cet objectif est atteint. Dans la société du Droit des Peuples, le devoir d'aide s'applique jusqu'à ce que toutes les sociétés aient établi des institutions de base justes, libérales ou décentes. Le devoir d'épargne réelle comme le devoir d'aide sont définis par un *objectif*, au-delà duquel ils ne s'appliquent plus. Ils garantissent l'essentiel de l'*autonomie politique* : celle des citoyens libres et égaux dans le cas intérieur, et celle des peuples libéraux et décents libres et égaux dans la Société des Peuples.

Ceci pose la question de la différence entre un principe égalitaire global et le devoir d'aide[53]. Ce principe est conçu pour aider les pauvres du monde entier, et il propose d'instituer un dividende de ressource généralisé que chaque société devrait verser à un fonds international administré dans ce but. Il faut se demander si ce principe possède un objectif et un seuil maximal. Le devoir d'aide dispose de l'un et de l'autre : il cherche à améliorer le sort des pauvres du monde jusqu'à ce qu'ils soient des citoyens libres et égaux d'une société raisonnablement libérale ou des membres d'une société hiérarchique décente. Voilà pour l'objectif. Il a également, de par sa conception, un seuil maximal puisque le principe cesse de s'appliquer dès que l'objectif est atteint. Un principe égalitaire global pourrait fonctionner d'une façon similaire. Appelons-le un principe égalitaire à objectif. Quelle est

---

53. Pour un exposé de la position propre de POGGE, voir « Human Flourishing and Universal Justice », *Social Philosophy* 16, 1, 1999. Pogge m'indique que sa position comporte un objectif et un seuil maximal. J'indique dans le texte que ceci pose la question de la mesure de la différence entre le devoir d'assistance et la position égalitaire globale que Pogge défend dans « Universal Justice ».

l'ampleur de la différence entre ce principe et le devoir d'aide ? Il existe certainement un point au-delà duquel un peuple peut se débrouiller seul car ses besoins fondamentaux (estimés en termes de biens primaires) sont satisfaits. On peut être en désaccord sur le moment où ce point est atteint, mais l'existence d'un tel point est essentielle au Droit des Peuples et à son devoir d'aide. Selon la manière dont les objectifs et seuils respectifs sont définis, les principes peuvent être fort semblables, seules des questions pratiques de taxation et d'administration pouvant les distinguer.

16.3 Contraste avec la position cosmopolitique

Le Droit des Peuples suppose que chaque société dispose dans sa population d'un éventail suffisant de capabilités humaines, et de chacune en quantité suffisante, pour que ses ressources humaines potentielles lui permettent de réaliser des institutions justes. Le but politique ultime de la société est de devenir parfaitement juste, et stable pour les bonnes raisons. Une fois cette fin atteinte, le Droit des Peuples ne prescrit aucun objectif supplémentaire comme, par exemple, l'augmentation du niveau de vie au-delà de celui qui est nécessaire à soutenir ces institutions. Une société ne peut pas non plus présenter de raison justifiable pour exiger davantage que ce qui est nécessaire au soutien des institutions justes, ou pour demander une réduction additionnelle des inégalités matérielles entre les sociétés.

Ces remarques illustrent le contraste entre le Droit des Peuples et la position cosmopolitique (section 11). La préoccupation suprême d'une vision cosmopolitique est le bien-être des individus et non la justice des sociétés. D'après cette vision, la question de la nécessité d'une distribution globale additionnelle restera posée même après que chaque société intérieure aura établi des institutions internes justes. L'exemple le plus simple consiste à supposer que chacune de deux sociétés satisfait, à l'intérieur, les deux principes de justice énoncés dans *Théorie de la justice*. Au sein de ces deux sociétés, la personne représentative la plus défavorisée de l'une est plus mal lotie que la personne représentative la plus défavorisée de l'autre. Supposons qu'il soit possible, à travers une redistribution globale qui permettrait aux deux sociétés de continuer à satisfaire, à l'intérieur, les deux principes de justice, d'améliorer le sort de la personne représentative la plus défavorisée de la première société. Nous faut-il préférer cette redistribution à la distribution originelle ?

Le Droit des Peuples est indifférent entre les deux distributions. La position cosmopolitique, au contraire, n'est pas neutre. Elle se préoccupe du bien-être des individus, et donc de la possibilité d'améliorer celui de la personne globalement la plus défavorisée. L'important dans le Droit des Peuples est la justice et la stabilité, pour les bonnes raisons, des sociétés libérales et décentes agissant en tant que membres d'une Société des Peuples bien ordonnés.

Quatrième partie

Conclusion

Section 17. La raison publique et le Droit des Peuples

17.1 Le Droit des Peuples n'est pas ethnocentrique

En présentant le Droit des Peuples, j'ai indiqué que les sociétés libérales se demandaient quelle devait être, du point de vue de leurs *propres* conceptions politiques, leur conduite vis-à-vis des autres sociétés. Il nous faut toujours réfléchir depuis le lieu où nous sommes, en admettant que nous avons pris toutes les précautions raisonnables pour examiner les bases de notre conception politique et pour nous préserver de la partialité et de l'erreur. À l'objection selon laquelle cette façon de procéder est ethnocentrique ou étroitement occidentale, la réponse est : non, pas nécessairement. Tout dépend du *contenu* du Droit des Peuples que les sociétés libérales adoptent. L'objectivité de ce droit ne dépend assurément pas de son époque, de son lieu, de sa culture d'origine, mais du fait qu'il satisfait le critère de réciprocité et qu'il relève de la raison publique de la Société des Peuples libéraux et décents.

Lorsque l'on considère le Droit des Peuples, on constate qu'il remplit le critère de réciprocité (section 1.2). Il n'exige des autres sociétés que ce qu'elles peuvent raisonnablement accorder sans se soumettre à une position d'infériorité ou de domination. Il est essentiel ici que le Droit des Peuples n'exige pas des sociétés décentes qu'elles abandonnent ou modifient leurs institutions religieuses et qu'elles adoptent des institutions libérales. Nous avons supposé que les sociétés décentes affirmeraient le même Droit des Peuples que celui qui s'appliquerait aux relations des sociétés libérales justes. C'est ce qui permet à ce droit d'être universel dans sa portée. Il ne demande en effet aux autres sociétés que ce qu'elles peuvent raisonnablement accepter dès lors qu'elles sont prêtes à se tenir dans un rapport d'égalité avec toutes les autres sociétés. Elles ne peuvent objecter que ce rapport est une idée occidentale ! Dans quel autre rapport un peuple et son régime peuvent-ils raisonnablement espérer se placer ?

17.2 La tolérance des Peuples décents

Comme nous l'avons vu, on ne peut pas raisonnablement exiger de tous les peuples qu'ils soient libéraux. Ceci résulte du principe de tolérance d'un Droit des Peuples raisonnable et de son idée de la raison publique élaborée à partir d'une famille de conceptions libérales. Quelle conception de la tolérance des autres sociétés le Droit des Peuples exprime-t-il ? Et comment ceci est-il lié au libéralisme politique ? Si l'on demandait si les sociétés libérales étaient, moralement parlant, meilleures que les sociétés hiérarchiques et les autres sociétés décentes, et donc si le monde serait meilleur si l'on exigeait de toutes les sociétés qu'elles soient libérales, les tenants d'une position libérale pourraient pencher pour une réponse positive. Cette réponse néglige pourtant l'importance cruciale du maintien du respect mutuel entre les peuples, et celle du maintien du respect de soi de chaque peuple, en évitant que s'installe le mépris d'un côté, l'amertume et le ressentiment de l'autre (voir section 7.3). Ces relations ne concernent pas la structure de base interne de chaque peuple, libérale ou décente, envisagée séparément. Elles se rapportent aux relations de respect *mutuel* entre les peuples, et constituent ainsi une part essentielle de la structure de base et du climat politique de la Société des Peuples. Ceci explique que le Droit des Peuples reconnaisse les peuples décents comme des membres de cette société plus étendue. Confiant dans les idéaux de la pensée constitutionnelle démocratique libérale, il respecte les peuples décents en leur permettant de trouver leur propre façon d'honorer ces idéaux.

Les doctrines englobantes ne jouent qu'un rôle limité dans la politique libérale démocratique. Les questions constitutionnelles essentielles et les enjeux de justice fondamentale doivent être réglés par une conception politique et publique de la justice et sa raison publique, même si tous les citoyens se tournent également vers leurs doctrines englobantes. Étant donné le pluralisme des sociétés libérales démocratiques – un pluralisme qu'il vaut mieux envisager comme le résultat de l'exercice de la raison humaine sous l'empire d'institutions libres –, l'affirmation de cette conception politique comme base de justification publique, ainsi que les institutions politiques fondamentales qui permettent de la réaliser constituent la base la plus raisonnable et la plus profonde d'unité sociale qui soit disponible pour nous.

Le Droit des Peuples tel que je l'ai esquissé ne fait qu'étendre les mêmes idéaux à la Société politique des Peuples bien ordonnés. Ce Droit, qui règle les questions politiques fondamentales à mesure qu'elles se posent à la Société des Peuples, doit aussi être fondé sur une conception politique et publique de la justice. J'ai indiqué le contenu de cette conception politique, et j'ai tenté d'expliquer comment elle pouvait être adoptée par les sociétés bien ordonnées, qu'elles soient libérales ou décentes. Les sociétés expansionnistes en tout genre ne pourraient pas l'adopter, sinon comme base d'un *modus vivendi*. Dans leur cas, aucune solution pacifique n'existe, à part la domination d'un camp ou la paix issue de l'épuisement des forces[1].

Certains trouveront ce fait difficile à accepter. La raison est qu'on donne souvent à la philosophie la tâche de découvrir une forme d'argumentation qui se révélera toujours plus convaincante que toutes les autres. Mais cette argumentation n'existe pas. Les peuples ont souvent des fins ultimes qui exigent qu'ils s'opposent aux autres sans compromis. Si ces fins sont tenues

---

1. En juillet 1864, à un moment difficile pour le Nord dans la guerre civile américaine, une mission de paix informelle se rendit à Richmond. On rapporte que Jefferson David a déclaré : « La guerre [...] doit continuer jusqu'à ce que ce que le dernier homme périsse [...] sauf si vous reconnaissez le droit à l'autonomie. Nous ne combattons pas pour l'esclavage. Nous combattons pour l'indépendance, et nous l'obtiendrons, ou alors nous serons exterminés. » Voir David DONALD, *Lincoln*, Simon & Shuster, New York, 1995, p. 523. Dans son message annuel au Congrès du 6 décembre 1864, Lincoln décrivit ainsi la situation entre le Nord et le Sud : « [Davis] ne cherche pas à nous tromper. Il ne nous fournit aucune excuse pour nous tromper nous-mêmes. Il ne peut pas accepter à nouveau l'Union volontairement ; nous ne pouvons pas volontairement y renoncer. Entre lui et nous, le problème est clair, simple, et ne tolère pas de compromis. Il ne peut être traité que par la guerre, et résolu par la victoire. » Roy F. BASLER (dir.), *Collected Works of Abraham Lincoln*, Rutgers University Press, New Brunswick, 1953, vol. 8, p. 151.

pour suffisamment fondamentales, et si une société au moins refuse d'accepter l'idée du politiquement raisonnable et la famille d'idées qui va avec elle, il est possible qu'on parvienne à une impasse et que la guerre survienne, comme ce fut le cas entre le Nord et le Sud au moment de la guerre civile américaine. Le libéralisme politique commence par proposer les termes du politiquement raisonnable, et il construit sa défense à partir de ce point de départ. On ne parvient pas à la paix en proclamant que la guerre est une folie et un gâchis, même si elle peut effectivement l'être. Il s'agit plutôt de préparer la voie que les peuples peuvent emprunter pour développer une structure de base appuyant le régime raisonnablement juste ou décent qui rend possible un Droit des Peuples raisonnable.

Section 18. La réconciliation avec notre monde social

18.1 La Société des Peuples est possible

Dans la section 1.1, j'ai indiqué que la philosophie politique était utopiste de manière réaliste lorsqu'elle étendait ce que la réflexion ordinaire conçoit comme les limites des possibilités politiques pratiques. Notre espoir pour l'avenir repose sur la croyance que les possibilités qu'offre notre monde social permettent à une société démocratique constitutionnelle raisonnablement juste d'exister en tant que membre d'une Société des Peuples raisonnablement juste. Une étape essentielle de notre réconciliation avec notre monde social consiste à réaliser que cette Société des Peuples est effectivement possible.

Rappelons quatre faits essentiels auxquels je me suis souvent référé, et qui peuvent être aisément confirmés par une réflexion sur l'histoire et l'expérience politiques. Ils n'ont pas été découverts par la théorie sociale, et ils ne doivent pas être sujets à controverse puisqu'ils sont presque des évidences.

(a) Le fait du pluralisme raisonnable : un trait fondamental de la démocratie libérale est le fait du pluralisme raisonnable – le fait qu'une pluralité de doctrines englobantes raisonnables opposées, religieuses comme non religieuses (séculières), soit le résultat normal de ses institutions libres. Des doctrines différentes et irréconciliables s'uniront pour défendre l'idée d'une liberté égale de toutes les doctrines et celle de la séparation de l'Église et de l'État. Même si chacune peut préférer que les autres n'existent pas, la pluralité des sectes est la meilleure assurance que chacune dispose d'une liberté égale pour elle-même[2].

(b) Le fait de l'unité démocratique dans la diversité : il s'agit du fait que, dans une société démocratique constitutionnelle, l'unité politique et sociale n'exige pas que les citoyens soient unifiés par une doctrine englobante, religieuse ou non religieuse. Jusqu'à la fin du XVIIᵉ siècle, ou plus tard, ce n'était pas une position commune. La division religieuse était conçue comme un désastre pour la société civile. Il a fallu l'expérience des faits historiques pour montrer que cette vision était erronée. Si une base publique de compréhension est nécessaire, elle est apportée dans une société démocratique libérale par le caractère rationnel et raisonnable de ses institutions politiques et sociales, dont on peut discuter des mérites en termes de raison publique.

(c) Le fait de la raison publique : c'est le fait que les citoyens d'une société démocratique libérale pluraliste réalisent qu'ils ne peuvent pas s'accorder, ou même approcher une compréhension mutuelle, en se fondant sur leurs doctrines englobantes irréconciliables. Ainsi, lorsque les citoyens débattent de questions politiques fondamentales, ils ne font pas appel à ces doctrines, mais plutôt à une famille raisonnable de conceptions politiques de la rectitude morale et de la justice, et donc à l'idée du politiquement raisonnable qui s'adresse aux citoyens en tant que citoyens. Ceci ne signifie pas que des doctrines reposant sur la foi, ou à caractère non religieux (séculier), ne peuvent pas être introduites dans la discussion politique, mais plutôt que les citoyens qui les présentent doivent également fournir des bases suffisantes en termes de raison publique pour appuyer les politiques publiques que leurs doctrines religieuses ou non religieuses soutiennent[3].

(d) Le fait de la paix démocratique : il s'agit du fait présenté dans la section 5 que, idéalement, les sociétés démocratiques constitutionnelles bien ordonnées ne se font pas la guerre, et qu'elles ne

---

2. Voir James Madison : « Lorsqu'il existe une telle variété de sectes, il ne peut se trouver une majorité composée d'une seule secte pour opprimer et persécuter les autres [...] Les États-Unis regorgent de cette variété de sectes, ce qui constitue une sécurité solide contre la persécution religieuse. » Convention de Virginie, 12 juillet 1788, *in* William T. Hutchinson et William M.E. Rachal (éd.), *Papers of James Madison* (Chicago, Chicago University Press, 1962), vol. 11, p. 130.

3. Voir « L'idée de raison publique reconsidérée », section 4.

s'engagent dans une guerre, dans le cadre d'une alliance, qu'en cas d'autodéfense ou pour défendre les autres peuples libéraux et décents. C'est le principe (5) du Droit des Peuples[4].

Ces quatre faits procurent une explication de ce qui rend possible une juste Société des Peuples. J'estime que, dans une société des peuples libéraux et décents, le Droit des Peuples serait honoré sinon toujours, du moins la plupart du temps, et qu'il serait donc reconnu comme le droit régissant leurs relations. Pour le montrer, on passe en revue les huit principes qui feraient l'objet d'un accord, et on remarque qu'aucun d'entre eux ne sera vraisemblablement violé. Les peuples libéraux démocratiques et décents ont toutes les chances d'appliquer le Droit des Peuples entre eux, puisque ce droit est conforme à leurs intérêts fondamentaux, et que chacun souhaite honorer ses engagements vis-à-vis des autres et être réputé fiable. Les principes dont la violation est la plus probable sont les normes d'une conduite juste de la guerre contre les États hors-la-loi agressifs, et le devoir d'aide envers les sociétés entravées. Les raisons qui appuient ces principes font appel à une capacité de prévision considérable et doivent contrer des passions puissantes qui agissent en sens inverse. Mais le devoir de l'homme d'État est de convaincre le public de l'importance cruciale de ces principes.

Pour l'illustrer, rappelons le rôle de l'homme d'État dans la conduite de la guerre contre un État ennemi, ainsi que les émotions et les haines qu'il doit être prêt à contrer (section 14). De même pour le devoir d'aide : il se peut que de nombreux traits de la culture et du peuple d'une société étrangère dont les conditions sont défavorables interfèrent avec la sympathie naturelle des autres sociétés, ou les conduisent à sous-estimer, ou à ne pas reconnaître, l'ampleur de la violation des droits de l'homme dans cette société étrangère. Un sentiment de distance sociale et de peur de l'inconnu rend ces sentiments plus puissants. Un homme d'État peut trouver difficile de convaincre l'opinion publique de son peuple de l'importance considérable, pour lui-même, de permettre aux autres sociétés d'établir des institutions politiques et sociales qui soient au moins décentes.

---

4. Montesquieu le définit comme « le principe que les diverses nations doivent se faire dans la paix le plus de bien, et dans la guerre le moins de mal qu'il est possible, sans nuire à leurs véritables intérêts » (MONTESQUIEU, *De l'esprit des lois*, livre I, chapitre 3).

18.2 Les limites de la réconciliation

J'ai indiqué dans l'introduction que deux idées motivaient le Droit des Peuples. L'une est que les grands fléaux de l'histoire humaine – la guerre injuste et l'oppression, la persécution religieuse et le déni de la liberté de conscience, la famine et la pauvreté, pour ne rien dire du génocide et du meurtre de masse – proviennent de l'injustice politique et de ses cruautés et atrocités. La seconde est que lorsque l'injustice politique aura été éliminée par la mise en œuvre de politiques publiques justes (ou au moins décentes) et l'établissement d'institutions de base justes (ou au moins décentes), ces grands fléaux finiront par disparaître. Je nomme « utopie réaliste » le monde dans lequel ils auraient disparu et où des institutions de base justes (ou au moins décentes) auraient été établies par les peuples libéraux et décents honorant le Droit des Peuples. Cette présentation d'une utopie réaliste montre, dans la tradition des écrits tardifs de Kant, les conditions sociales dans lesquelles nous pouvons raisonnablement espérer que tous les peuples libéraux et décents pourraient appartenir, en tant que membres en règle, à une Société des Peuples raisonnable.

Il existe toutefois des limites importantes à la réconciliation. J'en mentionne deux. De nombreuses personnes – appelons-les les « fondamentalistes » des religions ou des doctrines séculières variées qui ont été historiquement dominantes – ne pourraient pas être réconciliées avec un monde social tel que celui que j'ai décrit. Pour eux, le monde social envisagé par le libéralisme politique est un cauchemar de fragmentation sociale et de fausses doctrines, sinon une véritable calamité. Pour être réconcilié avec un monde social, on doit pouvoir considérer qu'il est à la fois raisonnable et rationnel. La réconciliation exige d'admettre le fait du pluralisme raisonnable, à la fois au sein des sociétés libérales et décentes, et dans leurs relations mutuelles. En outre, on doit aussi reconnaître que ce pluralisme est compatible avec les doctrines englobantes raisonnables, qu'elles soient religieuses ou séculières[5]. Cette dernière idée est pourtant précisément ce que refuse le fondamentalisme et ce qu'affirme le libéralisme politique.

---

5. Le catholicisme depuis Vatican II, certaines formes de protestantisme, de judaïsme et d'islam en sont des exemples. Voir « L'idée de raison publique reconsidérée », section 3.

Une seconde limitation à la réconciliation avec un monde social qui accomplit l'idée d'utopie réaliste est qu'il peut s'agir d'un monde social dont de nombreux membres sont accablés par la douleur et l'infortune, et troublés par le vide spirituel (c'est ce que croient de nombreux fondamentalistes). Le libéralisme politique est un libéralisme de la liberté – qui se range aux côtés de Kant, Hegel et J.S. Mill[6]. Il affirme l'égale liberté des peuples libéraux et décents comme celle des citoyens libres et égaux des peuples libéraux, et il cherche à garantir que ces citoyens disposent des moyens polyvalents (des biens primaires) qui leur permettent de faire un usage éclairé de ces libertés. Leur bien-être spirituel n'est cependant pas garanti. Le libéralisme n'écarte pas les questions spirituelles parce qu'elles seraient secondaires mais, du fait même de leur importance, il laisse au contraire à chaque citoyen la possibilité d'y répondre par lui-même. Ce n'est pas dire que la religion serait d'une certaine façon « privatisée », mais plutôt qu'elle n'est pas « politisée » (c'est-à-dire pervertie et diminuée à des fins idéologiques). La division du travail est pleinement affirmée entre les institutions politiques et sociales d'une part, et la société civile avec ses associations nombreuses et diverses (religieuses et séculières) d'autre part.

18.3 Réflexion conclusive

L'idée d'utopie réaliste nous réconcilie avec notre monde social en nous montrant qu'une démocratie constitutionnelle raisonnablement juste et membre d'une Société des Peuples raisonnablement juste est *possible*. Elle établit que ce monde peut exister quelque part et à une certaine époque, mais pas que son existence est nécessaire, ni qu'elle se réalisera. On peut néanmoins estimer que la possibilité d'un tel ordre politique et social libéral et décent ne possède aucune pertinence tant que cette possibilité n'est pas advenue.

Si son effectivité n'est, bien entendu, pas sans importance, je crois que la simple possibilité de cet ordre social peut en elle-même nous réconcilier avec le monde social. La possibilité n'est pas seulement d'ordre logique : elle dépend des tendances et

---

6. Voir les sections 1.2 et 7.3 du présent texte.

inclinations profondes du monde social. Car tant que nous croyons pour de bonnes raisons qu'un ordre politique et social raisonnablement juste et qui engendre son propre soutien à l'intérieur comme à l'extérieur est possible, nous pouvons raisonnablement espérer que nous-mêmes ou d'autres le réaliseront un jour quelque part, et nous pouvons alors agir en faveur de cette réalisation. C'est ce qui, indépendamment de notre succès ou de notre échec, suffit à bannir les dangers de la résignation et du cynisme. En montrant comment le monde social peut faire advenir les caractéristiques d'une utopie réaliste, la philosophie politique définit un objectif de long terme à l'entreprise politique, et lorsque nous cherchons à nous en approcher, elle donne un sens à ce que nous pouvons faire aujourd'hui.

Notre réponse à la question de la possibilité d'une Société raisonnablement juste des Peuples affecte nos attitudes envers le monde en général. Notre réponse nous façonne avant même que nous parvenions à une activité politique concrète, et elle limite ou inspire la façon dont nous prenons part à la politique. Rejeter comme impossible l'idée d'une Société des Peuples affectera la qualité comme la tonalité de ces attitudes et déterminera notre vie politique d'une façon significative. Dans *Théorie de la justice* et *Libéralisme politique*, j'ai esquissé les conceptions raisonnables de la justice pour un régime libéral démocratique, et j'ai présenté un candidat à la place de la plus raisonnable d'entre elles. Dans cette monographie sur le Droit des Peuples, j'ai tenté d'étendre ces idées de manière à présenter les orientations de la politique étrangère d'une société libérale au sein d'une Société raisonnablement juste des Peuples.

Si une Société raisonnablement juste des Peuples dont les membres subordonnent leurs pouvoirs à des fins raisonnables n'est pas possible, et si les hommes sont largement amoraux, sinon incurablement cyniques et égocentriques, on est en droit de se demander, avec Kant, si la vie sur terre vaut la peine d'être vécue pour les êtres humains[7].

---

7. « Si la justice sombre, le fait que des hommes vivent sur la terre n'a plus aucune valeur. » Emmanuel KANT, *Doctrine du droit*, note E suivant la section 49 (Ak, VI, p. 332) [trad. fr. Joëlle et Olivier MASSON, *Œuvres philosophiques*, tome III, Gallimard, coll. « Pléiade », Paris, 1986, p. 601].

II

L'idée de raison publique reconsidérée

L'idée de raison publique, telle que je la conçois[1], participe de la conception d'une société démocratique constitutionnelle bien ordonnée. La forme et le contenu de cette raison – la manière dont elle est comprise par les citoyens et dont elle interprète leur relation politique – sont des composantes de l'idée même de démocratie. Ceci provient de ce qu'une caractéristique de base de la démocratie est le fait du pluralisme raisonnable – le fait qu'une pluralité de doctrines[2] englobantes raisonnables, d'ordre religieux, philosophique et moral, qui entrent en opposition, soit le résultat normal de sa culture d'institutions libres[3]. Les citoyens se rendent compte qu'ils ne peuvent pas parvenir à un accord ou même à une compréhension mutuelle sur la base de

1. Voir *Libéralisme politique*, *op. cit.*, leçon VI, section 8.5. Notons que la seconde édition (en anglais) de *Political Liberalism* (Columbia University Press, New York, 1996) contient une nouvelle introduction qui tente, entre autres choses, de clarifier certains aspects du libéralisme politique. La section 5 de cette introduction (p. l-lvii) examine l'idée de raison publique et esquisse plusieurs modifications de la manière dont j'affirme à présent cette idée. Ces modifications sont poursuivies et élaborées ici ; elles sont essentielles à une pleine compréhension de l'argumentation.

2. J'utiliserai le terme de « doctrine » pour décrire les positions englobantes de tous genres et celui de « conception » pour décrire une conception politique et ses composantes, comme la conception de la personne en tant que citoyen. Le terme d'« idée » est utilisé comme un terme général qui peut se référer à l'un ou l'autre des usages précédents, suivant le contexte.

3. Toute société contient également de nombreuses doctrines déraisonnables. Dans cet essai, je m'intéresse à la conception normative idéale d'un gouvernement démocratique, c'est-à-dire à la conduite de ses citoyens raisonnables et aux principes qu'ils appliquent, en supposant qu'ils prévalent et qu'ils gouvernent. Les principes de justice et les types d'actions qu'ils autorisent déterminent la mesure dans laquelle les doctrines déraisonnables sont actives et tolérées.

159

leurs doctrines englobantes irréconciliables. Il leur faut alors envisager les types de raisons qu'ils peuvent raisonnablement se présenter les uns aux autres lorsque les questions fondamentales sont en jeu. Je propose qu'en matière de raison publique, les doctrines englobantes sur la vérité ou la rectitude morale soient remplacées par une idée du politiquement raisonnable qui s'adresse aux citoyens en tant que tels[4].

Un trait central de l'idée de raison publique est qu'elle ne combat ni ne critique aucune doctrine englobante, qu'elle soit ou non religieuse, sauf dans la mesure où celle-ci est incompatible avec les traits essentiels de la raison publique et d'un ordre démocratique. L'exigence essentielle est qu'une doctrine raisonnable accepte un régime démocratique constitutionnel et son idée complémentaire de droit légitime. Les sociétés démocratiques se distingueront en fonction des doctrines particulières qui seront influentes et actives en leur sein – tout comme diffèrent entre elles les démocraties occidentales d'Europe, les États-Unis, Israël et l'Inde – mais elles seront toutes confrontées à la tâche de trouver une idée appropriée de la raison publique.

Section 1. L'idée de raison publique

1.1 L'idée de raison publique spécifie au niveau fondamental les valeurs morales et politiques essentielles qui doivent déterminer la relation d'un gouvernement démocratique constitutionnel avec ses citoyens ainsi que les rapports mutuels de ceux-ci. En bref, elle porte sur la manière dont la relation politique doit être conçue. Ceux qui rejettent la démocratie constitutionnelle et son critère de réciprocité[5] refuseront évidemment l'idée même de raison publique. Pour eux, la relation politique peut être celle de l'ami ou de l'ennemi des membres d'une communauté religieuse ou séculière. Elle peut aussi être une lutte sans merci pour convertir le monde à la vérité complète. Le libéralisme politique ne concerne pas ceux qui pensent de cette manière. L'ardeur à réaliser la vérité complète en politique est incompatible avec une idée de la raison publique qui relève de la citoyenneté démocratique.

---

4. Voir section 6.2.
5. Voir section 1.2.

L'idée de raison publique possède une structure définie, et peut apparaître peu plausible si l'un de ses aspects est négligé, comme c'est le cas lorsqu'elle est appliquée à la culture du contexte social[6]. Elle comporte cinq aspects différents : (1) les questions politiques fondamentales auxquelles elle s'applique ; (2) les personnes qu'elle concerne (les responsables gouvernementaux et les candidats à un poste public) ; (3) son contenu, donné par une famille de conceptions politiques raisonnables de la justice ; (4) l'application de ces conceptions à la discussion des normes coercitives, qui doivent être mises en œuvre sous la forme du droit légitime d'un peuple raisonnable ; (5) le contrôle par les citoyens de la satisfaction du critère de réciprocité par les principes qui procèdent de leur conception de la justice.

En outre, cette raison est publique de trois manières : en tant que raison des citoyens libres et égaux, elle est la raison du public ; son objet est le bien public sur les questions de justice politique fondamentale, qui relèvent de deux catégories, les questions constitutionnelles essentielles et les questions de justice fondamentale[7] ; sa nature et son contenu sont publics, et s'expriment dans le raisonnement public par une famille de conceptions raisonnables de la justice politique dont on peut raisonnablement penser qu'elles remplissent le critère de réciprocité.

Il est impératif de comprendre que l'idée de raison publique ne s'applique pas à toutes les discussions politiques de questions fondamentales, mais seulement à celles qui prennent place au sein de ce que j'appelle le forum politique public[8]. Ce forum peut être décomposé en trois parties : le discours des juges dans le cadre de leurs décisions, tout particulièrement celui des juges d'une Cour suprême ; le discours des responsables gouvernementaux, en particulier celui des chefs de l'exécutif et des législateurs ; le discours, enfin, des candidats à un poste public et de leurs responsables de campagne, notamment dans leurs déclarations

---

6. Voir les notes 12 à 15.

7. Ces questions sont abordées dans *Libéralisme politique, op. cit.*, leçon VI, section 5, p. 276-279. Les questions constitutionnelles essentielles envisagent quels droits et libertés politiques peuvent raisonnablement être inclus dans une Constitution écrite, en supposant que la Constitution puisse être interprétée par une Cour suprême ou une institution similaire. Les questions de justice fondamentale portent sur la structure de base de la société ; ce sont des questions de justice économique et sociale de base qui ne sont pas mentionnées dans une Constitution.

8. Ce terme n'a pas un sens bien établi. Je ne pense pas que celui que j'utilise soit particulier.

publiques, les programmes de leur parti, leurs prises de position politiques[9]. Cette décomposition en trois parties nous est utile, comme je le relève plus bas, parce que l'idée de raison publique ne s'applique pas de la même manière dans ces trois cas et dans d'autres[10]. Lorsque nous examinerons ce que je nomme la conception étendue de la culture politique publique[11], nous constaterons que l'idée de raison publique s'applique de façon plus stricte aux juges qu'aux autres, mais que les exigences de justification publique sont toujours les mêmes.

L'entité que je nomme la culture du contexte social[12] est séparée et distincte de ce forum politique public comportant trois parties. Il s'agit de la culture de la société civile. Dans une démocratie, cette culture n'est pas, bien entendu, guidée par une idée ou un principe unique central, qu'il soit politique ou religieux. Ses nombreuses composantes et associations, chacune avec sa vie interne, prennent place au sein d'un système juridique qui garantit les libertés traditionnelles de pensée et d'expression, et le droit de libre association[13]. L'idée de raison publique ne s'applique pas à la culture du contexte social et ses multiples formes de raison non publique, ni à aucune sorte de média[14]. Parfois, ceux qui semblent rejeter l'idée de raison publique cherchent en réalité à affirmer la

---

9. Nous devons aborder ici la question de la différence entre les candidats, ceux qui organisent leur campagne et les citoyens politiquement engagés en général. Nous réglons le problème en rendant les candidats et leurs directeurs de campagne responsables pour ce qui est fait et dit au nom des candidats.

10. Ceux qui écrivent sur ce sujet utilisent des termes, comme ceux de « place publique » ou de « forum public » et d'autres du même genre, qui ne font aucune distinction entre les parties de la discussion publique. À la suite de Kent Greenawalt, j'estime que des distinctions plus fines sont nécessaires. Voir Kent GREENAWALT, *Religious Convictions and Political Choice*, Oxford University Press, Oxford, 1988, p. 226-227 (qui décrit par exemple les différences, pour un chef religieux, entre prêcher ou promouvoir une organisation contre l'avortement et diriger un mouvement politique important ou se porter candidat à un poste public).

11. Voir section 4.

12. Voir *Libéralisme politique*, *op. cit.*, leçon I, section 2.3.

13. La culture du contexte social inclut ainsi la culture des Églises, des associations de tous genres, et des institutions d'éducation de tous niveaux, en particulier les universités, les écoles professionnelles et les sociétés scientifiques. De plus, la culture politique non publique établit une médiation entre la culture politique publique et la culture du contexte social. Cette culture politique non publique comprend les médias – le terme est approprié – de tous types : les journaux, les revues et magazines, la télévision et la radio, et beaucoup d'autres. Il faut comparer ces divisions avec la vision qu'Habermas propose de la sphère publique. Voir « Réponse à Habermas », section 1.3, note 13, *in* John RAWLS et Jürgen HABERMAS, *Débat sur la justice politique*, *op. cit.*

14. Voir *Libéralisme politique*, *op. cit.*, leçon VI, section 3.

nécessité d'une discussion complète et ouverte au sein de la culture du contexte social[15]. Le libéralisme politique adhère tout à fait à cette position.

Enfin, on distingue l'*idéal* de raison publique de l'idée de raison publique telle qu'elle est décrite par les cinq traits cités plus haut. Cet idéal est réalisé, ou satisfait, lorsque les juges, les législateurs, les chefs de l'exécutif et les autres responsables du gouvernement, comme les candidats à un poste public, adoptent l'idée de raison publique et agissent selon elle : ils expliquent aux autres citoyens leurs raisons pour aborder les questions politiques fondamentales dans les termes de la conception politique de la justice qu'ils tiennent pour la plus raisonnable. De cette manière, ils remplissent à l'égard de chacun des autres citoyens ce que j'appelle leur devoir de civilité. On vérifie ainsi continuellement et quotidiennement si les juges, les législateurs et les chefs de l'exécutif adoptent l'idée de raison publique et agissent selon elle.

Comment l'idéal de la raison publique est-il réalisé par les citoyens qui ne sont pas des responsables politiques ? Dans un gouvernement représentatif, les citoyens votent en faveur de représentants – les chefs de l'exécutif, législateurs et autres responsables – et non pour des lois spécifiques (sauf au niveau local ou régional lorsqu'ils peuvent directement se prononcer sur des questions référendaires qui sont rarement des questions fondamentales). En réponse à cette interrogation, nous proposons que les citoyens doivent idéalement se concevoir *comme s'ils étaient* des législateurs et se demander quelles lois, justifiées par quelles raisons conformes au critère de réciprocité, ils estimeraient tout

---

15. Voir David HOLLENBACH, « Civil Society : Beyond the Public-Private Dichotomy », *The Responsive Community*, 5 (hiver 1994-1995). Celui-ci écrit par exemple : « La conversation et l'argumentation sur la bonne volonté commune n'émergeront pas au départ dans la législature ou dans la sphère politique (étroitement conçue comme le domaine d'adjudication des intérêts et du pouvoir). Elles se développeront plutôt librement au sein des composantes de la société civile qui sont les supports primaires du sens et de la valeur culturels – les universités, les communautés religieuses, le monde des arts, et le bon journalisme. Elles peuvent émerger partout où des hommes et des femmes éclairés placent leurs croyances sur le sens de la vie bonne dans une situation de rencontre critique avec les compréhensions de la vie bonne auxquelles sont attachées d'autres personnes, venant d'autres traditions. En bref, elles émergent lorsqu'une éducation et une recherche sérieuse sur le sens de la vie bonne peuvent trouver leur place » (p. 22).

à fait raisonnable d'adopter[16]. Lorsqu'elle est solide et répandue, la disposition des citoyens à se concevoir comme des législateurs idéaux et à se défaire des responsables gouvernementaux et des candidats à un poste public qui ne respectent pas la raison publique constitue une part de la base politique et sociale de la démocratie libérale essentielle à sa force durable et à sa vigueur[17]. Les citoyens remplissent ainsi leur devoir de civilité et soutiennent l'idée de raison publique en faisant leur possible pour obliger les responsables gouvernementaux à le faire. Ce devoir, comme les autres droits et devoirs politiques, est un devoir moral intrinsèque. J'insiste sur le fait qu'il ne s'agit pas d'un devoir légal, car il serait dans ce cas incompatible avec la liberté d'expression.

1.2 Je passe à présent à l'examen de ce que j'ai nommé plus haut les troisième, quatrième et cinquième aspects de la raison publique. L'idée de raison publique provient d'une conception de la citoyenneté démocratique dans une démocratie constitutionnelle. Cette relation politique fondamentale comporte deux caractéristiques particulières : en premier lieu, il s'agit d'une relation entre les citoyens au sein de la structure de base de la société, structure dans laquelle nous n'entrons qu'en naissant et dont nous ne sortons qu'en mourant[18]; en second lieu, il s'agit d'une relation de citoyens libres et égaux qui exercent le pouvoir politique ultime en tant que corps collectif. Ces deux traits amènent immédiatement à la question de savoir comment, lorsque les questions constitutionnelles essentielles et de justice fondamentale sont en jeu, les citoyens ainsi reliés peuvent s'engager à respecter la structure de leur régime démocratique constitutionnel et à observer les lois promulguées dans ce cadre. Le fait du pluralisme raisonnable fait émerger cette question encore plus nettement, puisqu'il signifie que les différences entre les

---

16. Il existe une affinité entre ce critère et le principe du contrat originel de Kant. Voir E. KANT, *Métaphysique des mœurs, premiers principes métaphysiques de la doctrine du droit*, section 47-49 (Ak, VI, p. 315-318), traduction française par J. et O. MASSON, *in Œuvres complètes*, vol. III, Gallimard, coll. « Pléiade », Paris (1986), p. 581-584; et E. KANT, *Sur le lieu commun : il se peut que ce soit juste en théorie mais en pratique cela ne vaut point*, partie II (Ak, VIII, p. 289-306), traduction française par L. FERRY, *in ibid.*, p. 269-291.

17. Voir également section 4.2.

18. Voir *Libéralisme politique, op. cit.*, leçon I, section 2.1. Sur la mort comme unique moyen de sortir de la société, voir *ibid.*, section 1.2, note 4.

citoyens, qui proviennent de leurs doctrines englobantes, religieuses ou non religieuses, peuvent être irréconciliables. Quels sont les idéaux et principes qui doivent guider l'exercice du pouvoir politique ultime également partagé entre les citoyens pour que chacun puisse raisonnablement justifier ses décisions politiques à chacun des autres ?

Notre réponse est la suivante : les citoyens sont raisonnables lorsque, se considérant mutuellement comme libres et égaux au sein d'un système de coopération sociale à travers les générations, ils sont prêts à s'offrir mutuellement des termes équitables de coopération en fonction de ce qu'ils considèrent comme la conception la plus raisonnable de la justice politique, et lorsqu'ils s'accordent pour respecter ces termes dans leurs actes, même au prix de leurs intérêts propres dans certaines situations, dans la mesure où les autres citoyens acceptent également ces termes. Le critère de réciprocité exige que, lorsque ces termes sont proposés comme les plus raisonnables d'une coopération équitable, ceux qui les proposent doivent aussi estimer qu'il est au moins raisonnable pour les autres de les accepter en tant que citoyens libres et égaux, et non en tant qu'agents manipulés ou dominés, ou contraints sous l'effet d'une position politique ou sociale d'infériorité[19]. Les citoyens seront bien entendu partagés sur la question de savoir quelle conception de la justice politique est la plus raisonnable, mais ils s'accorderont sur le fait que toutes ces conceptions sont raisonnables, même si certaines le sont tout juste.

Ainsi, lorsque, sur une question constitutionnelle essentielle ou une question de justice fondamentale, tous les responsables gouvernementaux compétents adoptent l'idée de raison publique et agissent selon elle, et lorsque tous les citoyens raisonnables se conçoivent idéalement comme des législateurs adoptant la raison publique, alors l'acte légal qui exprime l'opinion de la majorité constitue un acte de droit légitime. Il se peut qu'un citoyen ne considère pas cet acte comme le plus raisonnable, ni comme le

---

19. L'idée de réciprocité a une place importante dans Amy GUTMANN et Dennis THOMPSON, *Democracy and Disagreement* (Harvard University Press, Cambridge, Mass., 1996), chapitres 1-2 *et passim*. La signification et la présentation de nos positions respectives ne sont cependant pas similaires. Dans le libéralisme politique, la raison publique est purement politique, même si les valeurs politiques sont intrinsèquement morales, alors que la théorie de Gutmann et Thompson est plus générale et semble fonctionner à partir d'une doctrine englobante.

plus approprié, mais il est politiquement (moralement) engagé vis-à-vis de lui en tant que citoyen, et doit l'accepter pour cette raison. Chacun estime que tous les autres se sont exprimés et ont voté au moins raisonnablement, et qu'ils ont donc tous adopté la raison publique et honoré leur devoir de civilité.

L'idée de la légitimité politique fondée sur le critère de réciprocité s'exprime donc ainsi : notre exercice du pouvoir politique n'est adéquat que lorsque nous estimons sincèrement que les raisons que nous nous présenterions pour justifier nos actions politiques – si nous devions le faire en tant que responsables gouvernementaux – sont suffisantes, et que nous pensons raisonnablement que les autres citoyens pourraient également accepter ces raisons. Ce critère s'applique à deux niveaux : le premier est celui de la structure constitutionnelle elle-même, l'autre est celui des lois et dispositions légales qui s'accordent avec cette structure. Pour être raisonnables, les conceptions politiques ne doivent justifier que les Constitutions qui satisfont ce principe.

Pour rendre plus explicite le critère de réciprocité exprimé dans la raison publique, notons que son rôle est de caractériser la nature de la relation politique dans un régime démocratique constitutionnel comme une relation d'amitié civique. Lorsque les responsables gouvernementaux agissent selon ce critère et que les autres citoyens le soutiennent, il façonne en effet la forme des institutions fondamentales. Par exemple – je propose une illustration simple –, si nous soutenons que certains citoyens doivent être privés de liberté religieuse, il nous faut leur présenter des raisons qu'ils peuvent non seulement comprendre – à la manière dont Michel Servet pouvait comprendre pourquoi Calvin voulait le faire brûler vif –, mais des raisons dont nous pourrions raisonnablement penser qu'ils pourraient, en tant que citoyens libres et égaux, eux aussi raisonnablement les accepter. Le critère de réciprocité est normalement enfreint dès lors que les libertés de base sont violées. Quelles raisons peuvent en effet à la fois satisfaire le critère de réciprocité, et justifier de refuser à certains la liberté religieuse, ou de tenir d'autres en esclavage, ou d'imposer une condition de propriété au droit de vote, ou de refuser le droit de suffrage aux femmes ?

Comme l'idée de raison publique spécifie au niveau le plus fondamental les valeurs politiques de base, ainsi que la manière dont on doit comprendre la relation politique, il est évident que ceux qui considèrent que les questions politiques fondamentales doivent être tranchées en fonction de leur propre idée de la vérité complète – qui comprend leur doctrine englobante religieuse ou séculière – et non par des raisons qui pourraient être partagées par tous les citoyens vus comme libres et égaux, repousseront l'idée de raison publique. Le libéralisme politique conçoit cette insistance sur la vérité complète en politique comme incompatible avec la citoyenneté démocratique et l'idée de droit légitime.

1.3 La démocratie a une longue histoire, depuis ses débuts à l'époque de la Grèce classique jusqu'à nos jours, et nombreuses sont les différentes idées de la démocratie[20]. Je ne m'intéresse ici qu'à une démocratie constitutionnelle bien ordonnée – terme que j'ai utilisé depuis le départ –, comprise également comme une démocratie délibérative. L'idée de base de la démocratie délibérative est la délibération. Lorsque les citoyens délibèrent, ils échangent des idées et débattent des raisons qui leur font appuyer telle ou telle position sur les questions politiques publiques. Ils supposent que leurs opinions politiques peuvent être amenées à être révisées sous l'effet de la discussion avec les autres citoyens : ces opinions ne sont donc pas un produit fixe de leurs intérêts existants, privés et non politiques. C'est à ce moment que la raison publique est importante, car elle caractérise le raisonnement de ces citoyens sur les questions constitutionnelles essentielles et de justice fondamentale. Même s'il ne m'est pas possible d'élaborer complètement ici la nature de la démocratie délibérative, je mentionne certains de ses éléments fondamentaux qui indiquent la place et le rôle étendus de la raison publique.

---

20. Pour un panorama historique utile, voir David HELD, *Models of Democracy*, Stanford University Press, Stanford, 1997. Held présente de nombreux modèles qui vont de la *polis* antique à l'époque contemporaine, et il conclut par une interrogation sur le sens que doit avoir la démocratie aujourd'hui. Dans l'intervalle, il envisage plusieurs formes de républicanisme et de libéralisme classiques, de même que la conception de démocratie élitiste présentée par Schumpeter. Les auteurs analysés comprennent Platon et Aristote, Marsile de Padoue et Machiavel, Hobbes et Madison, Bentham, James Mill et John Stuart Mill, Marx avec le socialisme et le communisme. Ceux-ci sont accompagnés de modélisations des institutions caractéristiques et de leur rôle.

La démocratie délibérative comporte trois éléments essentiels. Le premier est une idée de la raison publique[21], sachant que toutes les idées de ce genre ne sont pas identiques. Le second élément est un système d'institutions démocratiques qui spécifie le cadre des corps législatifs délibératifs. Le troisième est constitué par la connaissance des citoyens et leur désir d'adopter la raison publique et de réaliser son idéal dans leur conduite politique. Les implications immédiates de ces éléments sont le financement public des élections et l'existence d'occasions publiques permettant une discussion sérieuse et ordonnée des questions fondamentales et des problèmes de politique publique. La délibération publique doit être rendue possible, reconnue comme un trait fondamental de la démocratie, et mise à l'abri du fléau de l'argent[22]. En l'absence de ces dispositions, la politique est dominée par les intérêts des entreprises et des autres entités organisées qui, à travers leurs importantes contributions aux campagnes électorales, altèrent la discussion et la délibération publiques, lorsqu'elles ne les empêchent pas.

La démocratie délibérative reconnaît également que, en l'absence d'une éducation largement dispensée à tous les citoyens sur les aspects essentiels du gouvernement démocratique constitutionnel, et sans un public informé des problèmes importants, les décisions politiques et sociales cruciales ne peuvent tout simplement pas être prises. Même si des dirigeants politiques visionnaires voulaient engager des changements et des réformes valables, ils ne pourraient pas convaincre un public mal informé et sceptique de les accepter et de les mettre en œuvre. Il existe par exemple des propositions sensées pour guider ce qui doit être

---

21. La démocratie délibérative limite les raisons que les citoyens peuvent donner à l'appui de leurs opinions politiques aux raisons compatibles avec une vision des autres citoyens comme égaux. Voir Joshua COHEN, « Deliberation and Democratic Legitimacy », *in* Alan HAMLIN et Philip PETIT (éd.), *The Good Polity: Normative Analysis of the State*, Basil Blackwell, Oxford, 1989, p. 17, 21, 24 ; Joshua COHEN, commentaire dans « Review Symposium on Democracy and its Critics », *Journal of Politics*, 53 (1991), p. 223-224 ; Joshua COHEN, « Democracy and Liberty », *in* Jon ELSTER (éd.), *Deliberative Democracy*, Cambridge University Press, New York, 1998.

22. Voir Ronald DWORKIN, « The Curse of American Politics », *New York Review of Books*, 17 octobre 1996, p. 19 (qui décrit pourquoi l'argent est la plus grande menace pour le processus démocratique). Dworkin se prononce aussi, avec des arguments convaincants, contre la décision de la Cour suprême dans *Buckley v. Valeo*, qui constitue une grave erreur de la Cour. Voir *United States Supreme Court Reports*, 424 (1976). Voir également *Libéralisme politique*, leçon VIII, section 12, p. 422-426. (*Buckley* est « consternant » et « risque de répéter les erreurs de l'époque de Lochner ».)

fait face à la prétendue future crise de la Sécurité sociale : ralentir l'accroissement des niveaux de prestations, augmenter progressivement l'âge de la retraite, imposer des limites aux soins médicaux terminaux coûteux qui ne prolongent la vie que de quelques semaines ou de quelques jours, et enfin, augmenter les impôts aujourd'hui plutôt qu'affronter des hausses considérables plus tard[23]. Mais les choses étant ce qu'elles sont, ceux qui suivent le « grand jeu de la politique » savent qu'aucune de ces propositions de bon sens ne sera acceptée. On peut en dire autant de l'importance du soutien qu'il faut accorder aux institutions internationales (telles que les Nations unies), d'une gestion appropriée de l'aide étrangère, de la préoccupation pour le respect des droits de l'homme à l'intérieur et à l'extérieur des frontières. À la recherche permanente de fonds pour financer les campagnes, le système politique ne peut simplement pas fonctionner. Ses capacités délibératives sont paralysées.

Section 2. Le contenu de la raison publique

2.1 Un citoyen s'engage dans la raison publique lorsqu'il délibère dans le cadre de ce qu'il considère sincèrement comme la conception politique de la justice la plus raisonnable. Cette conception exprime des valeurs politiques dont il est raisonnable de penser que les autres, en tant que citoyens libres et égaux, pourraient également les adopter. Chacun de nous doit avoir des principes et des orientations auxquels il fait appel de manière à satisfaire ce critère. J'ai proposé qu'une manière d'identifier ces principes et orientations consistait à montrer qu'ils feraient l'objet d'un accord dans la situation que *Libéralisme politique* appelle la position originelle[24]. D'autres penseront qu'existent d'autres moyens plus raisonnables pour identifier ces principes.

Le contenu de la raison publique est ainsi donné par une famille de conceptions politiques de la justice, et non par une

___

23. Voir Paul KRUGMAN, « Demographics and Destiny », *New York Times Book Review,* 20 octobre 1996, qui analyse les propositions émises dans l'ouvrage de Peter G. PETERSON, *Will America Grow Up Before It Grows Old ? How The Coming Social Security Crisis Threatens You, Your Family, and Your Country*, Random House, New York, 1996, et dans celui de Charles R. MORRIS, *The AARP : America's Most Powerful Lobby and the Clash of Generations*, Times Books, New York, 1996.

24. *Libéralisme politique*, *op. cit.*, leçon I, section 4.

seule conception. Il existe de nombreux libéralismes, et donc de nombreuses formes de raison publique spécifiées par une famille de conceptions politiques raisonnables. La conception de la justice comme équité, quels que soient ses mérites, n'est que l'une d'entre elles. La limite de ces formes est constituée par le critère de réciprocité, appliqué entre des citoyens libres et égaux tenus pour raisonnables et rationnels. Trois traits caractérisent ces conceptions :

– d'abord, une liste de droits, libertés et possibilités (comme ceux qui sont courants dans les régimes constitutionnels) ;

– deuxièmement, l'attribution d'une priorité particulière à ces droits, libertés et possibilités, tout particulièrement par rapport aux revendications de bien commun et des valeurs perfectionnistes ;

– troisièmement, des mesures qui garantissent à tous les citoyens des moyens polyvalents pour faire un usage effectif de ces libertés[25].

Chacun de ces libéralismes adopte les idées implicites de citoyens considérés comme des personnes libres et égales, et de société considérée comme un système équitable de coopération à travers le temps. Comme ces idées peuvent être interprétées de différentes manières, nous obtenons diverses formulations des principes de justice et des conceptions variées de la raison publique. Les conceptions politiques diffèrent aussi dans leur manière d'ordonner ou d'équilibrer les principes et valeurs politiques même lorsqu'elles proposent des principes et valeurs identiques. Je suppose également que ces libéralismes contiennent des principes substantiels de justice, et qu'ils vont donc au-delà de la justice procédurale. Ils doivent spécifier les libertés religieuses et d'expression artistique des citoyens égaux, de même que des idées substantielles d'équité incluant notamment l'égalité équitable des chances et la garantie de moyens polyvalents adéquats[26].

---

25. Je reprends ici la définition donnée dans *Libéralisme politique*, *op. cit.,* leçon I, section 1.2, et leçon IV, section 5.3.

26. Certains peuvent penser que le fait du pluralisme raisonnable signifie que les seules formes d'adjudication équitable entre doctrines englobantes doivent être seulement procédurales et non substantielles. Cette position est avancée de manière convaincante par Stuart HAMPSHIRE dans *Innocence and Experience*, Harvard University Press, Cambridge, Mass., 1989. Dans le texte ci-dessus, je suppose néanmoins que les diverses formes de libéralisme sont substantielles. Pour une analyse complète de ces questions, voir Joshua COHEN, « Pluralism and Proceduralism », *Chicago-Kent Law Review*, 69, n° 3 (1994), p. 589-618.

Le libéralisme politique ne cherche ainsi pas à figer la raison publique une fois pour toutes sous la forme d'une conception politique privilégiée de la justice[27]. Il ne s'agirait pas d'une approche sensée. Par exemple, le libéralisme politique admet également la conception discursive de la légitimité d'Habermas (quelquefois qualifiée de radicalement démocratique plutôt que de libérale)[28], ainsi que les visions catholiques du bien commun et de la solidarité lorsqu'elles sont exprimées en termes de valeurs politiques[29]. Même si un petit nombre de conceptions en viennent avec le temps à prévaloir, et que l'une d'entre elles paraît même occuper une place centrale, les formes de la raison publique acceptable sont toujours diverses. En outre, de nouvelles variantes peuvent être proposées de temps en temps et des formes anciennes peuvent cesser d'être représentées. Il est important qu'il en soit ainsi pour que les revendications des groupes et des intérêts issus du changement social ne soient pas

---

27. Je pense que la conception de la justice comme équité occupe une place particulière au sein de la famille des conceptions politiques, comme je le suggère dans *Libéralisme politique, op. cit.,* leçon IV, section 7.4. Mais cette opinion de ma part n'est pas essentielle dans les idées de libéralisme politique et de raison publique.

28. Voir Jürgen Habermas, *Droit et Démocratie : entre faits et normes,* Gallimard, Paris, 1997. Dans son analyse des modèles d'espace public, Seyla BENHABIB écrit que « le modèle discursif est le seul qui soit compatible avec les tendances sociales générales de nos sociétés et avec les aspirations à l'émancipation portées par les nouveaux mouvements sociaux comme celui des femmes », voir *Situating the Self : Gender, Community and Postmodernism in Contemporary Ethics,* Routledge, Londres, 1992, p. 113. Elle a auparavant envisagé la conception d'Arendt, qu'elle qualifie de combattante, et celle du libéralisme politique. Il me paraît cependant difficile de distinguer sa position de celle d'une forme de libéralisme politique et de raison publique, puisqu'elle entend par « sphère publique » la même chose qu'Habermas, c'est-à-dire ce que *Libéralisme politique* nomme la culture du contexte social, ou de la société civile, dans laquelle l'idéal de la raison publique ne s'applique pas. Le libéralisme politique n'est donc pas limitatif, comme elle le pense. Par ailleurs, Benhabib ne cherche pas à montrer, il me semble, que certains principes de rectitude morale et de justice appartenant au contenu de la raison publique ne pourraient pas être interprétés de manière à aborder les problèmes mis au jour par le mouvement des femmes. Je doute qu'on puisse le montrer. Les mêmes commentaires s'appliquent aux remarques antérieures émises par BENHABIB dans « Liberal Dialogue *versus* a Critical Theory of Discursive Legitimation », *in* Nancy ROSENBLUM (éd.), *Liberalism and the Moral Life,* Harvard University Press, Cambridge, Mass., 1989, p. 143, 154-156, où les problèmes du mouvement des femmes sont abordés de la même manière.

29. L'idée de bien commun, qui trouve son origine chez Aristote et saint Thomas, est essentielle dans la pensée morale et politique catholique. Voir, par exemple, John FINNIS, *Natural Law and Natural Rights,* Clarendon Press, Oxford, 1980, p. 153-156, 160 ; Jacques MARITAIN, *Man and the State : The Charles B. Walgreen Foundation Lectures,* University of Chicago Press, Chicago, 1951, p. 108-114. Finnis est particulièrement clair, alors que saint Thomas est par moments ambigu.

réprimées et qu'elles trouvent une expression politique adéquate[30].

2.2 Il nous faut distinguer la raison publique et ce qu'on appelle parfois la raison séculière et les valeurs séculières. Ces dernières ne se confondent pas avec la raison publique. Je définis en effet la raison séculière comme le raisonnement en termes de doctrines englobantes non religieuses. Ces dernières sont bien trop étendues pour servir les objectifs de la raison publique. Les valeurs politiques ne sont pas des doctrines morales[31], aussi disponibles et accessibles qu'elles soient à notre raison et à notre sens commun. Les doctrines morales sont sur le même niveau que la religion et la philosophie première. À l'opposé, les valeurs et principes politiques libéraux, même s'ils sont intrinsèquement des valeurs morales, sont établis par des conceptions politiques libérales de la justice et relèvent du domaine du politique. Ces conceptions politiques ont trois caractéristiques :
   – premièrement, leurs principes s'appliquent aux institutions politiques et sociales (la structure de base de la société) ;
   – deuxièmement, ils peuvent être présentés indépendamment de toute doctrine englobante (même s'ils peuvent être, bien entendu, être soutenus par un consensus par recoupement de ces doctrines) ;
   – enfin, ils peuvent être élaborés à partir d'idées fondamentales considérées comme implicites dans la culture politique publique d'un régime constitutionnel, comme les conceptions des citoyens conçus comme des personnes libres et égales, et de la société vue comme un système équitable de coopération.
   Le contenu de la raison publique est ainsi donné par les principes et valeurs de la famille des conceptions politiques libérales de la justice qui remplissent ces conditions. S'engager dans la raison publique consiste à faire appel à l'une de ces conceptions politiques – à ses idéaux, principes, critères et valeurs – pour

---

30. Jeremy Waldron, qui indique que le libéralisme politique ne permet pas aux conceptions de la justice politique de se renouveler et de se modifier, se trompe. Voir Jeremy WALDRON, « Religious Contributions in Public Deliberation », *San Diego Law Review*, 30 (1993), p. 837-838. Voir la réponse aux critiques de Waldron dans Lawrence B. SOLUM, « Novel Public Reasons », *Loyola LA Law Review*, 29 (1996), 1460 (« L'acceptation générale d'une idée libérale de la raison publique permettrait l'évolution vigoureuse du discours politique »).
31. Voir la note 2 ci-dessus pour une définition du terme « doctrine ».

débattre des questions politiques fondamentales. Cette exigence nous autorise encore à introduire à tout moment dans la discussion politique notre doctrine englobante, religieuse ou non, étant entendu que nous fournirons le moment venu des raisons proprement publiques pour appuyer les principes et les politiques que notre doctrine englobante est censée soutenir. J'appelle cette exigence la *condition*, et je l'examine en détail plus bas[32].

Une caractéristique du raisonnement public est dès lors qu'il est entièrement conduit dans le cadre d'une conception politique de la justice. Les exemples de valeurs politiques comprennent celles que mentionne le préambule de la Constitution des États-Unis : une union plus parfaite, la justice, la tranquillité intérieure, la défense commune, le bien-être général, les bienfaits de la liberté pour nous-mêmes et pour notre postérité. Ces valeurs en incluent elles-mêmes d'autres : la justice, par exemple, comprend notamment les libertés de base égales, l'égalité des chances, des idéaux de distribution des revenus et de taxation.

Les valeurs politiques de la raison publique sont distinctes d'autres valeurs en ce qu'elles sont réalisées dans les institutions politiques, et qu'elles les caractérisent. Ceci ne signifie pas que des valeurs analogues ne peuvent pas caractériser d'autres formes sociales. Les valeurs d'effectivité et d'efficacité peuvent caractériser l'organisation sociale des équipes et des clubs, aussi bien que les institutions politiques de la structure de base de la société. Mais une valeur n'est politique à proprement parler que lorsque la forme sociale est elle-même politique : lorsqu'elle est réalisée dans certaines parties de la structure de base et de ses institutions politiques et sociales. Il s'ensuit que de nombreuses conceptions politiques sont non libérales, comme celles de l'aristocratie et de l'oligarchie d'affaires, de l'autocratie et de la dictature. Toutes ces conceptions relèvent de la catégorie du politique[33]. Nous ne nous intéressons cependant qu'aux conceptions politiques raisonnables destinées à un régime démocratique constitutionnel, et comme cela apparaît clairement dans les précédents paragraphes, il s'agit là des idéaux et principes qu'expriment les conceptions politiques libérales raisonnables.

---

32. Voir section 4.
33. Voir « Réponse à Habermas », section 1.1, *in* John RAWLS et Jürgen HABERMAS, *Débat sur la justice politique*, *op. cit.*

2.3 Une autre caractéristique importante de la raison publique est que ses conceptions politiques doivent être complètes. Ceci signifie que chaque conception doit exprimer des principes, des critères, des idéaux et des orientations d'enquête tels que les valeurs qu'elle spécifie puissent être hiérarchisées de façon adéquate ou unies d'une autre manière pour suffire à donner une réponse raisonnable à toutes ou presque toutes les questions constitutionnelles essentielles et de justice fondamentale. La hiérarchie entre les valeurs est ici établie à la lumière de leur structure et de leurs caractères au sein de la conception politique, et non à partir de leur place dans les doctrines englobantes des citoyens. On ne doit pas hiérarchiser les valeurs politiques en les envisageant comme si elles étaient séparées et détachées les unes des autres ou d'un contexte précis. Elles ne sont pas des pantins manipulés par des doctrines englobantes[34]. Leur hiérarchie n'est pas altérée par ces doctrines englobantes dès lors que la raison publique la considère raisonnable. Et il est en effet possible que la raison publique considère qu'une hiérarchie de valeurs politiques est raisonnable (ou déraisonnable), puisque, les structures institutionnelles étant observables, les erreurs et les carences de la hiérarchie sont clairement affichées. Nous pouvons donc parvenir à la certitude que la hiérarchie des valeurs politiques n'est pas altérée par des doctrines englobantes raisonnables particulières. (J'insiste sur le fait que le seul critère de l'altération est que la hiérarchie des valeurs politiques est elle-même déraisonnable.)

À moins qu'une conception politique soit complète, elle n'est pas un cadre approprié pour procéder à une discussion des questions politiques fondamentales[35]. Nous ne pouvons pas, en raison publique, partir directement de notre doctrine englobante, ou d'une partie de celle-ci, pour parvenir à un ou plusieurs principes et valeurs politiques, et aux institutions particulières qu'ils soutiennent. Il nous faut au contraire commencer par rechercher les

---

34. Je dois cette idée à Peter de Marneffe.

35. Notons ici que différentes conceptions politiques de la justice représenteront différentes interprétations des questions constitutionnelles essentielles et de justice fondamentale. Il existe également des interprétations diverses de la même conception, puisque ses concepts et ses valeurs peuvent être envisagés de différentes façons. Il n'existe donc pas de frontière rigide qui sépare une conception politique de son interprétation, et il n'est pas nécessaire qu'il en existe. Une conception limite néanmoins ses interprétations possibles, sans quoi la discussion et l'argumentation ne pourraient pas progresser. Ainsi, une Constitution qui proclame la liberté religieuse, y compris la liberté de n'affirmer aucune religion, en même temps que la séparation de l'Église et de l'État, semble laisser ouverte

idées fondamentales d'une conception politique complète puis, à partir de là, élaborer ses principes et ses idéaux, et appliquer les argumentations qu'ils nous procurent, faute de quoi la raison publique permettrait des argumentations trop superficielles et trop lacunaires.

2.4 J'examine à présent plusieurs exemples de principes et valeurs politiques pour illustrer le contenu spécifique de la raison publique et, en particulier, les diverses manières dont le critère de réciprocité est tout à la fois applicable et susceptible d'être enfreint.

(a) En tant que premier exemple, considérons la valeur de l'autonomie. Elle peut prendre deux formes : l'une est celle de l'autonomie politique, l'indépendance légale et l'intégrité garantie des citoyens, aussi bien que le partage égal entre eux de l'exercice du pouvoir politique ; l'autre est purement morale et caractérise un certain mode d'existence et de réflexion consacré à l'examen critique de nos fins et de nos idéaux les plus essentiels, comme dans l'idéal de l'individualité proposé par Mill[36]. Quel que soit notre avis sur l'autonomie comme valeur purement morale, celle-ci manque de satisfaire, étant donné le pluralisme raisonnable, la contrainte de réciprocité, puisque de nombreux citoyens, par exemple ceux qui sont attachés à certaines doctrines religieuses, peuvent rejeter cette valeur. L'autonomie morale n'est ainsi pas une valeur politique, à la différence de l'autonomie politique.

(b) Comme deuxième exemple, considérons le récit bien connu du Bon Samaritain. Les valeurs auxquelles il est fait appel sont-elles proprement politiques et non pas simplement religieuses

---

la question de savoir si les écoles religieuses peuvent recevoir des fonds publics et, si oui, de quelle façon. La divergence peut ici être envisagée comme le résultat d'une interprétation différente de la même conception politique (une interprétation autorisant le financement public et l'autre non) ou comme une différence entre deux conceptions politiques. Sauf cas particulier, la manière de décrire cette divergence importe peu. L'essentiel est que, puisque le contenu de la raison publique est une famille de conceptions politiques, ce contenu admette les interprétations qui nous sont utiles. Ce n'est pas comme si nous étions attachés à une conception unique, et encore moins à une seule interprétation de celle-ci. Ceci est un commentaire de Kent GREENAWALT, *Private Consciences and Public Reasons*, Oxford University Press, Oxford, 1995, p. 113-120, où il est dit que *Libéralisme politique* résout difficilement le problème de l'interprétation des conceptions politiques.

36. John Stuart MILL, *De la liberté*, Presses-Pocket, Paris, 1990 (1859), chapitre 3, paragraphes 1-9.

ou philosophiques ? Si la vision étendue de la culture politique publique nous autorise, lorsque nous formulons une proposition, à présenter le récit de l'Évangile, la raison publique exige que nous justifiions nos propositions en termes de valeurs proprement politiques[37].

(c) Comme troisième exemple, considérons les références au mérite dans les discussions sur le partage équitable des revenus : les gens ont coutume d'affirmer que la distribution doit idéalement être établie en fonction du mérite. Quel sens du mérite ont-ils à l'esprit ? Estiment-ils que les personnes qui occupent des postes variés doivent avoir les qualifications requises – les juges doivent être qualifiés pour juger – et que tous doivent avoir une chance équitable d'acquérir les qualifications nécessaires pour occuper ces postes ? Il s'agit alors d'une valeur politique. En revanche, la distribution en fonction du mérite moral, lorsque l'expression désigne la valeur morale du caractère à laquelle on parvient après avoir tout bien considéré, y compris les doctrines englobantes, n'est pas une valeur politique. Ce n'est pas un objectif social et politique réalisable.

(d) Considérons enfin l'intérêt que porte l'État à la famille et à la vie humaine. Comment spécifier correctement la valeur politique invoquée ? Traditionnellement, celle-ci a été définie très généreusement. Dans un régime démocratique, l'intérêt légitime du gouvernement est néanmoins que le droit public et les politiques soutiennent et organisent de manière régulière les institutions nécessaires à la reproduction de la société politique à travers le temps. Ces institutions comprennent la famille (dans une forme juste), des dispositifs pour élever et éduquer les enfants, et des institutions de santé publique. Ce soutien et cette réglementation organisés reposent sur des valeurs et principes politiques, puisqu'on considère la société politique en existence perpétuelle, et organisée de façon à ce qu'elle se maintienne elle-même, et qu'elle maintienne ses institutions et sa culture, à travers les générations. Étant donné cet intérêt, le gouvernement apparaît n'avoir aucun intérêt à une forme particulière de vie familiale, ou de relations entre les sexes, sauf dans la mesure où elles affecteraient la reproduction régulière de la société à travers

---

37. Voir la section 4.1 sur la condition et sur l'exemple de la référence à l'Évangile. Pour une présentation détaillée de la vision étendue de la culture politique publique, voir la section 4.

le temps. L'appel à la monogamie en tant que telle, ou l'opposition aux mariages entre personnes du même sexe, au nom de l'intérêt légitime du gouvernement pour la famille, refléteraient des doctrines morales, religieuses ou englobantes. En conséquence, cet intérêt serait spécifié de manière impropre. Il peut bien entendu exister d'autres valeurs politiques à la lumière desquelles une telle spécification pourrait convenir, par exemple, si la monogamie était nécessaire à l'égalité des femmes, ou si les mariages entre personnes du même sexe tendaient à mettre en péril l'éducation et les soins dispensés aux enfants[38].

2.5 Les quatre exemples mettent au jour un contraste avec ce que j'ai appelé plus haut la raison séculière[39]. Une position commune est qu'on ne doit pas invoquer les raisons religieuses et les doctrines sectaires pour justifier la législation dans une société démocratique, mais qu'on peut faire appel à des arguments séculiers valides[40]. Mais qu'est-ce qu'un argument séculier? Certains qualifient d'argument séculier tout argument suffisamment réfléchi et critique, publiquement intelligible et rationnel, et ils envisagent plusieurs arguments de ce genre pour examiner si les relations homosexuelles sont indignes ou dégradantes[41]. Certains de ces arguments peuvent en effet être des arguments séculiers réfléchis et rationnels. Il reste qu'un trait central du libéralisme politique est qu'il considère tous ces arguments de la même manière que les arguments religieux, et que ces doctrines

---

38. Je ne tente pas, bien entendu, de répondre ici à la question, puisque nous ne nous intéressons qu'aux types de raisons et de considérations que contient le raisonnement public.

39. Voir la section 2.2 du présent texte.

40. Voir Robert AUDI, « The Place of Religious Argument in a Free and Democratic Society », *San Diego Law Review*, 30 (1993). Audi y définit la raison séculière de la façon suivante : « Une raison séculière est une raison dont la force normative ne dépend pas de manière évidente de l'existence de Dieu ou de considérations théologiques, ou encore des paroles d'une personne ou d'une institution investie d'autorité religieuse » (p. 692). Cette définition est ambiguë : elle confond les raisons séculières au sens d'une doctrine englobante non religieuse et au sens d'une conception purement politique qui participe du contenu de la raison publique. Selon l'option qui est prise, la position défendue par Audi, selon laquelle les raisons séculières doivent être énoncées aux côtés des raisons religieuses, peut avoir un rôle similaire à ce que je nomme la condition dans la section 4.1.

41. Voir l'analyse de l'argumentation de John Finnis niant que ces relations soient compatibles avec le bien humain dans Michael PERRY, *Religion in Politics : Constitutional and Moral Perspectives,* Oxford University Press, Oxford, 1997, chapitre 3, p. 85-86.

philosophiques séculières ne procurent donc pas de raisons publiques. Les concepts séculiers et les raisonnements de ce type relèvent de la philosophie première et de la doctrine morale, et sont en dehors du domaine du politique.

Ainsi, lorsqu'on examine si les relations homosexuelles entre adultes doivent constituer des crimes, la question n'est pas de savoir si ces relations sont exclues par une idée valide du bien humain complet tel que le caractériserait une doctrine philosophique et non religieuse cohérente, ni si ceux qui embrassent une foi religieuse les tiennent pour des péchés. Elle est essentiellement de savoir si les statuts législatifs qui interdisent ces relations violent les droits civils des citoyens démocratiques libres et égaux[42]. Cette question nécessite qu'une conception politique raisonnable de la justice spécifie ces droits civils, qui relèvent toujours des questions constitutionnelles essentielles.

Section 3. Religion et raison publique en démocratie

3.1 Avant d'aborder l'idée de la vision étendue de la culture politique publique, nous posons la question suivante : comment est-il possible pour les gens attachés à des doctrines religieuses, dont certaines sont fondées sur l'autorité religieuse, par exemple celle de l'Église ou de la Bible, d'être en même temps attachés à une conception politique raisonnable qui soutient un régime démocratique constitutionnel raisonnable ? Ces doctrines peuvent-elles être compatibles pour les bonnes raisons avec une conception politique libérale ? Pour parvenir à cette compatibilité, il ne suffit pas que ces doctrines acceptent un gouvernement démocratique seulement comme dans un *modus vivendi*. Si les citoyens croyants sont ceux qui sont attachés à une doctrine religieuse, on peut se demander comment ces citoyens croyants peuvent être des membres sincères d'une société démocratique qui souscrivent aux idéaux et valeurs politiques intrinsèques de la société, et qui ne se bornent pas à se soumettre à l'équilibre des forces sociales et politiques. Plus brutalement posée, la question

---

42. Je m'inspire ici de la position de T.M. SCANLON dans « The Difficulty of Tolerance », *in* David HEYD (éd.), *Toleration : An Elusive Virtue,* Princeton University Press, Princeton, 1996. L'article est instructif dans sa totalité, et sa section 3, p. 230-233, est particulièrement pertinente.

devient : comment est-il possible – ou est-il simplement possible – pour les croyants, ainsi que pour les non-religieux (séculiers), de souscrire à un régime constitutionnel même lorsque leur doctrine englobante risque de ne pas prospérer dans ce régime, voire d'y décliner ? Cette dernière question place sous une lumière nouvelle le sens de l'idée de légitimité et le rôle de la raison publique dans la détermination du droit légitime.

Pour clarifier la question, considérons deux exemples. Le premier est celui des catholiques et des protestants durant les XVIe et XVIIe siècles, lorsque le principe de tolérance n'était respecté qu'en tant que *modus vivendi*[43]. Ceci signifiait que si l'un des partis l'emportait pleinement, il imposerait sa doctrine religieuse comme la seule foi admissible. Une société dans laquelle de nombreuses religions partagent cette attitude et admettent que leur force relative restera à peu près la même dans un futur indéfini pourrait parfaitement établir une Constitution proche de celle des États-Unis protégeant les libertés religieuses de religions profondément divisées et plus ou moins égales en termes de pouvoir politique. La Constitution est alors respectée comme un pacte de maintien de la paix civile[44]. Dans cette société, les problèmes politiques peuvent être débattus en termes d'idées et de valeurs politiques de façon à ne pas déclencher de conflit religieux et à ne pas attiser des hostilités sectaires. Le rôle de la raison publique n'est ici que d'apaiser les oppositions et d'encourager la stabilité sociale. Dans ce cas, nous ne sommes pourtant pas en présence d'une stabilité pour les bonnes raisons, c'est-à-dire garantie par une adhésion solide aux valeurs et idéaux politiques (moraux) d'une société démocratique.

Ce n'est pas non plus le cas dans le deuxième exemple – une société démocratique dans laquelle les citoyens acceptent comme principes politiques (moraux) des clauses constitutionnelles substantielles qui garantissent les libertés religieuses, politiques et civiles, et où leur adhésion à ces principes constitutionnels est tellement limitée que personne n'accepte de voir sa doctrine religieuse ou non religieuse perdre en influence et en nombre de membres. Ces citoyens sont prêts à résister et à

---

43. Voir *Libéralisme politique*, leçon IV, section 3.4, p. 187-188.
44. Voir l'exemple cité par Kent GREENAWALT de la société des croyants fervents et divers, dans *Private Consciences and Public Reasons, op. cit.*, p. 16-18, 21-22.

désobéir aux lois lorsqu'ils estiment qu'elles affaiblissent leurs positions, et ceci alors même que l'éventail complet des libertés est toujours garanti et que la doctrine en question est en parfaite sécurité. Ici encore, la démocratie est acceptée de manière conditionnelle et non pour les bonnes raisons.

Ces exemples ont en commun la division de la société en groupes séparés, dont chacun possède des intérêts fondamentaux propres distincts de ceux des autres groupes et en opposition avec eux, pour lesquels il est prêt à résister au droit démocratique légitime et à l'enfreindre. Dans le premier exemple, il s'agit de l'intérêt que possède une religion à établir son hégémonie, alors que, dans le second cas, il s'agit de l'intérêt fondamental d'une doctrine, religieuse ou non, à préserver un certain degré de succès et d'influence pour sa position. Alors qu'un régime constitutionnel peut pleinement garantir les droits et les libertés de toutes les doctrines acceptables, et protéger ainsi notre liberté et notre sécurité, une démocratie requiert nécessairement que chacun de nous, en tant que citoyen égal parmi d'autres, accepte les obligations du droit légitime[45]. Si l'on n'attend de personne qu'il mette en danger sa doctrine religieuse ou non religieuse, il faut en revanche que chacun de nous abandonne définitivement l'espoir de changer la Constitution pour asseoir l'hégémonie de sa religion, ou d'ajuster ses obligations de manière à préserver son influence et son succès. Conserver de tels espoirs et de tels objectifs serait incompatible avec l'idée des libertés de base égales pour tous les citoyens libres et égaux.

3.2 Pour élargir notre question précédente, nous pouvons demander : comment est-il possible – ou est-il seulement possible – pour les croyants, de même que pour les non-religieux (séculiers), de souscrire à un régime constitutionnel alors même que leur doctrine englobante peut ne pas y prospérer, et peut même y décliner ? La réponse tient à ce que la doctrine, religieuse ou non religieuse, comprend et admet qu'il n'existe pas d'autre moyen pour garantir équitablement la liberté de ses adhérents en même temps que les libertés égales des autres citoyens raisonnables libres et égaux. En souscrivant à un régime démocratique constitutionnel, une doctrine religieuse peut déclarer

---

45. Voir *Libéralisme politique*, *op. cit.*, leçon VI, section 6.

que telles sont les limites que Dieu impose à notre liberté, alors qu'une doctrine non religieuse s'exprimera autrement[46]. Dans tous les cas, ces doctrines formulent différentes manières pour la liberté de conscience et le principe de tolérance de s'accorder avec une justice égale pour tous les citoyens dans une société démocratique raisonnable. Les principes de tolérance et la liberté de conscience doivent tenir une place essentielle dans toute conception démocratique constitutionnelle. Ils établissent la base fondamentale que tous les citoyens doivent accepter et tenir pour équitable et régulatrice de la rivalité entre doctrines.

Notons ici qu'il existe deux idées de tolérance. L'une est purement politique, exprimée en termes de droits et de devoirs qui protègent la liberté religieuse en accord avec une conception politique raisonnable de la justice. L'autre n'est pas purement politique, mais exprimée à partir d'une doctrine religieuse ou

---

46. Un exemple de la manière dont une religion peut se comporter de la sorte est donné dans l'ouvrage de Abdullahi Ahmed AN-NA'IM, *Toward an Islamic Reformation: Civil Liberties, Human Rights, and International Law*, Syracuse University Press, Syracuse, 1990. Pages 52-57, il introduit l'idée de reconsidérer l'interprétation traditionnelle de la Charia, qui est la loi divine des musulmans. Pour que son interprétation soit acceptée par les musulmans, elle doit être présentée comme l'interprétation correcte et supérieure de la Charia. L'idée fondamentale de l'interprétation de An-Na'im, qui s'inspire de l'auteur soudanais Ustadh Mahmoud Mohamed Taha, est que la compréhension traditionnelle de la Charia a été fondée sur les enseignements de Mahomet datant de la période tardive de Médina, alors que les enseignements de Mahomet datant de la période antérieure, dite période de La Mecque, constituent le message éternel et fondamental de l'islam. An-Na'im affirme que les enseignements et principes supérieurs de la période de La Mecque ont été rejetés en faveur des enseignements plus réalistes et plus pratiques (dans le contexte du XVIIe siècle) de la période de Médina parce que la société n'était pas encore prête à les mettre en œuvre. Maintenant que les conditions historiques ont évolué, An-Na'im estime que les musulmans doivent suivre les enseignements de la période de La Mecque pour interpréter la Charia. Interprétée ainsi, il affirme que la Charia apporte son soutien à la démocratie constitutionnelle (p. 69-100).

En particulier, cette interprétation de la Charia soutient l'égalité des hommes et des femmes, et la complète liberté de choix en matière de foi et de religion, qui s'accordent avec le principe constitutionnel d'égalité devant la loi. An-Na'im écrit : « Le Coran ne fait pas mention du constitutionnalisme, mais la pensée rationnelle et l'expérience humaine ont montré que le constitutionnalisme était nécessaire pour réaliser la société juste et bonne prescrite par le Coran. Une justification islamique et le soutien au constitutionnalisme sont importants et pertinents pour les musulmans. Les non-musulmans peuvent développer d'autres justifications, séculières ou non, qui leur sont propres. Tant qu'ils sont en accord sur le principe et les règles spécifiques du constitutionnalisme, y compris l'égalité complète et la non-discrimination sur la base du genre ou de la religion, chacun peut avoir ses raisons propres de se diriger vers cet accord » (p. 100). Il s'agit d'un parfait exemple de consensus par recoupement. Je remercie Akeel Bilgrami de m'avoir informé des travaux de An-Na'im. Je dois aussi des remerciements à Roy Mottahedeh pour nos discussions enrichissantes.

non religieuse, comme lorsqu'on affirmait plus haut que telles étaient les limites que Dieu imposait à notre liberté. Cette affirmation fournit un exemple de ce que j'appelle un raisonnement à partir d'une conjecture[47]. Dans ce cas, nous raisonnons à partir de ce que nous croyons ou supposons être les doctrines religieuses ou philosophiques fondamentales des autres, et nous cherchons à leur montrer que, contrairement à ce qu'ils pourraient penser, ils peuvent encore adopter une conception politique raisonnable de la justice. Nous n'affirmons pas nous-mêmes cette base de la tolérance, mais nous la présentons comme une base qu'ils peuvent affirmer en cohérence avec leur doctrines englobantes.

Section 4. La vision étendue de la culture politique publique

4.1 Nous envisageons à présent ce que j'appelle la vision étendue de la culture politique publique et nous considérons deux de ses aspects. Le premier est que les doctrines englobantes raisonnables, religieuses ou non, peuvent être introduites dans la discussion politique publique à tout moment, à condition que, le moment venu, les raisons politiques appropriées – et non des raisons ne relevant que de doctrines englobantes – qui sont présentées soient suffisantes pour soutenir ce que les doctrines englobantes introduites sont censées soutenir. Je nomme la *condition* l'injonction de présenter des raisons politiques appropriées, qui définit la culture politique publique comme distincte de la culture du contexte social[48]. L'autre aspect est qu'il peut exister des raisons positives pour introduire les doctrines englobantes dans la discussion politique publique. J'envisagerai successivement chacun de ces deux aspects.

On peut bien entendu soulever de nombreuses questions sur les manières de satisfaire la condition[49]: quand doit-on la satisfaire? Tout de suite ou plus tard? Et à qui incombe l'obligation

---

47. Voir la section 4.3, du présent texte.

48. Voir *Libéralisme politique*, *op. cit.*, leçon I, section 2.3, p. 38 (pour un contraste entre la culture politique publique et la culture du contexte social).

49. Je suis redevable à Dennis Thompson pour une discussion précieuse.

de l'honorer ? Il doit être clair que la condition doit être satisfaite de bonne foi, mais les détails de son mode de satisfaction doivent être élaborés en pratique et ne peuvent pas être régis par des règles énoncées à l'avance. Leur élaboration est déterminée par la nature de la culture politique publique et exige bon sens et jugement. Il est également important d'observer que l'introduction de doctrines religieuses et séculières dans la culture politique publique ne modifie pas la nature et le contenu de la justification en raison publique, à condition que la condition soit satisfaite. La justification reste exprimée en termes d'une famille de conceptions politiques raisonnables de la justice. Il n'existe néanmoins pas de restrictions ou d'exigences sur les modes d'expression des doctrines religieuses ou séculières : elles n'ont pas besoin, par exemple, d'être conformes à des critères logiques, ou d'être susceptibles d'une évaluation rationnelle, ou d'une confirmation empirique[50]. Cette question doit être tranchée par ceux qui les présentent, en fonction de la manière dont ils souhaitent que leurs affirmations soient perçues. Ils auront normalement des raisons pratiques de vouloir que leurs positions deviennent acceptables pour un large public.

4.2 La connaissance mutuelle qu'ont les citoyens des doctrines religieuses et non religieuses exprimées dans la vision étendue de la culture politique publique[51] admet que les racines de l'attachement des citoyens démocratiques à leurs conceptions politiques résident dans leur doctrine englobante respective, qu'elle soit ou non religieuse. De cette manière, l'adhésion des citoyens à l'idéal démocratique de la raison publique est renforcée pour les bonnes raisons. Nous pouvons concevoir les doctrines englobantes raisonnables qui soutiennent les conceptions politiques raisonnables comme la base sociale vitale de ces conceptions, qui leur procure une force et une vigueur durables. Lorsque ces doctrines satisfont la condition avant d'entrer dans le débat politique, leur attachement à la démocratie constitutionnelle est

---

50. Greenawalt analyse les approches de Franklin Gamwell et Michael Perry qui imposent ces contraintes sur la manière dont la religion doit être présentée. Voir Kent GREENAWALT, *Private Consciences and Public Reasons*, *op. cit.*, p. 85-95.

51. Encore une fois, et comme toujours, par opposition à la culture du contexte social, où je souligne qu'il n'existe aucune restriction.

manifesté publiquement[52]. Désormais conscients de cet attachement, les responsables officiels et les citoyens sont plus enclins
à honorer le devoir de civilité, et leur adhésion à l'idéal de la raison publique contribue à renforcer le genre de société que cet
idéal propose. Ces bénéfices apportés par la connaissance
mutuelle qu'ont les citoyens de la reconnaissance de la doctrine
englobante raisonnable de chacun produisent une raison positive
de présenter ces doctrines, qui n'est pas seulement une raison
défensive, comme si leur intrusion dans la discussion publique
était inévitable.

Considérons ainsi une question politique sujette à une intense
opposition, celle du financement public des écoles religieuses[53].
Il est probable que dans chaque camp les personnes entretiennent
des doutes sur l'adhésion des autres aux valeurs politiques et
constitutionnelles fondamentales. Il est alors sage que les deux
parties présentent leur doctrine englobante, religieuse ou séculière, de manière à se donner la possibilité d'expliquer aux autres
comment leur position conforte effectivement ces valeurs politiques fondamentales. Considérons également les abolitionnistes
et les militants du mouvement des droits civiques[54]. La condition

---

52. Le libéralisme politique est quelquefois critiqué parce qu'il ne propose pas une
vision de ces racines sociales de la démocratie et qu'il ne décrit pas la formation de ses
soutiens, notamment d'ordre religieux. Le libéralisme politique reconnaît néanmoins ces
racines sociales et souligne leur importance. Les conceptions politiques de la tolérance et
de la liberté religieuse seraient impossibles dans une société dans laquelle la liberté religieuse ne serait pas respectée et valorisée. Le libéralisme politique s'accorde avec David
Hollenbach, lorsqu'il écrit: « La moins importante [des transformations amenées par
saint Thomas] n'était pas son insistance sur le fait que la vie politique d'un peuple n'est
pas la réalisation la plus élevée dont il est capable – idée qui est à la base des théories
constitutionnelles du gouvernement limité. Et si l'Église s'est opposée à la découverte
libérale des libertés modernes, le libéralisme a encore transformé le catholicisme jusqu'à
la dernière moitié de notre siècle. La mémoire de ces événements d'histoire intellectuelle
et sociale, de même que l'expérience de l'Église catholique depuis le concile Vatican II
me conduisent à espérer que les communautés qui portent des visions différentes de la
vie bonne peuvent parvenir à un résultat si elles prennent le risque de dialoguer et d'argumenter sur ces visions. » David HOLLENBACH, « Contexts of the Political Role of
Religion: Civil Society and Culture », *San Diego Law Review*, 30 (1993), p. 891. Une
conception de la raison publique doit reconnaître ces racines sociales de la démocratie
constitutionnelle et remarquer la façon dont elles renforcent ses institutions centrales,
mais il n'est pas nécessaire qu'elle entreprenne elle-même une étude de ces questions.
Sur ce point et la nécessité de l'aborder, je suis redevable à Paul Weithman.

53. Voir *Libéralisme politique*, *op. cit.*, leçon VI, section 8.2.

54. *Ibid.*, leçon VI, section 8.3. J'ignore si les abolitionnistes et King se concevaient
comme remplissant l'objectif de la condition. Que cela ait été ou non le cas, ils auraient
pu se concevoir ainsi. Et s'ils avaient connu et accepté l'idée de raison publique, ils l'auraient fait. Je remercie Paul Weithman à ce sujet.

était satisfaite dans leur cas, quelle que soit l'importance qu'ils donnaient aux racines religieuses de leurs doctrines, parce qu'elles confortaient les valeurs constitutionnelles fondamentales – ainsi qu'ils l'affirmaient eux-mêmes – et qu'elles soutenaient ainsi des conceptions raisonnables de la justice politique.

4.3 Le raisonnement public vise une justification publique. Nous faisons appel à des conceptions politiques de la justice, à des preuves vérifiables et à des faits publiquement observables pour atteindre des conclusions touchant à ce que nous tenons pour les institutions politiques et les politiques publiques les plus raisonnables. La justification publique n'est pas seulement un raisonnement valide, mais une argumentation qui s'adresse aux autres : elle procède à partir de prémisses que nous acceptons et que nous estimons raisonnablement acceptables par les autres jusqu'à des conclusions que nous pensons également raisonnablement acceptables par les autres. Ceci remplit le devoir de civilité, puisque la condition en vient à être satisfaite.

On peut aussi mentionner deux autres formes de discours, même si aucun d'eux n'exprime une forme de raisonnement public. L'un est la déclaration : chacun de nous déclare sa propre doctrine englobante, religieuse ou non, dont il n'attend pas des autres qu'ils la partagent. Il montre plutôt comment, à partir de sa propre doctrine, il peut adopter une conception politique publique de la justice, ses principes et ses idéaux. Le but de cette pratique est de déclarer à ceux qui affirment des doctrines englobantes différentes que chacun de nous adhère également à une conception politique raisonnable qui relève de la famille des conceptions de ce genre. Dans la vision étendue, les citoyens croyants qui mentionnent la parabole évangélique du Bon Samaritain ne s'arrêtent pas là, mais poursuivent leur discours en donnant une justification publique des conclusions de la parabole en termes de raisons politiques[55]. De

---

55. *Luc* X, 19-37. Il est aisé de voir comment le récit de l'Évangile pourrait être utilisé pour appuyer le devoir moral imparfait d'aide mutuelle, comme dans le quatrième exemple cité par Kant dans les *Fondements*. Voir E. KANT, *Fondements de la métaphysique des mœurs* (Ak, IV, p. 423), traduction française par V. DELBOS dans *Œuvres complètes*, *op. cit.*, p. 287-288. Pour un exemple approprié formulé uniquement en termes de valeurs politiques, on peut considérer une variante du principe de différence ou une autre idée analogue. On peut considérer que ce principe accorde une attention particulière aux pauvres, comme dans la doctrine sociale catholique. Voir *Théorie de la justice*, section 13 (où le principe de différence est défini).

cette façon, les citoyens attachés à des doctrines différentes sont rassurés et les liens de l'amitié civile en sortent renforcés[56].

La seconde forme est la conjecture, qu'on peut définir ainsi : nous raisonnons à partir de ce que nous croyons être les doctrines fondamentales des autres, et nous tentons de montrer, en dépit de ce qu'ils pourraient penser, qu'ils peuvent adopter une conception politique raisonnable qui procure une base pour fournir des raisons publiques. L'idéal de la raison publique en est dès lors renforcé. Il est important néanmoins que cette conjecture soit sincère et qu'elle évite la manipulation. Nous devons expliquer nos intentions ouvertement et annoncer que nous n'affirmons pas les prémisses à partir desquelles nous présentons notre argumentation, mais que nous procédons ainsi pour dissiper un malentendu de la part des autres, et peut-être également de notre part[57].

Section 5. Sur la famille comme partie de la structure de base

5.1 Pour mieux illustrer les usages et la portée de la raison publique, j'envisage à présent une série de questions portant sur

---

56. Sur la pertinence de ce type de discours, je suis redevable à Charles Larmore.

57. Je mentionne un autre type de discours, que je nomme le « témoignage » : il intervient typiquement dans une société idéale, politiquement bien ordonnée et pleinement juste, dans laquelle les citoyens votent selon la conception de la justice politique qu'ils jugent la plus raisonnable. Il peut néanmoins arriver que certains pensent devoir exprimer des objections justifiées à l'égard des institutions, des politiques ou de la législation mise en œuvre. Je suppose que les quakers acceptent la démocratie constitutionnelle et se conforment à son droit légitime, et expriment en même temps les bases religieuses de leur pacifisme. (Le cas parallèle de l'opposition des catholiques à l'avortement est présenté dans la section 6.1). Le témoignage diffère cependant de la désobéissance civile en ce qu'il ne fait pas appel aux valeurs et aux principes d'une conception politique (libérale) de la justice. Si, dans l'ensemble, ces citoyens adhèrent à des conceptions politiques raisonnables de la justice qui soutiennent une société démocratique constitutionnelle, ils croient devoir, dans ce cas, non seulement permettre aux autres citoyens de connaître la base profonde de leur opposition mais aussi porter témoignage de leur foi. En même temps, ceux qui portent ainsi témoignage de leur foi acceptent l'idée de raison publique. Ils peuvent juger incorrect ou faux le résultat d'un vote au cours duquel tous les citoyens raisonnables ont consciencieusement suivi la raison publique, mais ils tiennent ce résultat pour le droit légitime et ils acceptent l'obligation de ne pas l'enfreindre. Dans cette société, il n'y a pas de place pour la désobéissance civile et l'objection de conscience au sens strict. Cette dernière forme d'action exige ce que j'ai nommé une société presque juste, qui n'est pas pleinement juste. Voir *Théorie de la justice*, section 55.

une seule institution, la famille[58]. Je le fais en utilisant une conception politique particulière de la justice et en considérant le rôle qu'elle confère à la famille dans la structure de base de la société. Comme le contenu de la raison publique est déterminé par toutes les conceptions politiques raisonnables qui remplissent le critère de réciprocité, l'éventail de questions portant sur la famille que cette conception politique permet d'aborder donnera une idée de l'importance de l'espace de débat et d'argumentation permis par la raison publique en général.

La famille est une partie de la structure de base, puisque l'un de ses rôles principaux est d'être le fondement d'une production et d'une reproduction régulières de la société et de sa culture d'une génération à la suivante. La société politique est toujours considérée comme un système de coopération sociale à travers le temps et sans terme : l'idée d'un avenir où il serait mis fin à son activité et où la société serait démantelée est étrangère à la conception de la société politique. Le travail reproductif est donc un travail socialement nécessaire. Dès lors, un rôle central de la famille est d'élever et de s'occuper des enfants d'une manière raisonnable et effective, afin d'assurer leur développement moral et leur éducation culturelle au sens large[59]. Les citoyens doivent avoir un sens de la justice et posséder les vertus politiques qui soutiennent les institutions politiques et sociales. La famille doit

---

58. J'ai pensé que l'important ouvrage de J.S. MILL, *De l'assujettissement des femmes* (1869) (traduction française par E. CAZELLES, Avatar, Paris, 1992), établissait clairement qu'une conception libérale acceptable de la justice (y compris celle que j'appelle la conception de la justice comme équité) implique une justice égale pour les hommes et les femmes. Il est vrai que *Théorie de la justice* aurait dû être plus explicite sur ce point, mais il s'agit d'une faute qui m'est imputable et non celle du libéralisme politique. J'ai été encouragé à penser qu'une théorie libérale d'une égale justice pour les femmes était viable par une série de travaux : Susan Moller OKIN, *Justice, Gender, and the Family*, Basic Books, New York, 1989 ; Linda C. MCCLAIN, « Atomistic Man'Revisited : Liberalism, Connection, and Feminist Jurisprudence », *Southern California Law Review*, 65 (1992), p. 1171 ; Martha NUSSBAUM, *Sex and Social Justice*, Oxford University Press, Oxford, 1998, une collection de ses articles publiés entre 1990 et 1996, y compris sa conférence *Oxford Amnesty* de 1996 intitulée « The Feminist Critique of Liberalism » ; Sharon A. LLOYD « Situating a Feminist Criticism of John Rawls's *Political Liberalism* », *Loyola LA Law Review*, 28 (1995), p. 1319. J'ai beaucoup appris de ces écrits.

59. Voir *Théorie de la justice*, section 70-76 (pour une description des étapes du développement moral et leur pertinence pour la conception de la justice comme équité).

faire en sorte que ces citoyens soient élevés et formés en nombre suffisant pour former une société durable[60].

Ces exigences limitent tous les dispositifs de la structure de base, y compris les efforts pour instituer l'égalité des chances. La famille contraint la manière dont cet objectif peut être atteint, et les principes de justice sont énoncés pour prendre en compte ces contraintes. Il m'est impossible de poursuivre l'analyse de ces pratiques complexes, mais je suppose qu'en tant qu'enfants nous grandissons au sein d'un groupe intime et restreint dans lequel les aînés (en général, les parents) ont une certaine autorité morale et sociale.

5.2 Pour que la raison publique s'applique à la famille, celle-ci doit être considérée, au moins en partie, comme relevant de la justice politique. On peut penser que ce n'est pas le cas, que les principes de justice ne s'appliquent pas à la famille et que ces principes ne garantissent donc pas la justice égale pour les femmes et leurs enfants[61]. Il s'agit là d'une idée fausse, qui peut survenir de la façon suivante : l'objet premier de la justice politique est la structure de base de la société comprise comme l'organisation des principales institutions de la société au sein d'un système unifié de coopération sociale à travers le temps. Les principes de justice politique doivent s'appliquer directement à cette structure, mais pas à la vie interne des nombreuses associations qui prospèrent en son sein, parmi lesquelles la famille. Certains peuvent ainsi penser que si ces principes ne s'appliquent pas directement à la vie interne des familles, ils ne peuvent pas assurer une justice égale pour les femmes et pour leurs maris.

Une question similaire se pose pour toutes les associations, qu'elles soient des Églises ou des universités, des associations professionnelles ou scientiques, des entreprises ou des syndicats. La famille n'est pas un cas particulier. Il est clair que les

---

60. Aucune forme particulière de famille (monogame, hétérosexuelle ou autre) n'est requise par une conception politique de la justice tant que la famille est organisée de manière à s'acquitter efficacement de ces tâches et qu'elle ne contredit pas les autres valeurs politiques. Notons que cette observation établit la manière dont la conception de la justice comme équité aborde la question des droits et devoirs des gays et lesbiennes, et de leur influence sur la famille. Si ces droits et devoirs sont compatibles avec une vie familiale régulière et avec l'éducation des enfants, ils sont, toutes choses égales par ailleurs, pleinement admissibles.

61. Voir S.M. OKIN, *Justice, Gender and the Family, op. cit.*, p. 90-93.

principes libéraux de la justice politique ne requièrent pas que le pouvoir ecclésiastique soit démocratique. Les évêques et les cardinaux n'ont pas besoin d'être élus, pas plus que les bénéfices attachés à la hiérarchie des postes dans l'Église n'ont besoin de satisfaire un principe distributif précis, et certainement pas le principe de différence[62]. Ceci montre que les principes de la justice politique ne s'appliquent pas à la vie interne d'une Église, et qu'il n'est ni désirable, ni compatible avec la liberté de conscience ou la liberté d'association qu'ils s'y appliquent.

Par ailleurs, les principes de justice politique imposent certaines contraintes sur le pouvoir ecclésiastique. Les Églises ne peuvent pas pratiquer l'intolérance effective, puisque le droit public ne reconnaît ni l'hérésie ni l'apostasie comme des crimes, et que les membres d'une Église sont toujours libres d'abandonner leur foi. Ainsi, même si les principes de justice ne s'appliquent pas directement à la vie interne des Églises, ils protègent les droits et les libertés de leurs membres par le biais des contraintes auxquelles les Églises et les associations sont sujettes. Il ne s'agit pas de nier qu'il existe des conceptions de la justice appropriées qui s'appliquent directement à la plupart sinon à tous les groupes et associations, de même qu'aux différents types de relations entre individus. Ces conceptions de la justice ne sont cependant pas des conceptions politiques. La question de la nature de la conception appropriée doit être envisagée séparément, au cas par cas, en fonction de la nature et du rôle de l'association, du groupe ou de la relation en question.

Revenons à présent à la famille. L'idée est ici la même : les principes politiques ne s'appliquent pas directement à sa vie interne, mais ils imposent des contraintes essentielles à la famille en tant qu'institution, et garantissent ainsi les droits et libertés de base, l'autonomie et les possibilités d'action de tous ses membres. Ils parviennent à ceci, comme je l'ai indiqué, en spécifiant les droits fondamentaux des citoyens égaux membres des familles. La famille, en tant que composante de la structure de base, ne peut pas violer ces libertés. Comme les épouses sont tout autant que leurs maris des citoyens libres et égaux, elles ont les mêmes droits, libertés de base et possibilités qu'eux, et ceci,

---

62. Le principe de différence est défini dans *Théorie de la justice*, *op. cit.*, section 13.

lorsque les autres principes de justice sont correctement appliqués, suffit à garantir leur égalité et leur indépendance.

Pour exprimer la même chose différemment, nous distinguons le point de vue des gens en tant que citoyens et leur point de vue comme membres des familles et des autres associations[63]. En tant que citoyens, nous avons des raisons d'imposer aux associations les contraintes spécifiées par les principes politiques de justice, tandis que, en tant que membres d'une association, nous avons des raisons de limiter ces contraintes de façon à ce qu'elles laissent l'association en question mener une vie interne appropriée. Nous vérifions ici la nécessité d'une division du travail entre différents types de principes. Nous ne souhaiterions pas que les principes politiques de la justice – y compris les principes de justice distributive – s'appliquent directement à la vie interne de la famille.

Ces principes ne nous indiquent pas la manière d'élever nos enfants, et nous ne sommes pas tenus de traiter ces derniers en conformité avec des principes politiques qui sont dans leur cas hors de propos. Dans leurs rapports avec leurs enfants, les parents doivent certainement suivre une conception de la justice (ou de l'équité) et du respect qui leur est dû, mais, pour autant qu'elle respecte certaines contraintes, ce n'est pas le rôle des principes politiques que de la prescrire. Les limites représentés par l'interdiction des abus et de la négligence à l'égard des enfants constitueront des composantes essentielles du droit de la famille, mais la société doit pouvoir compter sur l'affection naturelle et la bienveillance des aînés[64].

Les principes de justice imposent à la famille des contraintes pour le bien des enfants qui, en tant que citoyens, sont titulaires des droits fondamentaux, de la même manière que ces principes exigent que les épouses disposent de tous les droits des citoyens. Une injustice historique à l'égard des femmes est qu'elles ont supporté, et continuent de supporter, le poids des activités consistant à élever les enfants et à s'en occuper. Lorsqu'elles sont encore désavantagées par le droit du divorce, ce fardeau les rend

---

63. J'emprunte cette idée à Joshua COHEN, « Okin on Justice, Gender and the Family », *Canadian Journal of Philosophy*, 22 (1992), p. 278.

64. Michael Sandel suppose que les deux principes s'appliquent aux associations, y compris les familles. Voir M. SANDEL, *Le Libéralisme et les limites de la justice* (1982), Seuil, Paris, 1999, p. 60-66.

très vulnérables. Ces injustices pèsent lourdement non seulement sur les femmes mais aussi sur leurs enfants, en contribuant à miner leur capacité à acquérir les vertus politiques requises des futurs citoyens dans une société démocratique viable. Mill estimait que la famille de son temps était une école de despotisme masculin, puisqu'elle inculquait des habitudes de pensée et des types de sentiments et de conduites incompatibles avec la démocratie[65]. Lorsque c'est le cas, les principes de justice qui prescrivent une société démocratique constitutionnelle raisonnable peuvent parfaitement être invoqués pour réformer la famille.

5.3 Plus généralement, lorsque le libéralisme politique distingue la justice politique, qui s'applique à la structure de base, des autres conceptions de la justice, qui s'appliquent aux associations variées qui prospèrent au sein de cette structure, il ne considère pas les domaines politique et non politique comme deux espaces séparés et déconnectés, dont chacun a ses propres principes pour le régir. Même si seule la structure de base est l'objet primaire de la justice, les principes de justice imposent des restrictions à la famille et aux autres associations. Les membres adultes des familles et des autres associations sont d'abord des citoyens égaux : il s'agit de leur position fondamentale. Aucune institution ou association dans laquelle ils sont engagés ne peut violer les droits qu'ils possèdent en tant que citoyens.

Un soi-disant domaine, ou sphère de vie, n'est donc pas une chose qui serait déjà donnée indépendamment des principes de justice. Un domaine n'est pas une sorte d'espace ou de lieu, mais simplement le résultat, ou le produit, de la manière dont les principes de la justice politique sont appliqués : directement à la structure de base, et indirectement aux associations qui se trouvent en son sein. Les principes qui définissent les libertés de base égales et les possibilités équitables offertes aux citoyens s'appliquent toujours à l'intérieur et à travers tous les soi-disant domaines. Les droits égaux des femmes et les revendications de leurs enfants en tant que futurs citoyens sont inaliénables et les protègent où qu'ils se trouvent. Les distinctions fondées sur le genre qui limitent ces droits et libertés sont exclues[66]. Les

65. J.S. MILL, *De l'assujettissement des femmes, op. cit.,* chapitre 2.
66. Voir *Théorie de la justice, op. cit.,* section 16, p. 145.

sphères du politique et du public, celles du non-public et du privé héritent donc leurs formes du contenu de la conception de la justice et de ses principes, ainsi que des modalités de leur application. Si l'on prétend que la soi-disant sphère privée est un espace exempt de justice, alors elle n'existe pas.

La structure de base est un système social unique dont chaque partie peut influencer l'ensemble. Ses principes fondamentaux de justice politique spécifient toutes ses parties fondamentales, ainsi que les droits qui sont valides dans chacune d'elles. La famille n'est qu'une partie (même s'il s'agit d'une partie importante) du système qui produit au cours du temps une division sociale du travail fondée sur le genre. Certains ont estimé que la discrimination à l'égard des femmes sur le marché du travail constituait le déterminant de la division sexuelle du travail au sein de la famille. Les différences de salaire entre les hommes et les femmes rendent économiquement rationnel que les mères passent plus de temps que les pères avec les enfants. D'autres pensent à l'inverse que la famille est le rouage[67] essentiel de l'injustice entre les hommes et les femmes. Une conception libérale de la justice peut néanmoins devoir autoriser l'existence d'une division traditionnelle du travail entre les sexes dans la famille – à supposer, par exemple, que cette division soit fondée sur la religion – à condition qu'elle soit pleinement volontaire[68], qu'elle ne provienne pas de l'injustice, et qu'elle n'y conduise pas. Affirmer que cette division du travail est pleinement volontaire signifie ici que les personnes l'adoptent sur la base de leur religion, qui est volontaire d'un point de vue politique, et non parce que d'autres formes variées de discrimination, ailleurs dans le système social,

---

67. Le terme (*linchpin*) est de Okin. Voir S.M. Okin, *Justice, Gender and the Family*, *op. cit.,* p. 6, 14, 170.

68. Sur ce point, voir *Libéralisme politique*, *op. cit.,* leçon VI, section 3.2. La question de savoir s'il s'agit d'un choix véritablement volontaire est sujette à controverse. La question implique la distinction du raisonnable et du rationnel, qui rend compte du fait qu'une action soit volontaire en un sens et puisse ne pas l'être dans un autre. Elle peut être volontaire au sens de rationnelle : on fait alors ce qui est rationnel dans les circonstances en question même lorsque celles-ci impliquent des conditions inéquitables. Elle peut être volontaire au sens de raisonnable : on fait alors ce qui est raisonnable lorsque les conditions environnantes sont équitables. Le texte interprète clairement le terme « volontaire » dans le second sens : affirmer sa religion est un acte volontaire lorsque toutes les conditions environnantes sont raisonnables ou équitables. Dans ces remarques, j'ai supposé que les conditions subjectives d'un acte volontaire (quelles qu'elles soient) sont présentes et tiennent compte des conditions objectives. Une discussion complète nous mènerait très loin.

rendent rationnel et moins coûteux pour les époux d'appliquer au sein de la famille une division sexuelle du travail.

Certains appellent de leurs vœux une société dans laquelle la division sexuelle du travail serait réduite à un minimum. Pour le libéralisme politique, ceci ne peut pourtant pas signifier que cette division est interdite. Il est impossible de proposer que la division égale du travail dans la famille soit rendue obligatoire, ou que ceux qui refuseraient d'adopter cette norme soient légalement pénalisés. Ceci est exclu parce que la division du travail en question est liée aux libertés de base, y compris la liberté religieuse. C'est pourquoi l'objectif de minimiser la division sexuelle du travail consiste, pour le libéralisme politique, à chercher à atteindre une condition sociale dans laquelle la division du travail qui subsiste est volontaire. Ceci permet en principe qu'une division sexuelle du travail considérable puisse persister. C'est seulement la division du travail involontaire qui doit être abolie.

La famille est ainsi un cas exemplaire pour vérifier qu'un système unique – la structure de base – accorde une justice égale aux hommes et aux femmes. Si la division sexuelle du travail dans la famille est en effet pleinement volontaire, alors il y a des raisons de penser qu'un système unique réalise l'égalité équitable des chances pour les deux sexes.

5.4 Comme une démocratie vise l'égalité pleine de tous ses citoyens, et donc des femmes, elle doit prévoir des dispositions pour la réaliser. Si une cause essentielle, sinon la principale, de l'inégalité des femmes est la part plus grande qu'elles prennent, dans le cadre de la division traditionnelle du travail au sein de la famille, dans les activités qui consistent à élever, éduquer et s'occuper des enfants, alors des mesures doivent être prises pour égaliser leur part, ou pour les dédommager[69]. Ce n'est pas la tâche de la philosophie politique de déterminer la meilleure manière de parvenir à ce résultat dans des conditions historiques particulières. Une proposition aujourd'hui commune est qu'une norme ou

---

69. Voir Victor R. FUCHS, *Women's Quest for Economic Equality*, Harvard University Press, Cambridge, Mass., 1988. Les chapitres 3 et 4 résument les faits qui soutiennent l'affirmation selon laquelle la cause principale n'est pas, comme on le dit souvent, la discrimination opérée par l'employeur, alors que les chapitres 7 et 8 envisagent ce qui doit être entrepris.

directive juridique établisse que le travail qu'une épouse accomplit en élevant les enfants (lorsqu'elle supporte cette charge, comme c'est encore commun) lui donne droit à une part égale du revenu que son époux gagne au cours de leur mariage. En cas de divorce, elle doit recevoir une part égale de la valeur acquise par les propriétés familiales au cours du mariage.

Tout écart par rapport à cette norme exigerait une justification claire et spécifique. Il paraît intolérable qu'un mari quitte sa famille, en emportant avec lui son pouvoir d'achat, et en laissant sa femme et ses enfants en bien plus mauvaise posture qu'auparavant. Ils sont alors obligés de se débrouiller seuls, et leur position économique est souvent précaire. Une société qui permet cela ne s'intéresse pas aux femmes, et encore moins à leur égalité ou même à leurs enfants qui sont l'avenir de cette société.

La question cruciale peut être posée ainsi : qu'est-ce qui relève précisément des institutions structurées en termes de genre ? Comment leurs limites sont-elles tracées ? Si l'on répond que le système du genre inclut tout dispositif social qui affecte négativement les libertés de base égales et les possibilités offertes aux femmes, comme celles de leurs enfants en tant que futurs citoyens, alors ce système est sujet à la critique des principes de justice. La question est alors de savoir si la réalisation de ces principes suffit à remédier aux tares du système. Y répondre suppose notamment une théorie sociale et de la psychologie humaine, et de nombreux autres éléments. Elle ne peut pas être résolue seulement par une conception de la justice.

Pour conclure ces remarques sur la famille, je dois rappeler que je n'ai pas cherché à défendre des conclusions particulières. J'ai plutôt voulu illustrer la manière dont une conception politique de la justice et sa hiérarchie de valeurs politiques s'appliquent à une institution spécifique de la structure de base et peuvent toucher la plupart de ses dimensions (sinon la totalité). Comme je l'ai indiqué, ces valeurs sont ordonnées au sein de la conception politique à laquelle elles sont attachées[70]. Parmi ces valeurs, il y a l'égalité des femmes, celle de leurs enfants en tant que citoyens, la liberté religieuse et, enfin, la valeur de la famille comme garantie de la production et de la reproduction ordonnée de la société et de sa culture d'une génération à la suivante. Ces

---

70. Voir la section 2.3 du présent texte.

valeurs procurent des raisons publiques à tous les citoyens. Ceci est vrai non seulement de la théorie de la justice comme équité, mais de toute conception politique raisonnable.

Section 6. Questions sur la raison publique

Je passe maintenant à l'examen de questions et de doutes variés sur l'idée de raison publique, et je tente de les dissiper.

6.1 On peut d'abord objecter que l'idée de raison publique limiterait déraisonnablement les sujets et les considérations susceptibles d'être inclus dans l'argumentation et le débat politiques, et choisir à l'inverse de se tourner vers ce que nous pourrions appeler la perspective ouverte sans contraintes. J'examine à présent deux exemples pour repousser cette objection.

(a) Une raison de penser que la raison publique est trop restrictive est de supposer qu'elle tente à tort de régler à l'avance les questions politiques. Afin d'expliciter cette objection, considérons la question de la prière à l'école. On pourrait penser qu'une position libérale consisterait à refuser qu'elle soit permise dans les écoles publiques. Mais pourquoi donc ? Il nous faut envisager toutes les valeurs politiques susceptibles d'être invoquées pour régler la question, et examiner de quel côté les raisons décisives font pencher la balance. En 1784-1785, le débat bien connu entre Patrick Henry et James Madison sur la reconnaissance officielle de l'Église anglicane en Virginie avait des implications sur la place de la religion à l'école : il fut presque entièrement mené en se référant seulement à des valeurs politiques. L'argumentation d'Henry pour la reconnaissance officielle était fondée sur l'idée que « la doctrine chrétienne possède une tendance naturelle à corriger la morale des hommes, à contrôler leurs vices, et à préserver la paix sociale, qui ne peut être effective sans la formation de professeurs compétents[71] ». Henry ne semble pas présenter le savoir

---

71. Voir Thomas J. Curry, *The First Freedoms : Church and State in America to the Passage of the First Amendment*, Oxford University Press, Oxford, 1986, p. 139-148. Le passage cité, qui apparaît page 140, est extrait du préambule à une proposition de « loi établissant des dispositions pour les professeurs de religion chrétienne » (1784). Notons que le populaire Patrick Henry fut aussi à l'origine de l'opposition la plus sérieuse à la proposition de Jefferson d'une « loi établissant la liberté religieuse » (1779), qui l'emporta lorsqu'elle fut présentée à nouveau devant l'Assemblée de Virginie en 1786. Voir T.J. Curry, *The First Freedoms*, *op. cit.*, p. 146.

chrétien comme un bien en soi, mais plutôt comme un moyen efficace de réaliser des valeurs politiques essentielles comme la conduite paisible des citoyens. Je pense ainsi qu'il entend au moins en partie par « vices » les actions contraires aux vertus politiques du libéralisme politique[72] qu'expriment aussi d'autres conceptions de la démocratie.

En dehors de pointer la difficulté évidente de composer des prières qui satisfont toutes les contraintes de la justice politique, les objections de Madison à la proposition d'Henry étaient largement consacrées à mettre en cause la nécessité de reconnaître officiellement une religion pour soutenir l'ordre civil. Sa conclusion était que cette reconnaissance officielle n'était pas nécessaire. Les objections de Madison étaient également liées aux effets historiques de la reconnaissance officielle sur la société et sur l'intégrité de la religion elle-même. Il connaissait la prospérité des colonies sans reconnaissance officielle, en particulier la Pennsylvanie, et citait en exemple la force des premiers chrétiens contre un Empire romain hostile et la corruption des religions officielles du passé[73]. Si l'on procède avec soin, on peut exprimer la plupart de ces arguments, sinon tous, en termes de valeurs politiques de la raison publique.

L'intérêt particulier de l'exemple de la prière à l'école est qu'il met en lumière l'idée suivant laquelle la raison publique n'est pas une vision impliquant des institutions ou des politiques spécifiques. C'est une conception du genre de raisons sur lesquelles les citoyens doivent appuyer leurs arguments lorsqu'ils essaient de justifier politiquement aux autres leur soutien aux lois et aux politiques publiques impliquant les pouvoirs coercitifs de l'État et

---

72. Pour une analyse de ces vertus, voir *Libéralisme politique*, *op. cit.,* section 5.4.

73. Voir James MADISON, *Memorial and Remonstrance* (1785), *in* Marvin MEYERS (éd.), *The Mind of the Founders*, Bobbs-Merrill, Indianapolis, 1973, p. 8-16. Le paragraphe 6 se réfère à la vigueur des premiers chrétiens dans leur opposition à l'Empire, alors que les paragraphes 7 et 11 se réfèrent à l'influence mutuellement corruptrice sur l'État et sur la religion des reconnaissances officielles du passé. Dans la correspondance entre Madison et William Bradford de Pennsylvanie, qu'il rencontra à Princeton (collège du New Jersey), la liberté et la prospérité de la Pennsylvanie, État sans reconnaissance officielle de la religion, sont vantées et célébrées. Voir Willam T. HUTCHINSON et William M.E. RACHAL (éd.), *The Papers of James Madison*, vol. 1, University of Chicago Press, Chicago, 1962. Voir en particulier les lettres de Madison du 1er décembre 1773 (p. 100-101), du 24 janvier 1774 (p. 104-106), et du 1er avril 1774 (p. 111-113). Une lettre de Bradford à Madison du 4 mars 1774 décrit la liberté comme le génie de la Pennsylvanie (p. 109). Les arguments de Madison sont similaires à ceux de Tocqueville auxquels je me réfère plus bas. Voir également T.J. CURRY, *The First Freedoms*, *op. cit.,* p. 142-148.

portant sur des questions politiques fondamentales. Un autre intérêt de cet exemple est qu'il sert à insister sur le fait que les principes qui soutiennent la séparation de l'Église et de l'État doivent pouvoir être affirmés par tous les citoyens libres et égaux compte tenu du fait du pluralisme raisonnable.

Les raisons de séparer l'Église et l'État sont notamment les suivantes: la séparation permet de protéger la religion de l'État et l'État de la religion; elle protège les citoyens de leurs Églises[74] et des autres citoyens. C'est une erreur d'affirmer que le libéralisme politique est une conception politique individualiste, dans la mesure où son objectif est la protection des divers intérêts pour la liberté, que ce soient ceux des individus ou ceux des associations. C'est aussi une grave erreur de penser que la séparation de l'Église et de l'État sert surtout à protéger la culture séculière: elle la protège bien entendu, mais pas davantage que toutes les religions. La vitalité et l'acceptation de la religion en Amérique font souvent l'objet de commentaires, comme si elles étaient un indice de la vertu particulière du peuple américain. C'est une éventualité, mais cette situation doit également être mise en rapport avec la protection que le premier amendement de la Constitution accorde aux religions contre l'État dans ce pays, et avec le fait qu'aucune religion n'a pu dominer et éradiquer les autres par la conquête et l'usage du pouvoir de l'État[75].

---

74. Elle accomplit ceci en protégeant la liberté de changer de religion. L'hérésie et l'apostasie ne sont pas des crimes.

75. Je me réfère ici au fait que, depuis les débuts du règne de l'empereur Constantin au IVe siècle, le christianisme a puni d'hérésie et a tenté d'éradiquer par la persécution et les guerres de religion ce qu'il considérait comme une doctrine fausse (par exemple, la croisade contre les Albigeois menée par Innocent III au XIIIe siècle). Il avait besoin pour cela des pouvoirs coercitifs de l'État. Instituée par le pape Grégoire IX, l'Inquisition fut active tout au long des guerres de religion durant les XVIe et XVIIe siècles. Si la plupart des colonies américaines ont expérimenté des formes de reconnaissance officielle (congrégationniste en Nouvelle-Angleterre, épiscopalienne dans le Sud), les États-Unis, grâce à la pluralité de leurs sectes religieuses et au premier amendement à la Constitution qu'ils ont adopté, ne l'ont jamais pratiquée. Son application à la persécution fut un des grands fléaux de la religion chrétienne. Elle fut partagée par Calvin, Luther et les réformateurs protestants, et ne fut pas radicalement mise en cause dans l'Église catholique avant Vatican II. Dans la Déclaration du concile sur la liberté religieuse – *Dignitatis humanae* –, l'Église catholique s'engage en faveur du principe de liberté religieuse tel qu'on le trouve dans un régime démocratique constitutionnel. Elle proclame la doctrine éthique de la liberté religieuse fondée sur la dignité de la personne humaine, une doctrine politique des limites du gouvernement en matière religieuse, une doctrine théologique de la liberté de l'Église dans ses relations avec le monde politique et social. Toutes les personnes, quelles que soient leurs croyances, ont droit à la liberté religieuse dans les mêmes termes. Voir « Déclaration sur la liberté religieuse (*Dignitatis humanae*): sur le droit de la

Si cet objectif a certainement été caressé par certains depuis les premiers jours de la République, il n'a jamais été sérieusement poursuivi. Tocqueville estimait ainsi que l'une des causes principales de la force de la démocratie dans ce pays était la séparation de l'Église et de l'État[76]. Le libéralisme politique s'accorde avec de nombreuses positions libérales sur ce point[77]. Certains citoyens croyants ont ressenti la séparation comme une hostilité à l'égard de la religion et ont tenté de la mettre en cause. Je crois qu'ils n'ont pas perçu une cause majeure de la force de la religion dans ce pays et que, pour reprendre la formule de Tocqueville, ils semblent prêts à la sacrifier en vue d'un gain temporaire de pouvoir politique.

(b) D'autres peuvent estimer que la raison publique est trop restrictive parce qu'elle peut conduire à une attitude de blocage[78]

---

personne et des communautés à la liberté sociale et civile en matière religieuse » (1965), *in* P.-A. MARTIN (éd.), *Les Seize Documents conciliaires*, Fides, Paris, 1966. Comme l'a déclaré John Courtney Murray, « une ancienne ambiguïté a enfin été levée. L'Église n'applique pas au monde séculier un double standard d'évaluation : liberté pour l'Église lorsque les catholiques sont minoritaires, privilège pour l'Église et intolérance des autres lorsque les catholiques forment une majorité ». Voir Walter ABBOTT (éd.), *Documents of Vatican II*, New York American Press, 1966, p. 673. Voir également l'analyse instructive de Paul E. SIGMUND, « Catholicism and Liberal Democracy », *in* R. Bruce DOUGLAS et David HOLLENBACH (éd.), *Catholicism and Liberalism : Contributions to American Public Philosophy,* Cambridge University Press, Cambridge, 1994, en particulier p. 233-239.

76. Alexis DE TOCQUEVILLE, *De la démocratie en Amérique*, Vrin, Paris, 1990, volume I, deuxième partie, chapitre IX, section 6 (« Des principales causes qui rendent la religion puissante en Amérique »). Tocqueville indique que les prêtres catholiques « attribuaient tous principalement à la complète séparation de l'Église et de l'État l'empire paisible que la religion exerce en leur pays. Je ne crains pas d'affirmer que, pendant mon séjour en Amérique, je n'ai pas rencontré un seul homme, prêtre ou laïque, qui ne soit tombé d'accord sur ce point » (p. 230). Il poursuit : « On a vu des religions intimement unies aux gouvernements de la terre, dominer en même temps les âmes par la terreur et par la foi ; mais lorsqu'une religion contracte une semblable alliance, je ne crains pas de le dire, elle agit comme pourrait le faire un homme : elle sacrifie l'avenir en vue du présent, et en exposant une puissance qui ne lui est point due, elle expose son légitime pouvoir. [...] La religion ne saurait donc partager la force matérielle des gouvernants sans se charger d'une partie des haines qu'ils font naître » (p. 231). Il note que ces observations s'appliquent particulièrement à un pays démocratique, puisque dans ce cas, lorsque la religion recherche le pouvoir politique, elle s'attachera à un parti particulier et sera affaiblie par l'hostilité qu'il provoque (p. 232). Il conclut sur la cause du déclin de la religion en Europe : « Je suis profondément convaincu que cette pause particulière et accidentelle est l'union intime de la politique et de la religion. [...] En Europe, Le christianisme a permis qu'on l'unît intimement aux puissances de la terre » (p. 233). Le libéralisme politique accepte la position de Tocqueville et considère qu'elle explique, autant qu'il est possible, le fondement de la paix entre les doctrines englobantes, qu'elles soient religieuses ou séculières.

77. Il s'accorde en cela avec Locke, Montesquieu et Constant ; Kant, Hegel et Mill.

78. Je reprends le terme de Philip Quinn. L'idée apparaît dans *Libéralisme politique*, *op. cit.*, leçon VI, sections 7.1-2.

et échouer à produire des décisions sur les questions sujettes à désaccord. Si une forme de blocage peut en effet intervenir, non seulement dans le raisonnement moral et politique mais dans toute forme de raisonnement, y compris la science et le sens commun, ceci ne constitue pas une objection pertinente. Il convient d'opérer une comparaison avec les situations dans lesquelles les législateurs et les juges doivent prendre des décisions. Une règle d'action doit alors être établie et le processus au terme duquel une décision est prise doit être raisonnablement adopté par tous. Rappelons que la raison publique considère que le rôle du citoyen qui a un devoir de civilité est analogue à celui du juge qui a un devoir de décision. De même que les juges doivent prendre des décisions sur certaines bases légales, notamment celles constituées par les précédents et les règles reconnues d'interprétation, les citoyens doivent raisonner au moyen de la raison publique et être guidés par le critère de réciprocité lorsque les questions constitutionnelles et de justice fondamentale sont en jeu.

Lorsqu'il y a un blocage apparent, c'est-à-dire lorsque l'argumentation juridique paraît équilibrée entre deux positions, les juges ne peuvent pas prendre une décision en faisant appel à leurs propres positions politiques. Ce serait manquer à leur devoir. La même chose est vraie pour la raison publique : en situation de blocage, si les citoyens ne font qu'invoquer les raisons fondamentales qui relèvent de leurs doctrines englobantes[79], le principe de réciprocité est violé. Du point de vue de la raison publique, les citoyens doivent voter pour la hiérarchie de valeurs politiques qu'ils tiennent sincèrement pour la plus raisonnable. Dans le cas contraire, ils n'exercent pas le pouvoir politique d'une manière qui satisfait le critère de réciprocité.

En particulier, lorsque l'émergence de questions sujettes à un désaccord intense, comme celle de l'avortement, peut conduire à une situation de blocage entre différentes conceptions politiques, les citoyens doivent voter sur la question en fonction de leur

---

79. J'utilise l'expression « raisons fondamentales » puisque nombreux sont ceux qui font appel à ces raisons en les considérant comme le fondement approprié, ou la base véritable – qu'elle soit religieuse, philosophique ou morale – des idéaux et principes des raisons publiques et des conceptions politiques de la justice.

hiérarchie complète de valeurs politiques[80]. De fait, il s'agit là du cas normal : on ne doit pas s'attendre à l'unanimité des positions. Les conceptions raisonnables de la justice ne conduisent pas toujours à la même conclusion[81], et les citoyens qui partagent une même conception ne s'accordent pas toujours sur des questions particulières. Le résultat du vote, comme je l'ai indiqué, doit être considéré comme légitime à condition que tous les responsables gouvernementaux d'un régime constitutionnel raisonnablement juste, soutenus par les autres citoyens raisonnables, votent sincèrement selon l'idée de raison publique. Ceci ne signifie pas que le résultat du vote soit vrai ou correct, mais plutôt qu'il s'agit du droit raisonnable et légitime, qui oblige les citoyens par le principe de majorité.

Certains peuvent bien entendu rejeter une décision légitime, comme les catholiques romains peuvent refuser une décision qui accorde le droit à l'avortement. Pour la repousser, ils peuvent présenter un argument en raison publique sans parvenir à

---

80. Certains ont assez naturellement interprété une note de *Libéralisme politique* (*op. cit.*, leçon VI, section 7.2, p. 293-294) comme un argument en faveur du droit à l'avortement durant le premier semestre de la grossesse. Ce n'est pas mon intention (la note en question exprime mon opinion, mais mon opinion n'est pas un argument). J'ai commis une erreur en laissant un doute sur l'objectif de la note. Il s'agissait seulement d'illustrer et de confirmer une proposition du texte à laquelle la note est attachée : « Les seules doctrines englobantes qui entrent en conflit avec la raison publique sont celles qui ne peuvent parvenir à un équilibre [ou une hiérarchie] raisonnable entre des valeurs politiques [sur cette question]. » J'ai utilisé trois valeurs politiques (il y a en a davantage bien sûr) pour aborder le problème difficile du droit à l'avortement, auquel il pourrait sembler improbable que des valeurs politiques puissent seulement s'appliquer. Je pense qu'une interprétation plus poussée de ces valeurs peut, lorsqu'elle est développée en raison publique, produire un argument raisonnable. Je ne parle pas de l'argument le plus raisonnable ou même d'un argument décisif : je ne sais pas de quoi il s'agirait, ni si ceci existe. (Un exemple d'argumentation plus détaillée figure dans l'article de Judith Jarvis Thomson, « Abortion », *Boston Review*, 20 (été 1995), même si je souhaiterais y faire plusieurs *addenda*.) Supposons à présent, à des fins d'illustration, qu'il existe un argument raisonnable en raison publique en faveur du droit à l'avortement, mais qu'il n'existe pas d'équilibre ou de hiérarchie aussi raisonnable des valeurs politiques en raison publique en faveur du déni de ce droit. Dans ce type de situation, mais dans ce type de situation seulement, une doctrine englobante qui nie le droit à l'avortement entre en conflit avec la raison publique. En revanche, si cette doctrine peut satisfaire la condition de la raison publique étendue mieux ou au moins aussi bien que les autres positions, alors elle établit sa légitimité en raison publique. Bien entendu, une doctrine peut être déraisonnable sur une ou plusieurs questions, sans être purement déraisonnable.

81. Voir *Libéralisme politique*, *op. cit.*, leçon VI, section 7.1.

rassembler une majorité[82]. Ils n'ont pourtant pas besoin de mettre en œuvre eux-mêmes le droit à l'avortement, qu'ils peuvent reconnaître comme une composante du droit légitime produit conformément aux institutions politiques légitimes et à la raison publique, et ne pas s'y opposer par la force. Ce genre d'opposition est déraisonnable : il reviendrait à tenter d'imposer par la force leur propre doctrine englobante qu'une majorité d'autres citoyens pratiquant la raison publique n'acceptent pas et ce, sans être déraisonnables. Les catholiques peuvent certainement continuer, en accord avec la raison publique, d'argumenter contre le droit à l'avortement. Le raisonnement en raison publique n'est pas plus clos une fois pour toutes que toute autre forme de raisonnement. En outre, le fait que la raison non publique de l'Église catholique exige de ses membres qu'ils appliquent sa doctrine est parfaitement compatible avec le fait que ceux-ci respectent également la raison publique[83].

Je n'examine pas la question de l'avortement elle-même puisque mon intérêt est plutôt d'insister sur le fait que le libéralisme politique ne considère pas que l'idéal de la raison publique doive toujours conduire à un accord général de toutes les positions, ni que ce soit un échec qu'il n'y conduise pas. Les citoyens apprennent et tirent profit du débat et de l'argumentation, et lorsque leurs arguments sont conformes à la raison publique, ils

---

82. Pour un argument de ce genre, voir cardinal Joseph BERNADIN, « The Consistent Ethic : What Sort of Framework ? » *Origins*, 16 (30 octobre 1986), p. 347-350. L'idée d'ordre public présentée par le cardinal inclut ces trois valeurs politiques : la paix publique les protections essentielles des droits de l'homme ; et les normes communément acceptées de conduite morale dans une communauté de droit. Il admet aussi que tous les impératifs moraux ne doivent pas être traduits en termes de statuts civils prohibitifs et il estime que la protection de la vie humaine et des droits fondamentaux de l'homme est essentielle à l'ordre politique et social. Il espère justifier sur la base de ces trois valeurs le refus du droit à l'avortement. Je n'évalue pas ici son argument, sauf pour remarquer qu'il est clairement formulé en termes de raison publique. Qu'il soit ou non raisonnable, ou plus raisonnable que les arguments du camp adverse, est une autre histoire. Comme c'est le cas pour tout raisonnement en raison publique, il est possible qu'il soit fallacieux ou erroné.

83. Cette position est similaire, il me semble, à celle du père John Courtney Murray sur l'orientation que l'Église doit prendre sur la contraception, dans *We Hold These Truths : Catholic Reflections on the American Proposition,* Sheed and Ward, New York, 1960, p. 157-158. Voir également la conférence de Mario CUOMO sur l'avortement dans ses *Notre Dame Lectures* de 1984, *in More Than Words : The Speeches of Mario Cuomo*, St Martin's, New York, 1993, p. 32-51. Je suis reconnaissant à Leslie Griffin et Paul Weithman pour nos discussions, pour avoir clarifié des points liés à cette note et à la précédente, pour m'avoir fait connaître la position du père Murray.

enrichissent la culture politique de la société et approfondissent leur compréhension mutuelle, même lorsque aucun accord ne peut être trouvé.

6.2 Certaines des considérations qui sous-tendent l'objection du blocage conduisent à une critique plus générale de la raison publique : le contenu de la famille de conceptions politiques raisonnables de la justice sur laquelle la raison publique est fondée est lui-même beaucoup trop étroit. Cette objection insiste sur le fait que nous devons toujours présenter ce que nous tenons pour les raisons vraies ou fondamentales de nos positions. En d'autres termes, il nous faut toujours exprimer la vérité ou la rectitude morale telles que nos doctrines englobantes les conçoivent.

Comme je l'ai indiqué au départ, cependant, les idées de vérité ou de rectitude morale fondées sur des doctrines englobantes sont remplacées dans la raison publique par une idée du politiquement raisonnable adressée aux citoyens en tant que citoyens. Cette démarche est nécessaire pour établir une base de raisonnement politique que tous peuvent partager en tant que tels, libres et égaux. Comme nous sommes à la recherche de justifications publiques pour les institutions politiques et sociales – pour la structure de base d'un monde politique et social –, nous concevons les personnes comme des citoyens. Ceci assigne à chaque personne la même position politique de base. En présentant des raisons à tous les citoyens, nous ne considérons pas les personnes comme socialement situées, par exemple dans telle classe sociale ou dans tel groupe défini par le revenu ou la propriété ou par l'adhésion à telle doctrine englobante. Nous ne faisons pas non plus appel aux intérêts de chaque personne ou de chaque groupe, même si nous devons prendre en compte ces intérêts à un moment donné. Nous concevons plutôt les personnes comme des citoyens libres et égaux, dotés des deux capacités morales[84] et ayant, à tout instant, une conception déterminée du bien qui peut changer au cours du temps. Ces traits des citoyens sont implicites dans leur participation à un système équitable de coopération sociale et dans leur présentation de justifications

---

84. Ces deux capacités, la capacité pour une conception de la justice et la capacité pour une conception du bien, sont présentées dans *Libéralisme politique, op. cit.* Voir en particulier leçon I, section 3.2 ; leçon II, section 7.1 ; leçon III, section 3.3 ; leçon III, section 4.1.

publiques pour appuyer leurs jugements sur les questions politiques fondamentales.

J'insiste sur le fait que cette idée de raison publique est pleinement compatible avec les nombreuses formes de raison non publique[85]. Celles-ci participent de la vie interne des nombreuses associations de la société civile, et elles ne sont bien entendu pas toutes les mêmes ; les diverses raisons non publiques partagées par les membres des différentes associations religieuses ne sont pas celles des sociétés scientifiques. Comme nous recherchons une base publique de justification susceptible d'être partagée par tous les citoyens de la société, le fait de proposer des justifications à des personnes et à des groupes particuliers jusqu'à ce que tous soient finalement touchés ne produit pas le résultat voulu. Parler de toutes les personnes de la société est trop vague, sauf si nous supposons qu'elles partagent une nature essentielle. En philosophie politique, un des rôles des idées sur la nature a été de concevoir les personnes d'une manière unifiée, ou canonique, de façon à ce qu'elles puissent toutes accepter le même genre de raisons[86]. Dans le libéralisme politique, nous tentons néanmoins d'éviter les conceptions naturelles ou psychologiques de ce genre, de même que les doctrines théologiques ou séculières. Nous mettons de côté les descriptions de la nature humaine pour fonder nos principes sur une conception politique des personnes comme citoyens.

6.3. Comme je l'ai souligné depuis le départ, il est essentiel pour le libéralisme politique que les citoyens affirment à la fois une doctrine englobante et une conception politique. La relation entre une doctrine englobante et sa conception politique correspondante peut facilement être mal comprise.

Lorsque le libéralisme politique se réfère à un consensus par recoupement raisonnable de doctrines englobantes[87], cela signifie

---

85. *Ibid.*, leçon VI, section 4.

86. On utilise parfois le terme de « normalisation » dans ce sens. Par exemple, les personnes ont certains intérêts fondamentaux de type religieux ou philosophique, ou certains besoins de type naturel. Ils peuvent se caractériser par un certain modèle de réalisation de soi. Un thomiste dira que nous désirons plus que toute autre chose, même si elle est inconnue de nous, la *Visio Dei* ; un platoniste dira que nous sommes à la recherche d'une vision du bien ; un marxiste dira que nous cherchons à nous réaliser comme êtres humains.

87. L'idée de ce consensus est mentionnée plusieurs fois dans *Libéralisme politique, op. cit.* Voir en particulier la leçon IV, et l'index.

que toutes ces doctrines, religieuses ou non, soutiennent la conception politique de la justice d'une société démocratique constitutionnelle dont les principes, les normes et les idéaux satisfont le critère de réciprocité. Toutes les doctrines raisonnables affirment donc cette société et ses institutions politiques : les droits et libertés de base égaux pour tous les citoyens, y compris la liberté de conscience et la liberté religieuse[88]. En revanche, les doctrines englobantes qui ne peuvent pas soutenir cette société démocratique ne sont pas raisonnables. Leurs principes et idéaux ne satisfont pas le critère de réciprocité, et ils manquent d'établir les libertés de base égales de diverses manières. En guise d'illustrations, on peut citer les nombreuses doctrines religieuses fondamentalistes, la doctrine du droit divin des monarques et les formes variées d'aristocratie, sans oublier les nombreux exemples d'autocratie et de dictatures.

En outre, un jugement vrai dans une doctrine englobante raisonnable ne s'oppose jamais à un jugement raisonnable dans la conception politique correspondante. Un jugement raisonnable d'une conception politique doit encore être entériné comme conforme à la vérité ou à la rectitude morale par la doctrine englobante. Il appartient bien sûr aux citoyens eux-mêmes d'affirmer, de réviser leurs doctrines englobantes, ou d'en changer. Ces doctrines peuvent l'emporter sur les valeurs politiques d'une société démocratique constitutionnelle ou négliger totalement ces dernières, mais les citoyens ne peuvent alors pas déclarer que ces doctrines sont raisonnables. Comme le critère de réciprocité est un ingrédient essentiel de la définition de la raison publique et de son contenu, le libéralisme politique rejette ces doctrines en les considérant comme déraisonnables.

Dans une doctrine englobante raisonnable, en particulier si elle est religieuse, la hiérarchie des valeurs peut ne pas être celle que nous attendons. Supposons ainsi que nous qualifions de *transcendantes* des valeurs telles que le salut et la vie éternelle – la *Visio Dei*. Cette valeur est supérieure aux valeurs politiques raisonnables d'une société démocratique constitutionnelle. Ces dernières sont des valeurs mondaines et sont donc situées à un niveau différent et pour ainsi dire inférieur à celui sur lequel sont placées les valeurs transcendantes de la doctrine religieuse. Il ne

---

88. Voir, dans la seconde édition de *Political Liberalism* (Columbia University Press, New York, 1996), l'introduction, p. xviii.

s'ensuit pourtant pas que ces valeurs inférieures mais raisonnables soient surclassées par les valeurs transcendantes de la doctrine religieuse. De fait, une doctrine englobante *raisonnable* est une doctrine dans laquelle ces valeurs ne sont pas surclassées ; ce sont dans les doctrines déraisonnables que les valeurs politiques raisonnables sont surclassées. C'est une conséquence de l'idée du politiquement raisonnable du libéralisme politique. Rappelons ce qui a été dit : lorsqu'elle adopte un régime démocratique constitutionnel, une doctrine religieuse peut affirmer qu'il s'agit des limites que Dieu fixe à notre liberté[89].

Un autre malentendu conduit à prétendre qu'une argumentation en raison publique ne pourrait trouver place aux côtés de Lincoln dans les débats qui l'ont opposé à Douglas en 1858[90]. Mais pourquoi donc ? Ils débattaient des principes politiques fondamentaux relatifs aux droits et aux torts de l'esclavage. Comme le rejet de l'esclavage est un exemple clair de garantie des dispositions constitutionnelles essentielles relatives aux libertés publiques, la position de Lincoln était certainement raisonnable (même si elle n'était pas la plus raisonnable), alors que celle de Douglas ne l'était pas. Ce n'est donc pas une surprise que sa position rejoigne celle des doctrines religieuses des abolitionnistes et du mouvement des droits civiques. Quel meilleur exemple pour illustrer la force de la raison publique dans la vie politique[91] ?

---

89. Voir section 3.2. On demande quelquefois pourquoi le libéralisme donne une valeur si élevée aux valeurs politiques, comme s'il était possible d'évaluer ces valeurs en les comparant aux valeurs transcendantes. Le libéralisme politique ne mène pourtant pas cette comparaison, et il n'a pas besoin de le faire, comme on l'observe dans le texte.

90. Sur ce point, voir Michael SANDEL, « Review of Political Liberalism », *Harvard Law Review*, 107 (1994), p. 1778-1782, et plus récemment, Michael SANDEL, *Democracy's Discontent : America in Search of a Public Philosophy*, Harvard University Press, Cambridge, Mass., 1996, p. 21-23.

91. Certains pensent peut-être qu'une conception politique n'aborde pas la question de la rectitude et du tort (moral). Si c'est le cas, il s'agit d'une erreur, car c'est tout simplement faux. Les conceptions politiques de la justice sont intrinsèquement des idées morales, comme je l'ai indiqué depuis le départ. En tant que telles, elles sont un genre de valeur normative. D'un autre côté, certains peuvent penser que les conceptions politiques pertinentes sont déterminées par la manière dont un peuple établit ses institutions politiques existantes – ce qui est politiquement donné par la vie politique. Considérée sous cet angle, la prévalence de l'esclavage en 1858 implique que les critiques que Lincoln en fait étaient morales, une question de droit et de tort moral, et certainement pas de politique. Dire que le politique est déterminé par la vie politique d'un peuple correspond à un usage possible du mot « politique », mais il cesse alors d'être une idée normative, et il ne fait plus partie de la raison publique. Nous devons affirmer l'idée du politique en tant que catégorie fondamentale, qui comprend les conceptions politiques de la justice comme des idées morales intrinsèques.

6.4. Une troisième objection générale consiste à affirmer que l'idée de raison publique n'est pas nécessaire et qu'elle ne sert aucun objectif dans une démocratie constitutionnelle bien établie. Ses limites et contraintes sont surtout utiles lorsqu'une société est profondément divisée et comporte divers groupes séculiers et associations religieuses hostiles, chacun cherchant à devenir la force politique dominante. Dans les sociétés politiques des démocraties d'Europe et des États-Unis, ces préoccupations seraient, d'après cette objection, futiles.

Cette objection est néanmoins incorrecte et sociologiquement infondée. Sans une allégeance des citoyens à la raison publique et sans respect du devoir de civilité, les divisions et les hostilités sont vouées à apparaître, si elles n'existent pas déjà. L'harmonie, la concorde entre les doctrines et l'affirmation de la raison publique par un peuple ne constituent malheureusement pas une condition permanente de la vie sociale. L'harmonie et la concorde dépendent plutôt de la vitalité de la culture politique publique et de l'application des citoyens à réaliser l'idéal de la raison publique. Ceux-ci peuvent aisément tomber dans l'amertume et le ressentiment lorsqu'ils ne voient plus l'intérêt d'affirmer un idéal de la raison publique et qu'ils en viennent à l'ignorer.

Pour revenir au point où nous avons commencé cette section : je ne sais pas comment prouver que la raison publique n'est pas trop restrictive, ni que ses formes sont correctement décrites, et je doute même que ce soit possible de le faire. Ce n'est cependant pas un problème grave si, comme je le pense, la grande majorité des cas s'intègrent au cadre de la raison publique, et que ceux qui ne s'y intègrent pas possèdent des traits spécifiques qui nous permettent de comprendre pourquoi ils soulèvent des difficultés et d'y faire face lorsqu'ils se présentent. Ceci pose les questions générales de savoir s'il existe des exemples importants de questions constitutionnelles essentielles et de justice fondamentale qui ne s'intègrent pas dans le cadre de la raison publique, et, si c'est le cas, des raisons pour lesquelles ceux-ci soulèvent des difficultés. Je n'envisage pas ces questions dans cet essai.

Section 7. Conclusion

7.1 Tout au long de ce texte, je me suis intéressé à une question cruciale dans le monde contemporain : la démocratie et les doctrines englobantes, religieuses ou non religieuses, peuvent-elles être compatibles ? Et si c'est le cas, comment ? De nombreux conflits entre religion et démocratie soulèvent aujourd'hui cette question. Pour y répondre, le libéralisme politique opère une distinction entre une conception politique de la justice autonome et une doctrine englobante. Une doctrine religieuse qui repose sur l'autorité de l'Église ou de la Bible n'est pas, bien entendu, une doctrine englobante libérale : ces valeurs directrices, religieuses et morales, ne sont pas celles, par exemple, de Kant ou de Mill. Il reste qu'elle peut accepter une société démocratique constitutionnelle et reconnaître sa raison publique. Il est ici essentiel que la raison publique soit une idée politique et relève de la catégorie du politique. Son contenu est donné par la famille des conceptions politiques (libérales) de la justice qui satisfont le critère de réciprocité. Elle ne se préoccupe pas des croyances et commandements religieux dans la mesure où ceux-ci sont compatibles avec les libertés constitutionnelles essentielles, y compris la liberté religieuse et la liberté de conscience. Il n'y a pas, ou pas nécessairement, de guerre entre la religion et la démocratie. Dans cette mesure, le libéralisme politique est tout à fait différent du libéralisme des Lumières, historiquement hostile au christianisme traditionnel, et rejette ce libéralisme.

Dans une société démocratique constitutionnelle, les conflits entre démocratie et doctrines religieuses raisonnables ainsi qu'entre différentes doctrines religieuses raisonnables sont modérés et contenus dans les limites des principes raisonnables de la justice. Cette modération est due à l'idée de tolérance, dont j'ai distingué deux conceptions[92]. L'une est purement politique, et s'exprime en termes de droits et devoirs protégeant la liberté religieuse en accord avec une conception politique raisonnable de la justice[93]. L'autre n'est

---

92. Voir la section 3.2 du présent texte.

93. Voir *Libéralisme politique, op. cit.*, leçon II, sections 3.2-4. Les principaux points peuvent être résumés de la façon suivante : (1) les personnes raisonnables n'affirment pas toutes la même doctrine englobante. Ceci est réputé être une conséquence des difficultés du jugement (voir note 95). (2) De nombreuses doctrines raisonnables sont affirmées, qui ne peuvent pas toutes être conformes à la vérité ou à la rectitude morale (envisagés à partir d'une doctrine englobante). (3) Il n'est pas déraisonnable d'affirmer l'une des doctrines englobantes raisonnables. (4) Nous reconnaissons que les autres, qui affirment d'autres doctrines raisonnables que nous, sont également raisonnables et, en tout cas, certainement pas déraisonnables pour cette raison. (5) En allant au-delà de la reconnaissance du caractère raisonnable d'une doctrine et de l'affirmation de notre croyance en elle, nous ne sommes pas déraisonnables. (6) Les personnes raisonnables estiment déraisonnable d'utiliser le pouvoir politique, s'ils en disposent, pour réprimer les autres doctrines raisonnables et différentes de la leur.

pas purement politique, mais exprimée à partir d'une doctrine religieuse ou non religieuse. Il reste qu'une doctrine englobante raisonnable doit confirmer qu'un jugement raisonnable de la conception politique est conforme à la vérité ou à la rectitude morale[94]. Je suppose ainsi qu'une doctrine englobante raisonnable accepte une forme d'argumentation politique en faveur de la tolérance. Les citoyens peuvent bien entendu penser que les raisons qui fondent la tolérance et les autres éléments de la société démocratique constitutionnelle ne sont pas politiques mais issus de leurs doctrines religieuses et non religieuses. Ils peuvent bien affirmer que ces raisons sont celles qui correspondent à la vérité ou à la rectitude morale, et considérer que les raisons politiques sont superficielles, alors que les raisons fondamentales sont profondes. Il n'y a cependant pas de conflit ici, mais plutôt des jugements concordants émis à partir de conceptions politiques d'une part, et de doctrines englobantes d'autre part.

La réconciliation par la raison publique trouve toutefois ses limites. Trois types principaux de conflits opposent les citoyens : ceux qui proviennent de doctrines englobantes irréconciliables ; ceux qui dérivent de différences de statut, de position de classe, d'activité professionnelle, ou de différences liées à l'ethnicité, au genre ou à la race ; enfin, ceux qui découlent des difficultés du jugement[95]. Le libéralisme politique s'intéresse principalement au premier genre de conflit. Il soutient que même si aucune conciliation ni aucun compromis ne sont possibles entre nos doctrines englobantes, les citoyens qui affirment des doctrines raisonnables peuvent partager des raisons d'un autre type, les raisons publiques énoncées en termes de conceptions politiques de la justice. Je pense aussi qu'une telle société peut résoudre le second genre de conflit, celui qui concerne les intérêts fondamentaux – politiques, économiques et sociaux – des citoyens. Car dès lors que nous acceptons des principes raisonnables de justice, que nous les reconnaissons comme raisonnables (pas nécessairement les plus raisonnables), que nos institutions politiques et sociales les satisfont, le second genre de conflit ne se

---

94. Voir la section 6.3 du présent texte.
95. Ces difficultés sont présentées dans *Libéralisme politique*, *op. cit.*, leçon II, section 2. Elles sont des sources ou des causes de désaccord raisonnable entre personnes raisonnables et rationnelles. Elles impliquent l'équilibre de différents types de preuves et de valeurs, et elles affectent les jugements théoriques comme pratiques.

produit pas nécessairement, ou pas de manière aussi ardente. Le libéralisme politique n'envisage pas explicitement ces conflits, mais laisse la théorie de la justice comme équité, ou une autre conception raisonnable de la justice politique, les examiner. Enfin, les conflits qui découlent des difficultés du jugement existent toujours et limitent les dimensions de l'accord possible.

7.2 Les doctrines raisonnables englobantes ne rejettent pas les traits essentiels d'une société démocratique constitutionnelle[96]. De plus, les personnes raisonnables se caractérisent de deux manières : en premier lieu, elles sont prêtes à proposer des termes équitables de coopération sociale entre égaux, et elles s'y conforment si les autres s'y conforment également, même lorsqu'il serait avantageux pour elles de ne pas le faire[97] ; en second lieu, les personnes raisonnables reconnaissent et acceptent le fait et les conséquences des difficultés du jugement, qui conduisent à l'idée de tolérance raisonnable dans une société démocratique[98]. Nous parvenons enfin à l'idée de droit raisonnable, que les citoyens comprennent et appliquent à la structure générale de l'autorité politique[99]. Ils savent que l'unanimité est rare sinon impossible en politique, et qu'une Constitution démocratique raisonnable doit, pour parvenir à des décisions, prévoir des procédures majoritaires ou d'autres procédés permettant à celui qui vient en tête de l'emporter[100].

L'idée du politiquement raisonnable est en elle-même suffisante pour satisfaire les objectifs de la raison publique lorsque les questions politiques essentielles sont en jeu. Bien entendu, les doctrines religieuses fondamentalistes et les dirigeants autocratiques et dictatoriaux rejetteront les idées de raison publique et de démocratie délibérative. Ils affirmeront que la démocratie produit une culture hostile à leur religion, ou qu'elle nie les valeurs que peut seul garantir un régime autocratique et dictatorial[101]. Ils estiment que le philosophiquement ou religieusement vrai l'emporte

---

96. *Ibid.*, p. xviii.
97. *Ibid.*, leçon II, section 1.1.
98. *Ibid.*, leçon II, sections 2.3-4.
99. *Ibid.*, leçon IV, sections 1.2-3.
100. Voir « Réponse à Habermas », section 2.1, *in* John RAWLS et Jürgen HABERMAS, *Débat sur la justice politique, op. cit.*
101. Observons que ni l'objection religieuse, ni l'objection autocratique contre la démocratie ne peuvent être soulevées en raison publique.

sur le politiquement raisonnable. Nous nous contentons d'indiquer qu'une telle doctrine est politiquement déraisonnable. Dans le cadre du libéralisme politique, il n'est pas nécessaire d'en dire plus.

J'ai noté au départ[102] que toute société réelle, même si ses citoyens raisonnables forment une majorité qui gouverne, contiendra normalement de nombreuses doctrines déraisonnables qui ne sont pas compatibles avec une société démocratique – certaines doctrines religieuses, comme les religions fondamentalistes, ou certaines doctrines non religieuses (séculières) comme celles de l'autocratie ou de la dictature, dont notre siècle offre des exemples odieux. Jusqu'où les doctrines sont-elles actives et jusqu'où doivent-elles être tolérées dans un régime démocratique constitutionnel? Il ne s'agit pas là d'une question nouvelle et originale, même si cette présentation de la raison publique s'est concentrée sur l'idée du raisonnable et sur le rôle des citoyens raisonnables. Il n'y a pas une théorie de la tolérance pour les doctrines raisonnables, et une autre pour les doctrines déraisonnables. Dans les deux cas, la solution dépend des principes politiques appropriés de justice et de la conduite qu'ils autorisent[103]. Les doctrines déraisonnables constituent une menace pour les institutions démocratiques, puisqu'il leur est impossible de se conformer à un régime constitutionnel, sauf en tant que *modus vivendi*. Leur existence pose une limite à l'objectif de pleine réalisation d'une société démocratique raisonnable, avec son idéal de raison publique et son idée de droit légitime. Ceci n'est pas un défaut ou un échec de l'idée de raison publique: il indique plutôt qu'il existe des limites à ce que la raison publique peut accomplir. Il ne diminue aucunement la valeur et l'importance considérables de l'entreprise qui consiste à chercher à réaliser cet idéal le plus complètement possible.

7.3 Je termine en soulignant la différence fondamentale entre *Théorie de la justice* et *Libéralisme politique*. Le premier ouvrage cherche à élaborer, à partir de l'idée du contrat social représentée par Locke, Rousseau et Kant, une théorie de la justice qui ne soit plus sujette aux objections que l'on a souvent

---

102. Voir la note 3 du présente texte.
103. Voir *Théorie de la justice, op. cit.*, section 35 (sur la tolérance des intolérants) ; *Libéralisme politique, op. cit.*, leçon V, section 6.2.

considérées comme rédhibitoires, et qui fait la preuve de sa supériorité par rapport à la longue tradition dominante de l'utilitarisme. *Théorie de la justice* espère présenter les traits structurels de cette théorie pour en faire la meilleure approximation de nos jugements bien pesés en matière de justice et proposer ainsi la base morale la plus appropriée d'une société démocratique. En outre, la théorie de la justice comme équité y est présentée comme une doctrine libérale englobante (même si l'expression « doctrine englobante » n'est pas employée dans l'ouvrage) dans laquelle les membres de la société bien ordonnée affirment la même doctrine. Ce genre de société bien ordonnée contredit le fait du pluralisme raisonnable, ce qui pousse *Libéralisme politique* à considérer que cette société est impossible.

Libéralisme politique envisage donc une question différente : comment est-il possible pour ceux qui affirment une doctrine englobante, religieuse ou non religieuse, mais en particulier les doctrines fondées sur une autorité religieuse comme l'Église ou la Bible, de soutenir également une conception politique raisonnable de la justice, qui soutient une société démocratique constitutionnelle ? Les conceptions politiques sont considérées à la fois comme libérales et autonomes, et comme non englobantes, alors que les doctrines religieuses peuvent être englobantes mais non libérales. Les deux ouvrages sont asymétriques, même s'ils recèlent tous les deux une idée de la raison publique. Dans le premier, la raison publique est donnée par une doctrine libérale englobante, alors que, dans le second, la raison publique est un mode de raisonnement sur les valeurs politiques partagées par les citoyens libres et égaux qui ne contredit pas leurs doctrines englobantes, dans la mesure où celles-ci sont compatibles avec une société politique démocratique. La société bien ordonnée démocratique et constitutionnelle de *Libéralisme politique* est telle que les citoyens qui prévalent et qui gouvernent affirment des doctrines englobantes irréconciliables mais raisonnables, et agissent d'après elles. Ces doctrines soutiennent à leur tour des conceptions politiques raisonnables – mais pas nécessairement les plus raisonnables – qui spécifient les droits, libertés et possibilités de base des citoyens dans la structure de base de la société.

Index

213

59; (2) système bancaire coopératif, 58-59; (3) confédération des peuples, 58-59; unions fédérales de sociétés libérales, 59n

Paix: possibilité de la, 43n; paix de satisfaction *vs* paix d'impuissance et paix de puissance, 63; le Droit des Peuples comme condition d'une paix stable, 104. *Voir aussi*: Paix démocratique
Paix démocratique: I: 5, 60-71; réunit deux idées, 62; une idée plus précise de la, 64-68; hypothèse directrice de la, 66; cinq conditions de la, 67; considérée dans l'histoire, 68-71
PALMERSTON, lord: 42n
PARET, Peter: 40n
Patriotisme légitime: 60, 80
PÉRICLÈS: 43n
Perpétuité (condition de): 20; et territoire d'un peuple, 20
PERRY, Michael: 177n, 183n
Personnes raisonnables: deux caractéristiques principales, 208
PETERSON, Peter: 169n
Peuples: idée de peuples, 41; utilisée de préférence à l'idée d'États, 16, 31, 39-40; motivation morale et nature morale des peuples, à la différence des États, 31, 41, 50, 60, 80; intérêts des peuples, 32, 49, 60-61; ils ne disposent pas de la souveraineté traditionnelle revendiquée par les États, 39-41; ils ne sont pas mus seulement par la prudence ou les raisons d'État, 41; ils se conçoivent comme libres et égaux, 49; les peuples justes donnent un respect approprié aux autres peuples en les considérant comme des égaux, 50; ils proposent des termes équitables

de coopération, 50; leur indépendance fondamentale, 52; leur égalité, 52; leurs intérêts sont raisonnables, 60-61; leur autodétermination, 137-138; la préoccupation mutuelle des peuples, 139. *Voir aussi*: Peuples libéraux
Peuples bien ordonnés: 16; définition, 16, 81
Peuples décents: 16; définition, 76-77; ils reconnaissent et protègent les droits de l'homme, 78; ils intègrent une hiérarchie consultative décente, 78; ils reconnaissent le droit à l'objection, 78; deux types de, 81; principales caractéristiques des, 85; la tolérance religieuse par les, 93; leur droit d'entrer en guerre en cas d'autodéfense, 114. *Voir aussi*: Peuples hiérarchiques décents; Société hiérarchique décente
Peuples hiérarchiques décents: 16, 17, 81; le Kazanistan comme exemple imaginaire de, 17, 82; deux critères des, 82-85; ils sont de forme associationniste et sans buts agressifs, 82; ils protègent les droits de l'homme, 83; ils imposent des devoirs à tous au sein de leur territoire, 83-84; ils considèrent tous leurs membres comme responsables mais non comme des citoyens égaux, 84; les responsables officiels estiment que le droit est guidé par une conception de la justice visant le bien commun, 84, 91; comme dignes d'être tolérés, 85-86, 104; comme bien ordonnés, 86; ils adopteraient le même Droit des Peuples que les peuples libéraux, 88; ils tiennent la position originelle pour équitable, 88; Kazanistan, 94-98; ils sont des membres de *bonne foi* de la Société des Peuples, 104. *Voir*

des Peuples, 32 ; et facultés morales, 114, 202

SHERMAN, William, T : 126n

SHKLAR, Judith : 93n

SHUE, Henry : 83n

SIGMUND, Paul : 198n

SMITH, Adam : 71n

Société décente : définition, 15 ; principales caractéristiques d'une, 109. *Voir aussi* : Société hiérarchique décente

Sociétés entravées : III : 15, 129-139 ; définition, 112, 130 ; conditions défavorables dans les, 129-130 ; devoir d'aider les, 130

Sociétés entravées par des conditions défavorables. *Voir* : Conditions défavorables (sociétés entravées par)

Société hiérarchique décente : guidée par une idée de la justice visant le bien commun, 90 ; ne considère pas chacun comme libre et égal aux autres mais comme rationnel et responsable, 90 ; la tolérance religieuse dans une, 93 ; elle admet une certaine liberté de conscience, liberté de pensée, 93 ; elle admet le droit à l'émigration, 93 ; elle n'enfreint pas les droits de l'homme, 94 ; comme construction conceptuelle, 94n ; elle n'est pas aussi raisonnable ni aussi juste qu'une société libérale, 103 ; elle respecte le Droit des Peuples, 103 ; elle est digne de respect, 104. *Voir aussi* : Peuples hiérarchiques décents ; Peuples décents

Sociétés intérieures : 16 ; cinq types de, 16, 81 ; la première étape du Droit des Peuples est le développement des principes de justice pour les, 40

Société libérale : elle est une démocratie constitutionnelle, 25 ; comme utopie réaliste, 25-30 ; trois principes

caractéristiques de la, 27, 65 ; elle ne possède pas de doctrine englobante du bien, 49, 55 ; comme société satisfaite, 62-63 ; remplit le critère de réciprocité, 66 ; empêche les inégalités excessives, 66 ; le libertarisme n'est pas un libéralisme, 66 ; certaines sont plus égalitaires que d'autres, 104. *Voir aussi* : Peuples libéraux

Société libérale bien ordonnée : inclut le bien commun de la justice politique pour tous les citoyens, 90n ; donne à ses membres un rôle dans la prise de décisions politiques, 114 ; ses citoyens affirment des doctrines englobantes raisonnables irréconciliables qui soutiennent des conceptions politiques raisonnables, 211

Société des Peuples : définition, 15 ; comme utopie réaliste, 16, 19, 43-44, 153 ; raisonnablement juste, 24 ; le pluralisme raisonnable caractérise les membres de la, 24-25, 32, 55 ; conditions de la, 31-33 ; unité de la, 32 ; et tolérance, 32-33 ; ses membres doivent employer la raison publique dans leurs relations mutuelles, 33 ; les inégalités de pouvoir et de richesse au sein de la, 54 ; les peuples décents membres de la, 78 ; le respect mutuel entre peuples comme partie essentielle de la, 148 ; possibilité d'une Société des Peuples raisonnablement juste et réconciliation avec notre monde social, 150-155 ; quatre faits essentiels expliquant sa possibilité, 150-151 ; sa possibilité affecte nos attitudes à l'égard du monde, 155

Société politique : comment elle est exprimée dans sa plénitude, 78

cation de la, 76-77 ; d'abord comme *modus vivendi* entre religions hostiles avant de devenir un principe moral, 139 ; le principe de tolérance est essentiel dans une démocratie constitutionnelle, 181 ; deux idées de tolérance, l'une étant purement politique, 182, 207-208

Tolérance des peuples non libéraux : II : 7, 76-80 ; une question essentielle de la politique étrangère libérale, 23 ; et question principale dans l'extension du Droit des Peuples aux peuples non libéraux, 76 ; les peuples décents doivent être tolérés par les peuples libéraux, 104, 148-149 ; on n'exige pas des peuples décents qu'ils deviennent libéraux, 149

Traités : devoir des peuples d'observer les, 52

Travail enrichissant (possibilité d'un) : nécessaire au respect de soi, 76

Truman, Harry : 124n

Unité sociale : elle ne dépend pas de l'unité religieuse, morale ou philosophique, 30, 150 ; elle résulte du caractère raisonnable et rationnel des institutions politiques et sociales d'une démocratie libérale, 150-151

Universel en portée : définition, 106-107 ; et le Droit des Peuples, 106-107, 147-148

Universités : 89

Utilitarisme : 106 ; il n'est pas accepté par les peuples comme principe du Droit des Peuples, 55, 67

Utilité totale : comme idée inexploitable, 26. *Voir aussi* : Utilitarisme

Utopie réaliste : 16, 18-19 ; la philosophie politique lorsqu'elle est uto-

piste de façon réaliste, 19, 24 ; signification de l'idée d'utopie réaliste, 20, 24-25, 152 ; sa nature institutionnelle, 30 ; l'espoir d'une utopie réaliste repose sur les régimes constitutionnels libéraux raisonnables (et décents) d'une Société des Peuples, 43-44, 150 ; sa stabilité, 60-61 ; et le rôle de la philosophie politique dans notre réconciliation avec notre monde social, 150 ; et la possibilité d'une Société des Peuples raisonnablement juste, 153

Valeurs politiques de la raison publique : exemples de, 173, 194 ; procure des raisons à tous les citoyens, 194-195 ; certains arguments en faveur de la prière à l'école peuvent être exprimés en termes de, 195-196 ; les doctrines englobantes raisonnables ne l'emportent pas sur, 204. *Voir aussi* : Raison publique.

Vatican II : 35, 153n, 184n

Vie (droit à la) : un droit de l'homme fondamental, 83 ; il inclut une sécurité économique minimale, 83

Vincent, R.J. : 15n, 83n

Voile d'ignorance : 44 ; épais plutôt que fin, 45-46 ; dans l'extension de la position originelle au Droit des Peuples, 47-48, 59. *Voir aussi* : Position originelle.

Voltaire : 51n

Vote : caractère raisonnable des procédures majoritaires, 108

Waldron, Jeremy : 172n

Walzer, Michael : 54n, 95n, 117n, 121n

Weinberg, Gerhard : 125n

Weithman, Paul : 184n, 201n

Table des matières

235

II
L'IDÉE DE RAISON PUBLIQUE RECONSIDÉRÉE

Ce livre a été imprimé sur du papier 100 % postconsommation,
traité sans chlore, certifié ÉcoLogo
et fabriqué dans une usine fonctionnant au biogaz.

Les Éditions du Boréal
4447, rue Saint-Denis
Montréal (Québec) H2J 2L2
www.editionsboreal.qc.ca

CE DEUXIÈME TIRAGE A ÉTÉ ACHEVÉ D'IMPRIMER EN JANVIER 2013
SUR LES PRESSES DE L'IMPRIMERIE GAUVIN
À GATINEAU (QUÉBEC).